ZHONGGUO
XIANDAI
ZHUMING
YUWEN
JIAOYU
RENWU

LÜ SHUXIANG

中国现代著名语文教育人物

吕叔湘

方有林 编著

语文出版社
·北京·

图书在版编目（ＣＩＰ）数据

吕叔湘 / 方有林编著. -- 北京 ：语文出版社，
2021.4
（中国现代著名语文教育人物）
ISBN 978-7-5187-0670-9

Ⅰ．①吕… Ⅱ．①方… Ⅲ．①吕叔湘（1904-1998）
－生平事迹②吕叔湘（1904-1998）－语文教学－教育思想
Ⅳ．①K825.46②H19

中国版本图书馆CIP数据核字(2020)第188802号

责任编辑	唐 飞 李迎新	
装帧设计	徐晓森	
出 版	语文出版社	
地 址	北京市东城区朝阳门内南小街51号	100010
电子信箱	ywcbsywp@163.com	
排 版	圣才电子书（北京）股份有限公司	
印刷装订	北京市科星印刷有限责任公司	
发 行	语文出版社 新华书店经销	
规 格	787mm×1092mm	
开 本	1 / 16	
印 张	15.5	
字 数	205千字	
版 次	2021年4月第1版	
印 次	2021年4月第1次印刷	
印 数	1～2,000册	
定 价	48.00元	

📞 010-65253954(咨询) 010-65251033(购书) 010-65250075(印装质量)

吕叔湘(1904—1998)

编者的话

众所周知，自五四运动前后起，白话文兴起，现代汉语使用标准逐渐确立。这套书使用的文献，有相当一部分来自 1949 年以前出版发行的图书、期刊、报纸。很多文章因此具有明显的过渡时期的语用特征，如文白混杂、文字使用不统一、语法运用规范不一致等。经过反复交流、商量，为尽可能地向读者呈现原貌，我们确定了一个总的编辑思路：依据"存真"的原则，尽可能保留文章原貌，对原稿的文字、体例进行最低程度的修订。现将具体做法说明如下：

一、繁体字改为简体。

二、原稿中不少字、词的用法虽然与现行的用法标准不尽相同，但为了尽量保持原有的样貌，不做调整。这样的情形很难穷举，现将部分字、词列举如下（括号里是现在通行的用法）：

辞（词）、于（与）、联（连）、决（绝）、订（定）、藉（借）、见（现）、罢（吧）、缴（交）、较（比）、与（予）、迭（叠）、只（止）、须（需）、目（视）、二（两）

三、有些字、词，现代通用的字形、词形已经变化，但为了尽量保持原有的样貌，不做调整。相信读者自能理解。这样的情形很难穷举，现将部分字、词列举如下（括号里是现在通行的用法）：

底（根据语境可以，相当于"的""地"或"得"）、那（哪）、沈（沉）、化（花）、其它（其他）、那末（那么）、惟一（唯一）、印像（印象）、好象（好像）、胡涂（糊涂）、未偿（未尝）、部份（部分）、正谊（正义）、巢袭（抄袭）、麻胡（马虎）、合式（合适）

四、原稿中外文人名、地名等专有名词的翻译均保留原译。

五、原稿中的标题体例，除了其自身不统一之外，基本保留。

六、原稿中数字、标点符号用法，基本保留。

七、对原稿中的错误（如错字、漏字）等进行了修订。

这些做法，是我们在编辑过程中的一些探索，不当之处，敬请批评指正。

编　者

2020 年春

序

　　"现在有很多问题表面上是新问题，骨子里还是老问题。"这是多年前吕叔湘先生为《叶圣陶语文教育论集》出版所写序言中开篇的一句话，今天借用过来，帮助我们认识"中国现代著名语文教育人物"丛书出版的现实意义和价值。

　　正当全民阅读活动在全国蓬勃开展之时，教育部直属的语文出版社积极呼应，遴选了五位现代著名语文教育家，启动编纂"中国现代著名语文教育人物"丛书，倡导一线语文教师垂范校园阅读，研读著名语文教育家经典篇目，赋能语文教师和语文教学。我以为，作为一家专业出版社，语文出版社非常及时、尽责地做了一件大好事。归结到本丛书而言，我粗略地谈几点意见。

　　一是所遴选的语文教育论述极具代表性。1904 年以降的中国现代语文教育史中，为大家所公认的五位著名语文教育家是夏丏尊、朱自清、叶圣陶、吕叔湘、张志公。

　　其中，叶圣陶、吕叔湘、张志公三位素享语文教育"三老"之誉，亲历了二十世纪语文教育的重要发展阶段，著述针对性强、影响深远，为语文教育工作者所敬仰，无须赘言。夏丏尊和朱自清两位语文教育家由于逝世较早，主要活动仅限于二十世纪上半叶，在语文教育方面的成就并非广为人知。但是夏丏尊、朱自清与叶圣陶有良好而长期的学术合作，朱自清和吕叔湘也有良好而密切的过从，他们之间相互砥砺的语文教育学术交往成为学术佳话。五位前辈既有各自不同的学术研究侧重，又都钟情于语文教育，成为二十世纪中国现代语文教育一道亮丽的独特风景线。

　　五位现代著名语文教育家的论述宏富，丛书精选了其中代表性强的经典篇目，既注重聚焦语文教学的宏观问题，也注意面向一线教师（包括教育硕士、课程与教学论硕士等）听说读写中的教学实际；既注意拉"长板"，又不忘补"短板"。

　　二是编排体例利于读者走近和解读经典。丛书既积极关注一线语文教师的切身利益，又从专业的维度进行积极引导。体现在编排体例上，就是考虑到一线语文教师既有多读书的愿望，又有教学工作量大、较为繁忙、用来读书的整块时间不多的实际，同时兼顾"未来"教师缺乏教学实践、抵挡浮躁环境诱惑不易等因素，因此，丛书的主要内容安排为"教育思想剖析""名著品读""名家传述"三大板块，每本书的容量控制在 20 万字左右，所选篇目比较经典且适当分类，便于利用碎片化时间，有针对性地选读、品鉴。

　　坐下来静心研读经典不易，一方面与时间和精力有关，另一方面与作品难度相关。经典作品都高度凝练，要正确解读，依赖于较为丰富的学养准备，而这正是一线和"未来"教师的短板，在编排上，除了作品前有"品读提示"外，"教育思想剖析""名家传述"等内容，是帮助读者走近和理解作品的一种重要辅助，利于增强研读信心，助益研读效果。

　　三是编著者都是有相当经验的中青年专家。决定一套丛书质量的重要因素之一，是著述者的学养。我注意到，丛书的著述者都是长期从事语文教学和研究的学者，有较为丰硕的相关学术成果。

　　上海师范大学程稀老师是语文课程与教学论专业硕士生导师，是研究夏丏尊语文教育思想的专家，曾出版专著《夏丏尊与现代语文教育》；蔡忠平长期活跃于语文教学、教师培训一线，是上海市督学、上海市语文名师基地主持人，也是教育部国培专家，在研读朱自清语文教育经典方面颇有心得；扬州大学文学院教授、博士生导师徐林祥，是中国叶圣陶研究会理事、江苏省叶圣陶研究会顾问、扬州大学中国语文教育研究所所长；马磊是徐林祥老师的博士生，现在大学任教，对叶圣陶语文教育思想有系统研究；方有林教授长期致力于吕叔湘语文教育思想研究，曾出版专著《语言学视角 科学化追求——吕叔湘语文教育思想研究》；青年学者乐中保曾系统梳理过中国传统语文教育发展脉络，对张志公语文教育思想进行过深入研习。

　　这套丛书的其他长处不再一一枚举，更希望留下时间和空间给读者自己去研读和体悟。任何优秀的读本，对于读者而言，只是获得研读收益的必要条件。读者是否真正从中受益，以及从中获益多寡，主要决定于"内因"——读者的阅读投入、开动脑筋及其程度如何，以及在研读和品鉴中，如何与自己的教学和研究实践有机结合。毕竟，一方面，阅读本来就是一种比较个性化的活动，靠外在的植入，效果不会理想；另一方面，语文教育是一个实践性特别强的学科，缺乏理论和实践的有机结合，效果也是难尽如人意的。因此，翻开书页来，开始阅读和思考，带着问题去品读，积极分享和表达，才能收研读的实效。

还要注意，品读经典的意义和价值，不宜过分冀望获得立竿见影的收效，而应该放眼长远，侧重于启迪思考，在实践中反复咀嚼，潜移默化地融入实践，使之融会成为自己语文教育智慧的有机组成部分。

毋庸讳言，丛书也存在不足，我相信语文出版社的编校人员和编著者会积极、认真地收集读者和专家的意见，在修订或再版时不断完善。

乐为之序。

陶本一

二〇一九年十月

（陶本一：教授，出版家和语文教育家，上海师范大学课程与教学论博士生导师，山西师范大学原校长、上海师范大学原副校长，《语文报》创始人）

目 录

绪　论

语文教学勿忘回首根本问题

广大语文教育工作者，尤其是一线语文教师，承担着大负荷的日常教学工作，他们为解决语文教学的具体问题而殚精竭虑，为提高语文教学水平进行着不懈的努力。然而，即便如此，语文教学仍常常面临责难，甚至遭遇诟病。除了一些不实的无端指责，甚至个别的无稽之谈外，其中也确实存在着不无需要改进之处。

如何辩证把握语文教学的"具体问题"和"根本问题"，是其中需要持续关注和改进的重要课题。

语文教学的具体问题层出不穷、比较繁复，可谓"异彩纷呈"。对一个一个具体问题加以研究，不仅应该，而且十分必要。然而，研读语文教育家的经典论述，吸取其中的营养，首先应该着眼于语文教学的根本问题，而不能过分拘泥于具体问题的探讨，否则只见树木，不见森林，不仅不利于科学把握语文教学基本规律，而且无助于准确运用这些基本规律解决语文教学具体而实际的问题。

因此，研读吕叔湘先生的语文教学经典论述，尤其是他关于语文教学具体问题和根本问题的重要论述，十分必要。

一、语文教学的根本问题：两个"必须认清"

迄今已走过 110 多个春秋的语文分科教育，一个非常具体的问题一直没有得到妥善解决，那就是什么是真正的语文课——肇始于 1904 年的语文独立设科教育以来，语文课在不同阶段存在着不同表征的非语文现象：或者上成读经课，或者上成政治课，或者上成历史课，或者上成文学课，或者上成知识课，或者上成了机械训练课……"泛语文"课的现象不绝如缕、形态各异。

著名语文教育家吕叔湘先生的突出贡献，就是他不仅看到了形形色色的语文教学"具体问题"，而且高屋建瓴地指明要从语文教学"根本问题"入手，为顺利解决语文教学"具体问题"打开了一扇智慧之窗：

　　　　我觉得每逢在种种具体问题上遇到困难，长期不得解决的时候，如果能够退一步在根本问题上重新思索一番，往往会使头脑更加清醒，更容易找到解决问题的途径。(《关于语文教学的两点基本认识》)①

　　这就是吕叔湘先生在《关于语文教学的两点基本认识》一文开篇所指的"在种种具体问题上遇到困难，长期不得解决"的不同情况和丰富表征。他认为，上述将语文课上成政治课、历史课、文学课、知识课、机械训练课……就是语文教学一个一个的具体问题（当然不限于此），可以就事论事地一个一个研究解决，也可以联系根本问题综合起来加以解决。

　　吕叔湘先生主张后者，因为，单打一地研究和解决某个具体问题的方法和思路，类似的案例也容易找见，确实也取得了不错的效果，但是按下葫芦起了瓢；而将具体问题的研究与根本问题综合起来进行思考和解决，立足"标"和"本"兼治，类似的案例不容易找，但是一旦突破，就可以产生语文教学的综合效益，因此难能可贵。

　　吕叔湘先生主张解决语文教学具体问题时，要"回首"语文教学根本问题。概而言之，就是两个"必须认清"：

　　　　第一，我认为每一个做教学工作的人必须首先认清他教的是什么。从事语文教学就必须认清语言和文字的性质；从事汉语文教学就必须认清汉语各种形式——普通话和方言、现代汉语和古代汉语——的分别和它们的相互关系。其次，我认为从事语文教学必须认清人们学会一种语文的过程。②

二、两个"必须认清"："什么是语文"回望

　　笔者试着直接引入吕叔湘先生原文两个"必须认清"，同时对之前被高度凝练

---

① 《关于语文教学的两点基本认识》,《吕叔湘全集》第十一卷, 辽宁教育出版社 2002 年, 第 15 页。
② 《关于语文教学的两点基本认识》,《吕叔湘全集》第十一卷, 辽宁教育出版社 2002 年, 第 15 页。

为"什么是语文"的话语形式进行适当解读，引入语文教学根本问题，并拓宽解决具体问题的思路。

将著名语文教育家吕叔湘的语文教育思想进行概括和提炼，形成精练和具有特定内涵的文字"什么是语文"，从传播学的优势而言，其显而易见的正效应是利于一线语文教师记忆、理解、把握和运用。然而，不可避免地伴生着负效应——或因为研读原著的时空联系的缺失，或因为研读者知识储备的差异，或因为概括语句的高度凝练等因素，维度减少的同时，拓宽了散射空间的域限，从而为"望文生义"、简单化解读预留了可能，为误读埋下了伏笔。

这样的例子并不鲜见，如对叶圣陶的"教是为了（最终达到）不需要教"，曾出现过不同程度的否认语文教师"教"的错误认识和实践。吕叔湘语文教育思想的经典概括"什么是语文"同样难于幸免。

（一）回眸"什么是语文"的基本认识

广为传播的经典语录"什么是语文"，是对吕叔湘两个"必须认清"语段的概括和提炼。所谓两个"必须认清"，一是"必须首先认清他教的是什么"，一是"必须认清人们学会一种语文的过程"。

吕叔湘"两个'必须认清'"的话语语境，是20世纪50到60年代语文教学大讨论的。其时，大讨论围绕克服当时"把语文课上成政治课"的倾向，以及后来"把语文课上成文学课"的现实。吕叔湘语录的基本含义是为了纠正各种"非语文教学"的倾向，要回归到"真语文教学"上来。

何谓"真语文教学"呢？"真语文教学"包括教学内容和教学形式两个方面：一是教学内容不要偏离了"语言"和"文字"（附着在"语言文字"上的思想当然重要，但是没有必要过多地教）；二是教学形式要符合学生语文能力形成的科学规律（主要是指导学生"正确模仿，反复实践"，而不是教师"过多地讲"）。虽然界定"真语文教学"的认识并不困难，但是实践中极容易不自觉地滑向"非语文教学"。因为，知是一回事，行又是一回事。

"非语文教学"的表现形态"异彩纷呈"，且与"真语文教学"的区分度小。因此，即使我们滑向了"非语文教学"，有时还习焉不察。典型的"非语文教学"有"上成政治课"和"上成文学课"，过多地教附着在"语言文字"上的思想，这些是就教学内容而言的"非语文教学"；还有，教师"讲得过多"，甚至过分解读，以及让学生机械操练，这些是就教学形式而言的"非语文教学"。这两类"非语文教学"

都不同程度地制约着语文教学的有效性，掣肘学生语文能力的形成和提升。

总之，科学认识和准确把握吕叔湘"什么是语文"的经典含义，必须回归到"两个'必须认清'"的语境中来，并且围绕"语文学科特色"而展开；否则，认识上的"失之毫厘"，必然导致实践中的"谬以千里"。对吕叔湘"两个'必须认清'"的现实价值进行科学而准确地开掘，可以大有助益减轻和克服望文生义理解"什么是语文"。

（二）重温"什么是语文"的深刻内涵

面对语文运用与语文教学的困境，吕叔湘从一个语言学家的视角出发，试图通过自己的努力，为语文教学面临的诸多问题做出解答，使语文教学走向科学化的正途。在"人文泛滥""非语文"现象严重的今天，重温吕叔湘"什么是语文"，尤其是回归"两个'必须认清'"本意，有着积极的现实指导价值。

由于对语文本体的认识不清，教学实践容易产生诸多问题。在新课程改革的当下，问题尤为突出者，当属"人文泛滥"和"语文泛化"现象。前者片面强调语文学科"人文化育"的功能，在教学实践中，过于重视文本思想、内容、主题，而对语文学科基本的语言形式训练关注不够，甚至严重忽视；后者往往模糊了语文学科的边界，将其他学科的教学内容误为己任，使得语文学科承担了额外的负担，丢弃了应有的责任。

显然，吕叔湘"什么是语文"是特定语境中的认识。因此我们必须联系当时的话语情景，还原真实的场景，才能准确把握、有利运用。他对语文教学的思考是从追问"语文教什么"和"怎样教语文"同时出发的。

就"语文教什么"而言，站在语言学家的立场上，他给出了"语言＋文字"（口头语和书面语）的答案。此后关于语文教学内容的阐释，都是沿着这个基本路子前行，试看语文教育工作者描述的不同探索轨迹，无论是"语言文学"，或者"语言文章"，还是"语言文化"，无不如此。

就"怎样教语文"而言，吕叔湘同时呼吁"必须认清人们学会一种语文的过程"。在研读著名语文教育家的经典论著时，我们清晰地发现，他们的语文教育思想都在追求一个共同指向，那就是，语文教学一定要充分彰显"学科特色"。除了对语文教学内容的认识"彰显学科特色"外，与此同时，他们关于教学过程和教学方法的认识，也无不以"彰显学科特色"为原点，并由此出发有所侧重地形成个性化的经典概括，如叶圣陶的"教是为了（最终达到）不需要教"。

　　吕叔湘的"什么是语文",是对"两个'必须认清'"的高度概括。这一努力在特定时期为扭转语文运用的混乱和语文教学的高耗低效起了积极的作用;同时,对经典语录的上位概念——"彰显学科特色"——深刻把握,在某种意义上,有利于减少和修正对"特色语录"的误读。

第一章　语文教什么：首先"必须认清"的根本问题

讨论和从事语文教学，首先要弄清楚两个问题：一是，"语文教什么？"一是"怎么教语文？"两者是语文教学根本问题的"一体两翼"，不可分割。

吕叔湘先生在《关于语文教学的两点基本认识》一文中，对"语文教什么？""怎么教语文？"给予了明确回答，并将上述两个问题的答案，用着重号加以标注，以示重视。

> 第一，我认为每一个做教学工作的人必须首先认清他教的是什么。从事语文教学就必须认清语言和文字的性质；从事汉语文教学就必须认清汉语各种形式——普通话和方言、现代汉语和古代汉语——的分别和它们的相互关系。其次，我认为从事语文教学必须认清人们学会一种语文的过程。[①]

语文教学当然就是"教（汉）语文"，那么，"教（汉）语文"就要认清汉语文自身的特点："语文"包括"语"（语言，口语）和"文"（文字，书面语）两方面的内容，它们分属两个不同的表达系统，汉语文的"语言"和"文字""既一致而又有一定的差别""语言是文字的根本。……同时，文字对于语言也有一定的影响。"[②] 因此，要"教语文"，语文教师就要研究汉"语"（普通话和方言）和汉"文"（古代汉语和现代汉语）的联系与差别，为"怎么教"做好内容上的准备。

[①] 《关于语文教学的两点基本认识》,《吕叔湘全集》第十一卷, 辽宁教育出版社2002年, 第15页。
[②] 《关于语文教学的两点基本认识》,《吕叔湘全集》第十一卷, 辽宁教育出版社2002年, 第16页。

"怎么教"呢？"教语文"当然要采用与"学语文"相应的教学方法：语文教学不是要教给学生一套语文知识，而是要教会学生形成语文能力，教会学生养成使用语文的习惯。教会学生形成语文的能力，必须用"技能"教学规律来组织实施。"语"的教法选择，既受制于口语能力形成规律的影响，也受制于语文教师对普通话和方言之间的联系与差别的把握；"文"的教法选择，既受制于书面语能力形成规律的影响，也受制于语文教师对古代汉语和现代汉语的联系与差别的把握。

如果对汉语文"教什么""怎么教"两个问题的内核认识不清，汉语文的规律就难以在教和学中得到准确运用，语文教学就极容易陷入"非语文"的泥淖，从而徘徊于"少慢差费"之中。

第一节　语文教学目的：培养能"语文"的普通公民

吕叔湘从研究学生的社会角色入手，通过历史比较的方法区分现代语文教学和传统语文教学的差异，界定现代语文教育"质的规定性"，为现代语文教学确立了方法论基础。培养能语文的普通公民，在深化改革开放的今天，触及和上升到综合国力中的软实力话题。

现代语文教学和传统语文教学要解决的主要矛盾不同，从而解决矛盾的思路、途径和方法也必然有区别。

吕叔湘在 20 世纪 80 年代初从学生的社会角色切入，运用辩证唯物主义的立场、观点和方法，全面分析了传统语文教育和现代语文教育的不同之处，在认识现代语文教学质的规定性的同时，强调只有用不同质的方法才能解决不同质的矛盾，为现代语文教学理论确立了方法论基础。吕叔湘指出，现代语文教育的一个基本指向是要将学生培养成为"普通公民"，这与传统语文教育将学生培养成"活书橱、人形鹦鹉、官吏、儒学生员"的要求有着本质不同。

吕叔湘在《〈叶圣陶语文教育论集〉序》（1980）中对传统语文教育和现代语文教育有比较详尽的比较分析。

吕叔湘关于传统语文教育和现代语文教育的比较

（根据《〈叶圣陶语文教育论集〉序》一文归纳制作）

比较项		传统语文教育	现代语文教育
定位		旧式教育	新式教育
培养目标		活书橱、人形鹦鹉、官吏、儒学生员	普通公民
教学内容	口语	无	要重视
	阅读	不适当地强调所读的内容，而把语文本身的规律放在一个次要的地位	恢复正常：重视内容不要超过限度
	作文	形式：八股 内容：代圣人立言 目的：应付考试	形式：实用文 内容：真实生活 目的：应付生活
学科定位		知识课	技能课
师生关系		教师是主角	学生是主角
教学方法		知识课：讲为主	技能课：精讲、指导、启发、评论等
评价标准		应付考试	自能读书、自能作文、应付"考验"

从上表比较可以清晰地看出，现代语文教育要将学生培养成"普通公民"，就是使学生成为能充分掌握、运用语文这一工具的主人，为社会的发展和自身的全面发展服务。现代语文教育最终要把学生培养成为自能读书、自能作文、应付生活"考验"的"普通公民"，这一出发点与传统语文教育以应付考试为主要目的的迥然不同。因此，现代语文就必须按照语文教学自身的规律上成一门技能课，而不能是一门知识课。

以口语为例，因为培养目标的差异，现代语文教育和传统语文教育对口语教学的认识完全不同。口语成为现代社会人人需要运用自如的工具，口语和书面语两者不可偏废，必须协调、均衡发展。与此相适应，现代语文教学内容必须贴近真实生活，阅读和写作教学必须突出掌握语文这门工具的特点，否则现代语文教学与传统语文教学的界限就不清晰，现代语文教学就失去了其"质的规定性"的基本特点，也就不称其为现代语文教学，完成现代语文教学的任务就成为奢谈。

因为学科定位、学生定位的不同，教学内容的变化，也就必然导致现代语文教学方法的变革，从以教师的教为主转变到以学生的学为主，教师的教为学生的学服务。如果我们对现代语文教学的"质的规定性"没有清醒的认识，分不清楚两者之间的差别，那么，很有可能被人借口学校里的一些科目，全是旧式教育所没有的。只有国文一科，所做的工作包括阅读和写作两项，正是旧式教育的全部。而让现代语文教学仍然沿着传统语文教学的惯性继续下去，现代语文教学就沦落为"新瓶装旧酒"了。

第二节 "语文"表现形态：方言与普通话、文言和白话

"语"和"文"两者"既一致而又有一定的差别"。就"语"和"文"是"一致"的而言，"语"用嘴说、用耳朵听，"文"用手写、用眼睛看；用嘴说的（语）也可以记下来（文），两者之间用的字眼基本上相同，词句的组织更没有多大差别。然而，汉语和英语的"语"和"文"也是"有一定的差别"的。

就"语"和"文"两者"有一定的差别"而言，一方面，因为说话的语调、表情等难以完全通过文字在文章中得到体现，说话时的重复、随意，直接用文字记录下来就显得啰唆和杂乱；写文章的时间比说话更为充裕，思考、推敲后形成的文字自然更加有条理、更加连贯、更加细致而又更加简洁。鲜明和生动是语言固有的特色，准确和细密却是文字的优点。另一方面，文字有它的特殊用途，往往不是语言所能替代；同时，文字对于语言也有一定的影响。

另外，虽然"语"和"文"两者隐含着共同的规律，但是汉语还有其他语言所完全没有的两个特殊现象，那就是普通话和方言、文言和白话。从事汉语文教学就必须认清汉语各种形式，即普通话和方言、现代汉语和古代汉语的分别和它们的相互关系。汉语的口语和书面语之间不一致，至少有两方面的原因：其一，语素文字的汉语与拼音文字语言之间的差异；其二，长期以来汉语文教学"重文轻语"加剧了口语和书面语差异的形成。因此，就形成了汉语的两个特殊现象，口语有两种表现形态，一是方言，二是普通话；书面语也有两种表现形态：一是古代汉语，二是现代汉语。

古代汉语文有两个特殊的现象：一个是文言，一个是方言。什么是文言？文言只是书面上的交际工具，不是口头的交际工具，是只能"目治"不能"耳治"的。这不但适合于现代，大概从秦汉以后就可以这样说。比如《论语》这部书是记录孔子和他的学生们说的话。《论语》开篇第一句，"子曰：学而时习之，不亦说乎？"在孔子当时一定是听得懂的，而现在就得说成"学习并且时常温习，不也快乐吗？"才能懂。虽然这不等于说在孔子的时代，书面语和口语绝对一致，但是至少在孔子生活的当时，"学而时习之，不亦说乎？"是可以听懂的。正如现代的英语、法语、俄语等等，尽管有些文字，包括诗，跟日常说话不一样，可是念出来人都能懂。当

然，这是指受过教育的人说的。可是文言即使受过教育的人，也难以用耳朵听得懂，必须用眼睛看才能懂——成语和常被引用的诗句、文句除外。这种"文言"是怎么产生的呢？这跟汉字的存在分不开。如果一种语言用的是拼音文字，它的书面形式必然要跟着口语的变化而变化，否则就看不懂。当然，在时间上可以有些距离，但是不能让字音改了而拼法却不改，说话的字眼换了而文字上总不换。汉语的书面形式是汉字，汉字可以离开口语而存在，这就促成了书面语和口语的分离，口语改变了而书面语不变或者少变。经典著作的学习，世代相传，就把"文言"这种书面语基本上固定下来。这里说"基本上"，是因为除正规的文言外也还有些受口语影响，不太正规的文言存在。到了晚唐五代，开始出现一种半文半白的文体，用于通俗文学；到宋代以后，这种"白话"越来越成熟，差不多能代表口语；但是直到 20 世纪初，白话的用途一直局限于通俗文学，除此之外仍然是文言的天下。

再来看看方言。古代有没有方言？毫无疑问是有的。汉朝扬雄编过一本《方言》，说明汉朝文言词汇分歧的情况。词汇有分歧，语音也就不会没有分歧；汉朝以前也不会没有方言。春秋战国时期有跟"方言"相对的"雅言"，大概是一种跟后世的"官话"相类似的口语，是通行于各诸侯国之间的上层人士的语言，同时也就是后世"文言"的底子。这种雅言或官话想来秦汉以后也应该是一直存在的。按照一般的通例，随着社会的发展，一种为全民共同使用的口语逐渐取得对方言的优势，中国社会长期停留在封建社会阶段，也就迟迟未能以某种形式的官话为基础形成全民共同的口语。这一时期，用汉字为其表现形式的"文言"能够在各个方言区通行，这一事实对于共同口语的形成也起了消极的阻滞作用。

汉语文的特殊性是与中国社会发展的基本状况紧密相关的。因为，一方面有不受时代拘束、不受地区限制的，也就是"超时空"的文言；一方面有活跃在各个地区的方言。这二者互相配合，满足了中国人民千百年来对语言生活的需要。这是有条件的，条件是全国只有地主阶级及其附庸阶层，也许占全国人口不到百分之一，有足够的时间和其他条件学习艰难的文言，其余百分之九十九的老百姓只会说话，不会读书，不会写文字，其中也许有少数人认识不多的字，可以写简单的信，记简单的账。封建社会不变，这种情况不会变，也没有变的需求。

其次，再来看看现代汉语文的两种表现形态：白话文和普通话。白话文的盛行是在 19 世纪中期，帝国主义来叩中国的大门，中国的知识分子做出了激烈的反应。

他们当中有一部分人认识到，欧美日本等国家胜过中国，除了船坚炮利之外，一个重要的原因是文化教育的普及。正是在受到文言加方言的局面影响很难普及文化教育的背景之下，在19世纪末20世纪初，兴起了语文改革运动。这个语文改革运动有三个组成部分：针对言文不一致，有白话文运动；针对方言分歧，有国语运动；针对汉字难学难用，有拼音字运动。以现在而论，作为汉语的书面语，白话（现代汉语）已经完全取代了文言（古代汉语）。但是在某些文体里，例如法律文书和考据文章，文言的成分还是相当多。有些作家的文艺散文里也出现了不少文言词语。但是，现在社会上还流行一种意见，说是要写好白话文，得先学好文言文；有些语文教师也有这种主张，这显然是不正确的。要在白话文里边使用文言词语（当然是指那些还没有归化的），能够做到"化"在里边而不是"镶"在上面，并不是一件很简单的事情，容易弄巧成拙。文白夹杂，极易引起读者的反感。吕叔湘不仅多次对此加以阐释，还旗帜鲜明地身体力行，他一直认为做人要做现代人，作文要作现代文。

普通话源于国语。新中国成立以后将"国语"改称"普通话"。国家大力推广普通话，在20世纪50年代后期成绩显著，可惜在1959年至1961年三年困难时期有所松懈，到了十年动乱时期停滞了。现在"国家推广全国通用的普通话"的规定已经写进宪法，每年都有"推广普通话周"等一系列切实可行的措施来推广普通话。现在普通话已经在全国的中青年中得到普遍使用。尤其是改革开放以来，人口的大量流动，加速了普通话的使用和普及。当然要进一步提高，还有大量的工作要做。

汉语文在词汇方面也有特殊性的一面：非常俭省。汉语（语素文字）与英语（拼音文字）比较，就词汇而言，英语的词汇量相当大，把全世界各种英语的单词加起来，大约五十万。考TOEFL、考GRE，也就是两三万单词量吧！《纽约时报》统计，最近每年都有一到两万英语新单词出现。相比之下，汉语的用字非常俭省。中国扫盲标准是认一千五百个字。一个中学生掌握两千多字，读四大古典文学名著不成问题。作家写了十几本书，从词汇上来统计也就是三千多字。但一个人若是不记住三万英语单词，《时代》周刊就读不顺，更不要说去读文学作品了。汉语的长处是可以以字组词，创造一个一个的新概念，一般不用创造新字。英语当然也能以旧组新，但是比较而言，汉语以旧字组新词的能力更强，这就构成了汉语的一种独特优势。这种优势，也是汉语的基本特征之一。

第三节　"语文教什么"的多元理解及其辨析

"语文"，是新中国成立后语文课程名称的统一用词。在简约特点彰显的同时，也为"语文"一词的解读留白。沿着"语言文字"本体论阐释的思路，衍化出"语言文学""语言文章""语言文化"的不同观点。作为"语言文字"观的参照系统，这些观点从不同角度出发对语文做出了各自的解释，其积极一面是显然的，但同时也无法回避其中的消极风险。适当梳理、辨别，对于认清"非语文"现象的实质大有裨益。

一、"语言文学"论辨析

将"语文"理解成"语言"和"文学"，是与吕叔湘的"语文"即"口头语"和"书面语"相异的一种观点。这种观点不能说毫无道理，但是，用来指导语文教学实践，要谨慎对待、认真分析，避免偏差。这也是吕叔湘先生回答"什么是语文"曾经慎重考虑过的一个重要因素。

语文教学当中固然有文学教学，但是这里所指的文学教育，在具体的语文教学中，我们不是按照文学的基本原理教给学生比较多的文学常识，也不是根据作家的创作经历给他们以文学写作的指导。语文教学中提到的文学教育，其本质应该是语言的艺术化教育，即借助文学文本主要学习"字词句篇，语修逻文"，提高学生听、说、读、写的综合语文能力。主要是要让学生通过文学作品的阅读、品味、鉴赏来领略其中的语言之美，而学习文学作品蕴含的思想内容，学会写作文学文不是语文课主要承担的任务。人所共知，结构化了的语言是文章，艺术化了的语言是文学。归根结底，语文教学要落实到语言和文字上来。

笔者认为，基础教育阶段的语文教学只能给学生一些最基本的知识和能力。如果学生要发展，凭着已经学到过的语言基本功，他就有了进一步发展的可能——如果他把文字的结构搞好了，文章写好了，如果语言能够出神入化运用了，他就有可能进行文学创作，他就可以从事文学创作；如果他凭着语言的基本功，再调用其他的艺术手段，综合地反映到艺术创作当中来，他很可能就写出话剧，就可能编出电影文学剧本。当然，我们不否认个别学生有比较强的驾驭语言和文字的能力，可以在学生时代就开始进行文学实践或文学创作。但是，作为一门面向全体学生的基础性、工具性学科，我们不能用个别的特例上升为普遍的要求；否则，必然顾此失彼，形成对正常语文教学的冲击。这一观点与吕叔湘所倡导的要通过文学作品来对学生进行思想教育并不矛盾。吕叔湘反对"空对空"的思想品德说教，主张让学生通过阅读优秀的文学作品得到良好的熏陶，但是这与将文学作品的教学作为语文教学的主要内容是两回事，我们不能按照自己的需要去解读吕叔湘这句话的真实意图。

总之，将"语文"理解成"语言"和"文学"，不无道理，但是，要推而广之，以占语文教学一部分的文学教学放大为语文教学的主要方面，就容易导致以偏概全的错误。从这个角度来认识吕叔湘先生的"语文"是"语言"和"文字"的界定，具有非常重要的现实意义。

二、"语言文章"论辨析

还有一种与吕叔湘"语言"和"文字"理解不同的观点，那就是把"语文"的内涵界定为"语言"和"文章"。

曾祥芹先生认为，广义的文章，从形式上说，是组成篇章的书面语言；从内容上说，是客观事物和主观情思的反映；狭义的文章，不包括诗词、小说、剧本等文学作品在内，它是真实地反映客观事物、表达主观情思、用于社会交际、组成篇章结构的书面语言，其内容包括自然、社会和思维三大领域的一切科学认识成果；它要求生活的真实，事实具有客观实在性，不允许虚构，以抽象思维为主，带有局部形象，重在实用。狭义的文章，既泛指普通的记叙文、说明文、议论文，又包括高层次的通讯报告、教科书、学术论著。对于散文、报告文学、传记文学、游记、科学小品、杂文一类边缘两栖文体，因其非虚构性是矛盾的主要方面，所以，实质上不过是文艺性记叙文、文艺性说明文和文艺性议论文。因此，把它们统统归入狭义文章。

将语文教学中的"文"界定为狭义"文章"，有其积极的一面，也有不容忽视的缺陷。将"文"界定为狭义"文章"，对改变长期以来语文教学和研究中重文学作品、轻实用文章的严重倾向大有裨益——为了尽快改变文章理论落后于文学理论的不正常局面，把整个文章学研究的重点聚焦于狭义文章上，使狭义文章独立成学，与文艺学并驾齐驱，这在纠正目前语文教学中过分强调文学教学的偏向有积极意义。但是，将"书面语"的外延做缩小化处理，容易让人误解为"文章"是"书面语"的全部。这与吕叔湘先生"书面语"内涵的丰富性相比，缺乏更大的包容性。

就语文教学的事实本身来说，语文学习的"文字"不限于"文章"一类，其中有不少是非文章的"文字"。如非文章的书面语材料标语、口号、对联、启事、海报、便条、产品说明书，录音录像资料中的字幕，等等。这些显然不是严格意义上的"文章"。而这些非文章的教学内容，在语文教学中显然是必须的。将"语文"等同于"语言"和"文章"，其缺陷正是因为它将"文"仅仅界定为"成篇之书面语"，与事实有距离。事实上，语文学习不仅局限于课堂的听、说、读、写，还包括课堂以外、在社会上广泛的语文学习。课外语文学习作为课堂语文学习必需的、有益的补充，是不可或缺的。仅仅靠课堂的语文学习，是难以完成语文能力形成的任务的，这是早已为事实所证明的。

语文教学中的"文"可以是文章，但不一定都是文章。所以把"语""文"界定为"语言"和"文章"，就容易将语文教学的内容局限在一个封闭的系统里，一方面，这样的语文教学内容中没有包含语文教学内容的全部要素，是不全面的、有缺陷的；另一方面，语文教学囿于广阔而丰富的语文生活之外，因为脱节而难以形成良性互动，最终将导致生命力下降，有悖其初衷。

三、"语言文化"论辨析

将"语文"理解成"语言"和"文化"的观点，从一个侧面诠释了"语文"的丰富内涵；但是，将语文教学的"语文"做如此宽泛的解释，容易模糊"语文"的本质规定性，造成语文教学实践的偏离。"文化"外延过大，具体表现如下：

其一，"文化"是一个含义十分丰富的概念，很难有一个比较确切、能让大家普遍认同和接受的定义。以这样一个难以准确界定内涵的表述来确定语文教学内容，在实践中必然碰到操作上的难题：以师之昏昏，岂能使生之昭昭？

其二，将"语文"界定为"语言"和"文化"，将语文教学内容进行了必要的拓展。因为"语文"的形式与内容不可分割，所以语文教学当然包括"文化"的成分。但是，毕竟语文教学主要是学习语文的表达形式，将"文"（文化）与"语"（语言）做对应性解读，容易导致语文教学操作上"此涨彼消"的偏差。

当然，在表达形式学习的过程中必然涉及语言所包含的思想（文化）。语言是表达形式和表达内容合二为一的东西，包含着表达形式和表达内容的语言，就像具有一张纸的两面，一面是形式，一面是内容，我们难以将一张纸的两面截然分开。

即使分开了，一张纸仍然存在着两面。将"文"界定为"文化"，是语文学科性质"文与道"（或工具性和思想性）认识的另一种表现形式，在认识论上容易陷入二元论误区，削弱语言和文字的教学。

其三，将"文"强调为"文化"的出发点，是不少好心人的一种担忧，他们生怕提"工具"（"口语"和"书面语"）会忽略语文本身的思想（文化）传承的功能，其实，这是多虑。张志公在论述语文工具与生产工具所不同的特点时就明确指出，这种不同就在于它的思想性（文化）：它不生产物质资料，而用以交流思想，并且"和思想老是长在一起，分不开"。

将"文"作为"文化"理解，在实践中容易产生对语言文字教学的"挤压"，其结果将会产生两种情况：其一，语文教学的任务"放胖"——在语言文字教学任务上再增加"文化"教学的任务，语文教学将不堪重负；其二，"文化"教学很容易使语文教学滑向"以讲为主"的操作路子中去，偏离语文教学作为程序性知识学习为主的学科基本定位，步入与文学教学相类似的教学范式中；而语文教学的文学教学范式化，是被实践证明为偏离正确轨道的。

吕叔湘之外的其他语文教育家，也对将"文"理解为"文化"给语文教学带来的负面影响有过具体阐述，这也从一个侧面印证了吕叔湘将"语文"界定为"语言"和"文字"的科学价值。叶圣陶指出："国文是各种学科中的一个学科，各种学科又像轮辐一样辏合于一个教育的轴心，所以国文教学除了技术的训练而外，更需含有教育的意义。说到教育的意义，就牵涉到内容问题了。……笃信固有道德的，爱把圣贤之书教学生诵读，关切我国现状的，爱把抗战文章作为补充教材，都是重视内容也就是重视教育意义的例子。这是应当的，无可非议的。不过重视内容，假如超过了相当的限度，以为国文教学的目标只在灌输固有道德，激发抗战意识，等等，而竟忘了语文教学特有的任务，那就很有可议之处了。道德必须求其能够见诸践履，意识必须求其能够化为行动。要达到这种地步，仅仅读一些书籍与文篇是不够的。必须有关各种学科都注重这方面，学科以外的一切训练也注重这方面，然后有实效可言。国文诚然是这方面的有关学科，却不是独当其任的唯一学科。所以，国文教学，选材能够不忽略教育意义，也就足够了，把精神训练的一切责任都担在自己肩膀上，实在是不必的。"[①]

---

① 《国文教学的两个基本观念》，《叶圣陶语文教育论集》，教育科学出版社2005年版，第41—42页。

吕叔湘"语言文字"是基于"语文"一元化的认识，而"语言文化"的阐释存在着二元论倾向甚为明显。

语文教学中"语言"（文）是运载"文化"（"道"）的工具，类似于轮船是运载旅客的工具，但是又不完全等同于轮船与运载旅客的工具。从运载的功能上说，语文和轮船都是工具。但是，从本质上来说，语文毕竟不同于轮船。轮船和旅客可以分成二物：轮船可以离开旅客而独立存在，旅客也可以离开轮船而独立存在。轮船离开旅客，仍然是轮船；旅客离开轮船，也仍然是旅客。语文就不同了，有谁见过没有任何意义的语文呢？

下面一例也许能深化我们认识语文"内容"与"形式"的关系：在相声表演中涉及的"内容"和"形式"问题与语文这一特殊工具中"内容"与"形式"的关系何其相似：逗哏说："我是歌唱家，能唱各地方的民歌！"捧哏说："只要你一张嘴，我就知道你唱的是什么地方的民歌！"逗哏把嘴张开，"啊"了一声，问捧哏道："我唱的是什么民歌？"捧哏摇了摇头说："不知道！"逗哏质问捧哏："你不是说我一张嘴你就知道我唱的是什么吗？"捧哏回答："你得唱出歌词呀！"

这里的"歌词"既包括内容又包括形式，是内容与形式的统一，两者不能分开。没有只有形式的语文，也没有只有内容的语文，语文是内容与形式合二为一体的、一元的。

总之，无论是将"语文"理解成"语言"和"文学"，或是把"语文"理解成"语言"或"文章"，或是理解成"语言"和"文化"，都有其合理性；但是，这种合理性的认识不是对"语文"质的规定性的科学认识。它们在认识上存在不完整性，在实践中容易产生某种偏向。对当前语文教学界在"语文"内涵多元理解的比较、分析和梳理，有助于语文教育工作者更透彻地认识吕叔湘从"什么是语文"的追问中所获得的智慧结晶的科学价值，增强语文教育工作者准确理解和把握吕叔湘"语言"（口语）和"文字"（书面语）关系的自觉性，助益语文教育工作者充分认识到将"语文""质的规定性"认识贯穿于语文教学实践的艰巨性和复杂性。

第二章 语文怎样教：其次"必须认清"的根本问题

如前所述，"什么是语文"，作为凝练吕叔湘语文教育思想的简约性表述，事实上包括两个方面的内涵："两个'必须认清'"。简而言之，就是"语文教什么""语文怎样教"。本章重点研读和探讨后者。

第一节 语文课程定位：是养成"习惯"的"工具课"

一、课程性质：养成"语文习惯"的工具课

认识了"语文教什么"，语文就一定能教好、学好吗？对此，吕叔湘在 20 世纪 40 年代就曾经明确地指出：

> （英语）认识不清自然永远学不好，可是认识清楚未必就能学好。因为还有第二个原理非知道不可：**语文的使用是一种习惯**。学英语就是养成使用英语的习惯。习惯是经过多次反复而后成功的，所以要多多练习。光是知道乒乓球怎么打没有用，要天天拿起球拍来打才会打；光知道游泳该怎么游没有用，要天天跳下水去游。[①]

毋庸置疑，吕叔湘先生所言虽然是从学英语角度来阐述的，但是语言学习的共同规律同样适用于汉语文学习。

"技能"和"习惯"培养，是吕叔湘对现代语文教学本质内涵的揭示和解读。吕叔湘形成**"语文课的主要任务是培养学生使用语文的技能"**[②]的最终表述，经历了

---

① 《中国人学英文》，《吕叔湘全集》第十四卷，辽宁教育出版社 2002 年，第 14 页。
② 《关于语文教学问题》，《吕叔湘全集》第十一卷，辽宁教育出版社 2002 年，第 29 页。

一个反复认识、不断完善的过程。其整个的思考过程是循着"从事语文教学必须认清人们学会一种语文的过程"而展开的。

吕叔湘除了首次在《中国人学英文》（1947）集中对语文教学的"技能""习惯"培养做过明确阐述外，还在其他论著中就此有过多次论述。其中 20 世纪 60 年代的集中、反复思考，形成的**"语文课的主要任务是培养学生使用语文的技能"**[①]的认识。这不仅准确地解读了语文的工具课性质，而且将对性质的内涵定位于操作性强的任务目标层面，加深了对现代语文教学的认识。在他看来，语文课主要是培养学生一种使用语文的技能，而不是学一套死的语文知识。这是吕叔湘从语文学科性质出发，但是又不囿于学科性质层面的归纳和揭示，是他认识"什么是语文"在现代语文教学问题上的尝试和贡献。

"学习语言不是学一套知识，而是学一种技能。"[②]吕叔湘这句话揭示了语文课的主要矛盾和矛盾的主要方面——语文课是"技能课"。以语法教学为例，语法教学有两种教法：其一，有的人着重讲词的分类，罗列许多定义，讲句子成分，分析句子一定得补齐各种成分。其二，有人特别注意虚词，让学生理解虚词的用法，并通过练习让学生实际掌握虚词和有关的格式。吕叔湘主张后一种教法。他认为，应该好好教虚词，汉语的虚词跟造句格式相联系，是格式的标志。光讲还不够，要多练习才能掌握。这两种教法实际上是把语法看作知识还是技能的问题，语文教学背条条用处不大，应该进行技能的训练。

"语文的使用是一种技能，一种习惯。"[③]这句话明确指出了语文"技能"训练水平必须达到自动化程度，才能最终形成语文习惯。了解"技能"的特征，有助于我们认识"技能"与"习惯"两者的关系。认知心理学关于"技能"学习的理论告诉我们，技能学习属于程序性知识的学习，它不同于陈述性知识的学习。陈述性知识的学习主要解决的是"是什么？"的问题，程序性知识的学习主要解决的是"怎么办？"的问题。既然语文学习是一种技能（程序性知识）学习，那么语文学习就必须用符合程序性知识的理论来指导实践（训练）。并且要通过语文教学的"科学训练"，让"技能"的掌握熟练到自动化的程度（不自觉）——形成一种习惯（习惯的特点就是不自觉）。

① 《关于语文教学问题》，《吕叔湘全集》第十一卷，辽宁教育出版社 2002 年，第 29 页。
② 《谈语言的学习和教学》，《吕叔湘全集》第十一卷，辽宁教育出版社 2002 年，第 7 页。
③ 《关于语文教学的两点基本认识》，《吕叔湘全集》第十一卷，辽宁教育出版社 2002 年，第 23 页。

"语文课的主要任务是培养学生使用语文的技能，所以一般称之为工具课。"[1] 必然推导出了语文课程的工具性质。由于语文课程的特殊性，语文课的教学过程既涉及语言的形式，同时也必然涉及语言所承载的内容。如果不注意用抓住主要矛盾和矛盾的主要方面来认识语文课"质的规定性"，往往容易偏离对语文课的正确认识。在语文教学实践中，有两种做法偏离了"语文课的主要任务是培养学生使用语文的技能"的正确认识：其一，过分强调语言教学，忽视语言本身具有的思想意义；其二，不恰当地强调语言本身具有的思想意义，削弱了语言教学的主要任务。前者在实践中的主要表现是将科学训练蜕变成了机械训练；后者在实践中的主要表现是把语文课上成了语文知识课，或者上成了政治理论课等。

既然语文课的主要任务是"培养学生使用语文的技能"，那么，语文课的次要任务是什么呢？一方面，语文课的主要任务是学习如何用语言形式来表达人们的思想。无论是通过口语（听、说）来交流，还是通过书面语（读、写）来交流，都离不开熟练地运用语言形式来表达思想。另一方面，有主就有次。语文课的次要任务就是，语文课在主要学习语言表达形式的同时，还要学习包括在语言当中的思想（内容）。语言学的理论告诉我们，没有一种语言不渗透着思想或文化的纯粹语言。

吕叔湘运用辩证唯物主义的语言观，高屋建瓴地从分析语文工具课的本质所在，由此把握语文课的主要矛盾及其矛盾的主要方面，又从人类学、社会学的层面来理解和坚持语文课的工具性质——"语文课的主要任务是培养学生使用语文的技能"，大胆地坚持和倡导科学的语文教学"训练观"，克服认识上的模糊和实践上的摇摆。因为，现代语文高效率的技能要求必须"正确"和"熟练"（形成习惯）：不正确就不能获得所要求的效果，不称其为技能。不熟练，也就是说，有时候正确，有时候不正确，或者虽然正确，可是反应太慢，落后于时机，那也不称其为技能。

由"必须认清人们学会一种语文的过程"出发，形成"语文课的主要任务是培养学生使用语文的技能"[2] 的定位，是吕叔湘对现代汉语文教学工具课本质的个性化阐述。这一精辟论述，更深刻地剖析了现代语文教学"工具性质观"的内涵和本质，这是语言学家和语文教育家吕叔湘的巨大贡献——语言表述的准确性避免了"工具"比喻的多义理解可能产生的纷争。可是，因为这句话说出来是平淡至极的

---

[1] 《关于语文教学问题》，《吕叔湘全集》第十一卷，辽宁教育出版社 2002 年，第 29 页。

[2] 《关于语文教学问题》，《吕叔湘全集》第十一卷，辽宁教育出版社 2002 年，第 29 页。

一句"老生常谈",而我们又忽略了对这句平淡的"老生常谈"背后所蕴含的深刻道理的正确解读和深刻把握,所以,至今对"工具性"仍然"诉讼"不断,议论纷争,这在一定程度上削弱了现代语文教学效率研究的力度。因此,反复咀嚼和正确解读吕叔湘以人类学、社会学为视角对现代语文教学所做的分析,不仅有利于帮助我们加深理解吕叔湘对"什么是语文"所做的阐释,而且有利于在实践方面更坚定地进行"科学训练"。

二、课程目标:关键"使学生的学习由被动变主动"

教育学理论中有代表性的两种观点,一种是"容器说"——将学生当成一个有待装满的"容器",教学的过程就是教师不断地将知识注入学生头脑这个"容器"之中的过程;另一种是"火把说"——将学生的大脑比喻成一个有待点燃的"火把",教师只是一根火柴,只需要在适当的时机为学生点燃火把,学生就能将星星之火逐渐燃成燎原之火。

教学的核心其实就是"唤醒",即教育的最终目的不是传授或接纳已有的东西,而是从人的生命深处唤醒他沉睡的自我意识,将人的生命感、创造力、价值感唤醒,这是教育人类学思想的一个重要的观点。文化人类学家施普朗格曾明确表示,教育绝非单纯的文化传递,教育之所以成为教育,正在于它是一个人格心灵的"唤醒",这是教育的核心所在。对人类学有长时间研究,以及后来一直从事语言学研究的吕叔湘来说,无论是教育人类学还是语言学中,都有一个这样的观点,那就是人类对于语言学习的能力是与生俱来的。在人的心灵深处存在着一种所谓"本源性"的语言意识,这种处在沉睡状态的语言意识有待唤醒。唤醒的过程即是心灵的解放,是人生命的升华。

语文教学的本质就是教师通过语文教学活动,唤醒学生逐步形成使用语文的技能和良好习惯的过程。吕叔湘认为:要达到这个目的,关键在于使学生的学习由被动变为主动。即主要是调动学生的学习积极性。学习积极性的问题解决了,其他的问题就迎刃而解了。

针对阅读课和写作课中流行的一套刻板的程式,即"教师按照这套程式去教,学生按照这套程式去学,都不必动脑筋。……学生的学是被动的,教师的教也是被动的"的现象,吕叔湘指出解决问题总的原则是"变被动为主动,学生要主动的学，教师要主动的教"。① 也就是说，语文教学过程中，教师教学的重点是调动起学生学习语文的主动性和积极性。这样，就理顺了语文教学中教师和学生的关系：把以教师讲为主变成以学生学为主。

我们平时经常讲的"兴趣是最好的老师"这句话，也就是"兴趣"调动了学生学习的主动性和积极性，学生在浓厚的兴趣引导下，变苦为乐，欲罢也不能了。在这里，"兴趣"解决的是一个学习者的动力机制问题。当然，兴趣的激发和保持蕴含着很深的学问，这里暂不赘述。

"要教会学生动脑筋"是吕叔湘特别强调的"主动"过程观。"因为我们知道，我们要有知识，这是不错的，更重要的是要有智慧。你光有知识，你不会用那些知识，那也是枉然。那样的知识没有用，是死的。你有智慧，你就能运用这些知识。所谓智慧，好像这东西很高超，其实不然，智慧就是能动脑筋。你会动脑筋，所有的知识都能供你使唤；你不会动脑筋，那些知识不为你所用，不是你的东西。"② 在此基础上，他进一步对教师在教学过程中的作用提出自己的看法："教师培养学生，主要是教会他动脑筋，这是根本，这是教师给学生的最宝贵的礼物。就是给他一把钥匙，他拿了这个钥匙能够自己开箱子、开门，到处去找东西。你不给他这个钥匙，那有多少宝贝他也没有法子拿到手。有的教师讲课能讲得眉飞色舞，能让学生听得津津有味，这当然是好事。但是过后还得仔细想一想，到底这一堂课给学生一些什么东西。如果学生确实有收获，那是好上加好。如果学生没有得到多少实惠，那就只是看了一场表演。"③

第二节　语文科学训练："正确模仿，反复实践"研读

从事语文教学"必须认清人们学会一种语文的过程"，以"语文怎样教"为问题导向，要求教师要认清学生学会语文的具体过程，并据此大胆地开展教与学，让学生在教师的指导和帮助下，提高"正确模仿"的效率，发挥"反复实践"的积极性和主动性，最终获得和提高语言基本技能，养成使用语文的良好习惯。

---

① 《语文教学要变被动为主动》，《吕叔湘全集》第十一卷，辽宁教育出版社2002年，第87页。
② 《关于中学语文教学的种种问题》，《叶圣陶全集》第十一卷，辽宁教育出版社2002年，第68页。
③ 《关于中学语文教学的种种问题》，《叶圣陶全集》第十一卷，辽宁教育出版社2002年，第69页。

一、"正确模仿，反复实践"的基本内涵

"正确模仿，反复实践"，是语言学家吕叔湘从语言学习的视角对汉语言学习"科学训练"规律的智慧解读。

早在 1947 年出版的《中国人学英文》一书中，吕叔湘提出了"语文的使用是一种习惯"的观点。虽然没有直接说到如何进行语文教学，但其中包含这样两个基本事实：学生要形成使用语文的习惯，一方面需要长时间的训练，另一方面仅仅靠教师是无法完成的。

在《关于语文教学的两点基本认识》（1963）一文中，吕叔湘再次提出了"语文的使用是一种技能，一种习惯，只有通过正确的模仿和反复的实践才能养成"的看法，并具体谈到了讲解、练习、示范在语文教学中的作用。他指出语文课不是讲得太少，而是讲得太多。因为，讲得太多，占用的时间太多，一则没有充分和足够的时间让学生多练习，二则不知不觉造成学生的错误认识，以为上语文课是为了学会讲语文，不是为了学会用语文。这些论述很有针对性，对于当时出现的把语文课讲成政治课、文学理论课、语文知识课的倾向起到较好的纠偏作用。

1964 年，吕叔湘对语文教学过程有过这样的阐述："语文课的主要任务是培养学生使用语文的技能，所以一般称之为工具课。……技能的获得要通过学生的活动，教师是无法包办代替的。"[1]这是对教学过程中学生"学"的进一步确认。20 世纪 60 年代，吕叔湘的关注点集中在成人国民语文教育水平的普遍提高上，不在中小学语文教学上。所以对于比较微观、具体的语文教学过程没有做更多、更深入的思考。

1978 年，吕叔湘借到南方一些省市讲学的机会，在谈论语文教学问题时反复强调：要变被动为主动，即让学生主动地、自觉地学，把知识真正变成自己的血肉。1979 年 2 月，吕叔湘在全国中学语文教学研究会成立大会上做了题为《关于中学语文教学的种种问题》的讲话，专门讲了"教和学的关系"问题，他指出：

> 教师培养学生，主要是教会他动脑筋，这是根本，这是教师给学生的最宝贵的礼物。就是给他一把钥匙，他拿了这个钥匙能够自己开箱子、开门，到处去找东西。你不给他这个钥匙，那有多少

---

[1] 《关于语文教学问题》，《吕叔湘全集》第十一卷，辽宁教育出版社 2002 年，第 29 页。

宝贝他也没有法子拿到手。[1]

他同时还举自己带研究生所用教学方法的例子：主要靠学生自己看书，发现问题，师生一起讨论，互相启发。不是采用先生讲学生听的方式，而是组织一个讨论班，先确定一个讨论的问题，然后让学生回去准备，上课时大家发言，互相辩论，互相启发，老师也是讨论中的一分子，这是吕叔湘语文教学过程观探索的又一次亲身实践。

1979年11月，吕叔湘又专文《语文教学中的基本原则》谈到了语文教学过程中的"因势利导"问题。他认为，要完成"培养学生使用语文的技能"这个根本任务，在确定了语文学科的教学内容、界定了"语文教什么"之后，就要使教学内容转化为学生的能力，而这就需要具有适合语文学科特点的教学方法，要解决"语文怎么教"的问题。语文的教学方法可以有千千万万种，"在各种各样的教学法之上有一个指导原则——因势利导。"[2]他所谓的"因势利导"，主要包括两个方面内容，一是"审势"，二是"利导"。"审势"是"利导"的基础，"利导"是"审势"的方向。审势的"势"，包括学生和教学内容。这就是说，在语文教学过程中，一方面，要把握学生原有的基础，找到教学起点。"对基础好的学生是一种教法，对基础差的学生是另一种教法。要了解学生当前的精神状态。热心学习是一种情况，精神散漫是另一种情况，教法要适应不同的情况"。[3]另一方面，课文是难还是易，是有趣还是枯燥，要不同对待。讲"利导"就有个导向何方的问题。不同年级、不同阶段，教学目的有所不同，至少是重点有所不同。吕叔湘对"因势利导"的看法，表明他对教学过程中学生"学"的研究已经深入课堂的内核，真正落到了"学生"和"学习内容"层面上。

吕叔湘完整地、精确地用文字直接表述，并上升到语文教学过程观进行讨论是在1980年8月。在为《叶圣陶语文教育论集》所撰写的序言中，他针对广大教师对语文教学的本质认识不清、语文教学实践长期存在着"以讲为主"的倾向指出：

---

① 《关于中学语文教学的种种问题》，《吕叔湘全集》第十一卷，辽宁教育出版社2002年，第69页。

② 《语文教学中的指导原则》，《叶圣陶全集》第十一卷，辽宁教育出版社2002年，第169页。

③ 《语文教学中的指导原则》，《叶圣陶全集》第十一卷，辽宁教育出版社2002年，第169页。

这就触及教育学上的根本问题：在教学活动中，教师起什么作用？圣陶先生的看法是，"各种学科的教学都一样，无非教师帮着学生学习的一串过程。"换句话说，教学，教学，就是"教"学生"学"，主要不是把现成的知识交给学生，而是把学习的方法教给学生，学生就可以受用一辈子。①

怎样才算是把学习的方法教给了学生，学生就可以受用一辈子呢？吕叔湘在1980年11月对此有更进一步的阐述："就是要把学生教得像海绵一样，放在水里就吸收水，放在酒里就吸收酒，因为它到处是空隙，往哪儿都能吸收。"②反之，只交给学生具体的知识，可能就会是另外一种情形："假如我们不是把学生教成一块海绵，而是教成一块橡皮，放在哪儿它也吸收不进去，你在橡皮外面涂上一层东西也无非就是那点，它还会慢慢地往下掉。"③吕叔湘用"海绵"和"橡皮"的比喻，形象地为"教（jiāo）给"和"交给"两种教学方式画了像。至此，吕叔湘"'教'学生'学'"的语文教学过程观已经成熟、定型。

二、科学把握"模仿""实践"两个训练环节

在"正确模仿"和"反复实践"这两个环节中，教师和学生的地位是怎样的呢？当然，学习过程中，学生是学习的内因，教师是学习的外因。但是教学是一个复杂的过程，学习知识最终形成能力是一个长时间逐步积累才能完成的过程。学生在学习过程中，"模仿"不是一次能完成的，"实践"的过程中也需要教师的纠偏。虽然学习过程中的主体是学生，学生是学习活动的内因，但是，教师的作用不可低估。有人会说，自学成才的人没有教师的指导，不是也学得挺好吗？当然，我们不否认这样的情况。仅仅靠学生在黑暗中摸索前行，摸着石头过河，也有可能到达成功的彼岸，但是这样不经济。这样的教学活动无法体现学校教育在教学效益上的优势，特别是对于大多数的学生而言，指导不仅是有用的，而且是必需的。

语文教学实践中长期存在着"以讲为主"的倾向。这种倾向从读文言文开始一直延续到读白话文，乃至于今天。问题的实质是对语文教学的本质认识不清，认为

---

① 《〈叶圣陶语文教育论集〉序》，《叶圣陶全集》第十一卷，辽宁教育出版社2002年，序第3页。
② 《关于中学语文教学问题》，《叶圣陶全集》第十一卷，辽宁教育出版社2002年，第59页。
③ 《关于中学语文教学问题》，《叶圣陶全集》第十一卷，辽宁教育出版社2002年，第59页。

语文课的教学过程就像交付一件东西那样，我交给你了，你收到了，东西就在你手里了。这种教学法的主要流弊是形成了学生永远离不开教师的后果。这样学生永远不可能养成使用语文的良好习惯，这样的语文教学基本是失败的。如何改变这种现状呢？单纯讲具体的教学法是达不到这个目的的，必须确立科学的语文教学过程，并根据科学的语文教学原则，选用适当的教学方法才能从根本上解决问题。"讲"的方法不能使学生最终形成语文能力，这是"破"。最终还要"立"，也就是吕叔湘一贯倡导的"正确模仿"和"反复实践"。

"正确模仿"和"反复实践"是语文教师"'教'学生'学'"的两个重要抓手。需要指出的是，在具体的实施过程中，"模仿"和"实践"不是截然分开的两个阶段或者不相联系的两回事。两者是不能割裂的，前者是前提，后者是基础。首先，"模仿"有时不可能一次完成，可能一次只能模仿好其中的一个部分，通过反复实践最终也只掌握了这一个部分。在此基础上一直"模仿""实践"下去，最终才有可能掌握所要学习知识的全部内容，形成自己的语文能力。

以写作为例，"反复实践"才能最终提高写作水平。当然，"反复实践"中同样包含着学生自己的"正确模仿"和教师指导下的"正确模仿"。常常规规矩矩地去写说明了"正确模仿"和"反复实践"之间的辩证关系。

教师指导和学生主动学习在语文教学过程中是有机统一的。要正确处理好教师指导（"训"）和学生主动学习（"练"）之间的关系，如果"训"和"练"的主体"错位"（或"越位"，或"缺位"），其结果是两败俱伤："越位"是"种了别人的地，荒了自家的田"；"缺位"是"靠天吃饭，饥饱难料"。典型的例子是在课外阅读中，教师"缺位""训"——教师采取放任之法，不少学生徘徊于"快餐阅读""浅阅读"层次，即使有阅读量做保证，但难收阅读能力提升之效。个别学生可能滑向"黄色阅读"误区。反之，教师"越位""训"——当下的课堂阅读教学，教师用力"最勤"，但学生阅读能力的长进、思维水平的提高却并不尽如人意。因此，过分强调"教"，学生学习不能独立，只能一直依靠教师，难以形成自己的语文能力；过分强调"学"，缺乏教师适时的点拨，一方面学生不容易学会，另一方面即使学会了也不实用。

三、"正确模仿，反复实践"视域下的教学分析

综上所述可知，吕叔湘"其次'必须认清'"——"从事语文教学必须认清人

们学会一种语文的过程",在语文教学过程中具体体现为"正确模仿,反复实践"的科学训练过程。

若我们用上述要求来观照一下当下语文教学片段,也许可以从另一个视角发现语文教学过程中存在的一些常见而不易发现的问题。叶敬斗先生在《中小学教材教学》2006年第5期《对小学教学片段语文课堂"浮华"现象的思考》中提到的三则教学片段:

教学片段1:《悲壮的一幕》

师:请同学们讨论一下,科马洛夫为什么会两次流泪?

生立刻围成四人一组,然后就热闹地讨论开来。我细心地听着周围小组同学的讨论,结果发现学生并不都是在讨论老师提出的问题,有的合作小组在谈一些与合作学习的内容风马牛不相及的事情,甚至有两个同学在一起讨论前一天中央电视台的电视节目;有的合作小组虽然几个人聚在一起,却自己做自己的事,毫无合作之实,与其说是在进行合作学习,不如说几个学生围在一起进行自学;还有的合作小组只是一个人大讲特讲,其他同学都是忠实的听众,而教师好像并没有察觉这些不正常的现象,依然在教室里兴致勃勃地走动。

教学片段2:《海天骄子》

师:请同学们自己自学15课《海天骄子》,然后和自己同桌讨论一下,文中的海天骄子指谁?他为什么能成为海天骄子?

(学生开始读课文。我身边的两个学生,一个还没有读完,另一个只读了一半,两人就笑眯眯地凑到一起,他们觉得这个问题太简单了。)

生汇报:海天骄子指柏耀平。因为他刻苦钻研,所以成为海天骄子。

教学片段3:《黄山奇松》

师:"同学们,书上没有画出'迎客松'的图,你们能不能根据书上的句子把它画出来?"学生齐说:"能!"于是,课堂上见到的都是学生忙碌的身影:有的埋头作画,有的向同学借水彩笔,有的转过脸询问:"哎,你怎么画的?让我看看!"……15分钟过去了。教师问:"同学们,画好了吗?"有的学生答:"画好了!"有的学生着急地说:"还没有,等一下!"教师让画好的学生到前面展示自己的画,教师问:"画得怎么样?"同学们评价:"画得很好!""画得很像!"教师站在一边不停地赞叹:"真不错!"(这一活动共用了20分钟时间。)

显然,我们不难发现上述片段中反映出的语文课堂存在着一种严重的"虚化"

现象：片段 1 显示出教师追求的是徒有虚表的课堂讨论法，学生在课堂上基本不在有效地学习语文。片段 2 显示教师提出的问题太简单，未很好地考虑学生的基础和发展状况，学生的学习基本是没有发生过。片段 3 的教学过程显然游离了语文的课堂，教的东西不是语文的内容。

类似的语文课并不鲜见，甚至俯拾皆是。笔者认为这主要不是语文教师"偷懒"，而主要是语文教师"怕教语文""拙教语文"问题的不同表征。显然，如果这些问题没有得到有效解决，势必会在"非语文"的轨道上越滑越近，即与"真语文"渐行渐远。重温吕叔湘先生"正确模仿，反复实践"的科学语文训练，并以此指导当前的语文课程改革和实践，尤显紧迫。

第三节　语文科学训练：坚持两个"不动摇"

笔者以为，语文教师"科学训练"发生偏差的情况复杂，突出表现为"不敢教"或者"不善教"。前者主要是对科学训练中语文教师的主导地位认识不清；后者主要是对正确处理教与学的关系认识不清。

一、科学训练中坚持语文教师的主导作用不动摇

教不得法，学难得其门而入。语文教师是中小学阶段最重要的语文教学生产力，然而，当前有一种否定或者变相否定教师主导作用和地位的思潮甚嚣尘上，教师"不教"已经成为"时髦"，甚至还有所谓的"理论支撑"——以学生为主体。这种片面夸大了学生的能动作用，否定教师的主导作用的做法，演变成了实际上的"学生中心论"，学生的语文学习效果得不到有效保障。

其实，以学生为主体与以教师的主导作用并不矛盾。在"学习过程"中，学生是学习的内因，要坚持以学生为主体。在"教学过程"中，教师是教学活动的组织者、执行者，语文教师要综合考虑教学目的的实现、教学内容的把握、教学方法的选择，直接影响到课堂教学的有效性。要对"学习过程"和"教学过程"的不同话语环境适当地厘清，语文教师不应该无所适从，不应该研究"不教"，而应该大胆地研究"怕教"和"拙教"、"敢教"和"善教"。事实上，"不教"是不需要研究的。

语文教师是最重要的语文教学生产力，要旗帜鲜明地坚持语文教师在教学过程中的主导作用不动摇。一方面，要鼓励教师在教学过程中"敢教"（敢教语文、敢教真语文），逐步排除"怕教"（怕教语文、怕教真语文）、"拙教"（拙教语文、拙

教真语文）的现象。同时，要积极引导、创造条件帮助语文教师研究"善教"（善教语文、善教真语文），倡导教法上的个性张扬，鼓励教法上百花齐放，营造百家争鸣的良好氛围，让更多"敢教"和"善教"的优秀语文教师不断涌现，不断壮大优秀语文教师队伍，发挥语文教师在语文教改中的关键作用。

二、科学训练中正确处理教与学的关系不动摇

"知"与"行"的关系告诉我们，认识有利于实践，实践反作用于认识。"敢教"更多的属于认识范畴，"善教"更多的属于实践范畴，两者是相辅相成的。当下语文教师"怕教"问题的有效解决，还有赖于"拙教"问题的突破。

吕叔湘告诫我们：一旦在解决具体问题时碰到困难，能够在根本问题上重新思索有利于找到解决问题的途径。语文教师"善教"问题，要回到"关于语文教学的两点基本认识"来进行思考：一是，首先，必须认清他教的是什么；其次，必须认清人们学会一种语文的过程。

语文教师只有认清了汉语的各种形式的区别和它们之间的相互关系，才能找到"善教"的原点——把握汉语文的特点，让"真语文"回归到课堂中来。语文教师首先要"盘点"自己是否有、有多少教"真语文"的功底。如古代汉语的小学功底；现代汉语的字词句篇语修逻文素养；教师的阅读视野、快速阅读能力如何；教师能写下水作文吗，发表过小品文、论文没有，发表过多少；等等。只有教师的昭昭，才可能使学生不昏昏。再如，信息化时代给语文教学带来了许多新的知识和手段，语文教师掌握了计算机这一先进的语文学习工具吗？

语文教师认清了语文的使用是一种技能，一种习惯，只有通过正确的模仿和反复的实践才能养成。语文教师就比较容易认识讲解、练习、示范在语文教学中的作用，也就比较容易处理好"讲"和"练"的关系：多讲还是少讲？精讲还是略讲？多练还是少练？苦练还是巧练？

事实上，一些教师没有认清语文学习的过程，忘记了自己上的是语文课，不在"善教"上多动脑筋，忽视了对语言和人文两者的整合和处理，结果人文熏陶的效果还没出现，学生的语文能力倒是整体下滑了。比如，新课改强调要培养学生个性，强调要个性化阅读、多元解读，于是"愚公很笨，可以打隧道而不用移山""愚公很专制，强迫别人帮他移山"等等所谓"个性""多元"的解读就出现了，而一些语文教师对此类标新立异的"非语文"解读似乎很赞赏；新课改强调语文教学现代

化，要充分利用多媒体课程资源，于是语文课上多媒体课件满天飞，学生看得眼花缭乱，课堂上热闹非凡，因为"非语文"成分泛滥，语文教学效果可想而知。

还有，不少语文教师对关于"语文"的两点认识不清，理论上容易动摇，面对潮水般涌来的各种新颖教育理论，以及新课改言必建构主义、多元智能等西方理论往往无所适从。实际上，树立了"语文"的牢固意识，无论引进何种先进的教育理论，在认识到必要性的同时，一般不至于忽视与中国的语文教育思想进行融合，因为，毕竟汉语文学科有自己的特点，漠视我国语文教育传统和特点，消除汉语文的学科界限，由此建构起来的所谓语文，基本上可以判定为是"非语文"。认清了"真"语文和"学会一种语文的过程"，无论风吹浪打，胜似闲庭信步。

第三章 "敢教""善教"：语文"科学训练"的清醒方略

教师是教育事业的第一资源，语文教师是语文教育的第一资源。研究语文教育，要充分发挥这一资源的优势，除了要大力倡导重视教育、尊重教师、关心爱护教师的良好风尚，维护教师合法权益，重视教师队伍建设外，尤其要倡导为人师表，忠诚敬业、行为世范，教书者须先强己，育人者须先律己，不断以新的知识充实自己，为祖国和人民培养合格的人才。因为语文教师的水平如何（"敢教""善教"与否，程度怎样），直接决定语文教育水准的高低。

第一节　语文功底和教学艺术：成就语文教学的"关键"

语文教师是语文教育质量的直接体现者。在语文教学的所有问题中，"最根本的还是教师问题"[①]。吕叔湘先生不仅有清醒认识，而且有过多次阐述：提高语文教师的水平，是提高语文教学效率的"关键"。

事实如此。即使编得不甚理想的教材，到了优秀教师手里，也能运用自如，长善救失，充分发挥其效用；反之，教师教学水平不相称，再好的教材也教不出好效果。教材如此，教法也这样。优秀教师能驾驭教法，而完全受教法驱使的教师，教学中只能表现为无能与无奈。即使是完全意义上的讲授法，一些有丰富经验的教师同样能运用得很好；"满堂灌"也能"灌输得法、恰到好处"，便于学生吸收，促发学生思考，激发起学生的语文学习热情，收到良好的教学效果。

教师的语文功底和教学艺术，是成就语文教学的两个"关键"因素。既有扎实的语文功底，又具娴熟的教学艺术，语文教师必定"敢教"和"善教"，"教师为本"也就顺利"落地"了。

---

① 《语文教改的关键在于提高教师水平》,《吕叔湘全集》第十一卷，辽宁教育出版社2002年，第167页。

一、学高为师：教师语文功底的垂范作用

在《师生水平低是最大困难》（1980）一文中，吕叔湘指出，谈改进语文教学，首先要教师能够胜任，否则，讲其他问题都是白搭。"胜任"的内涵之一，就是教师的语文功底问题。"胜任"是一个动态指标，其标准因"水涨"（老百姓对教育不断提出更高要求）而变得"船高"（语文功底的内涵更为丰富）。

"蓬生麻中，不扶自直"，是吕叔湘关于教师语文功底垂范作用的经典语录。他呼吁，不仅语文教师要时刻警醒和体现"语文"示范作用，而且要求非语文学科教师、甚至整个社会都来共同营造良好"语文"环境。20世纪80年代以来，吕叔湘反复提及"语文功底"对语文教学的决定性作用："说千道万，教师水平是关键"[①]；"语文教改的关键在于提高教师水平"[②]；"语文教学的改革问题，最根本的还是教师问题，要提高语文教师的水平，这是深入开展语文教学改革的重要保证。"[③]

那么，教师的语文功底都包括哪些内容呢？语文功底的特点分析，有助于揭开其神秘面纱，并引导大家自觉修炼语文功底。首先，语文功底具有深刻性。一方面，小学和中学教师的语文功底要求具有明显层次；另一方面，教师的语文功底不论偏于哪一方面，都必然表现为在这方面具有更广博的视野、更精深的思考、更睿智的表达、更丰富的启迪。其次，语文功底具有丰富性。比如，扎实的语文功底在不同教师身上的表现形式是多种多样的：可以是朗诵上的，也可以是写作上的；有的偏重语言，有的侧重文学；有的娓娓道来，有的论证严密；有的楷书见长，有的行书立世；有的长于思维启迪，有的偏于幽默显智……第三，语文功底形成的长期性。表现为不能一蹴而就，语文功底的形成过程比较漫长，需要日积月累才能逐步显现。第四，语文功底具有边界的模糊性。语文功底无止境，谁都不敢说自己的语文功底到了无以复加的地步。

目前，有一种浮躁现象，不愿在夯实语文功底上下功夫，企图玩弄一些"技巧"来掩己功底之拙，而希冀收获语文教学的正果。这是一种错误的做法，要警惕其"负垂范"效应。

---

① 《提高中学语文教学的关键》，《吕叔湘全集》第十一卷，辽宁教育出版社2002年，第174页。

② 《语文教改的关键在于提高教师水平》，《吕叔湘全集》第十一卷，辽宁教育出版社2002年，第166页。

③ 《语文教改的关键在于提高教师水平》，《吕叔湘全集》第十一卷，辽宁教育出版社2002年，第167页。

二、教学艺术：提升教学水平的不懈追求

缺乏语文功底，语文教学自然成为无源之水、无本之木。但是，有了语文功底，是否就可以包打天下呢？这种忽视教学艺术的认识和做法，也是有失偏颇的。

吕叔湘在深入调查、反复思考后意识到，语文教学"一方面，它是一门科学；另一方面，它也是一种艺术。科学只有一个道理，一种是非。艺术就可以有不同流派，不同风格。"① "所以我说要研究这个问题，头一件事情要作调查研究。这是毛主席提倡的。什么事情，你要调查研究，那才有发言权。我主张我们大兴调查研究之风，尤其像师范学院里面的中文系，培养中学语文教师的，那么就要尽可能地作一些调查研究，在调查研究的基础上分析一些问题，提出一些办法，就比较可行。这是我要讲的第一点。第二点，就是我觉得应当允许教师做些试验。譬如说，有某一个问题，你要解决那个问题，应该想出些办法，可是未必一想就想准了，想对了，很可能是想得不准。到底行不行？需要做些试验。现在做老师的不大敢做试验，好像教学已有一定的规矩了，你就按这个规矩办事。你不按这个规矩办事啊，假如试验成功，便罢，试验不成功，人们就要指责了。所以老师们是胆子很小，不敢试验。这个就要教育方面的领导能够表示态度，就是希望老师们能够做些试验，摸索一下。在试验当中，可能这种办法试验不成功，那种办法试验成功了。这样工作就能够得到改进了。"②

语文教师要有"敢教""善教"的真功夫，除了需要长期、扎实的修炼语文功底外，还必须持之以恒地探索语文教学的艺术性，努力争取"锦"（语文功底）上添"花"（教学艺术）。需要指出的是，"锦"和"花"两者之间在某种意义上具有互动互促的关系。

吕叔湘在谈到形成教学艺术时指出："一是大兴调查研究之风，一是要允许教师作试验。"③ 一方面，语文教师要深入"调查"，理清自己"怕教""拙教"问题的共性、个性及其起点；另一方面，"试验"就是对症下药——因时、因地、因生或因文而异，扬长避短，积极探索适合自己的、个性化的破解"路径"。

---

① 《关于中学语文教学的几点意见》，《吕叔湘全集》第十一卷，辽宁教育出版社2002年，第81页。

② 《中小学语文教学问题》，《吕叔湘全集》第十一卷，辽宁教育出版社2002年，第40-42页。

③ 《关于中学语文教学的几点意见》，《吕叔湘全集》第十一卷，辽宁教育出版社2002年，第81页。

要形成自己的教学艺术，在借鉴成功者的经验方面就要"不定于一"。要落实语文教师的"关键"作用，破解语文教师"怕教"和"拙教"难题，吕叔湘给出的"抓手"——"不定于一""因势利导"的原则"在各种各样的教学法之上有一个指导原则——因势利导。讲因势利导，首先要'审势'。要记住学生原有的基础。对基础好的学生是一种教法，对基础差的学生是另一种教法。要了解学生当前的精神状态。热心学习是一种情况，精神散漫是另一种情况，教法要适应不同的情况。审势的'势'也包括课文。课文是难还是易，是有趣还是枯燥，要不同对待。讲'利导'就有个导向何方的问题。不同年级，不同阶段，教学目的有所不同，至少是重点有所不同。教学法就要为这个目的服务。心中有一个方向，就不会把语文课教成政治课、故事课、文学史课或文学理论课"①。它给语文教师探索"教学艺术"留下了最为宝贵、最能激发创造力的无限空间。吕叔湘倡导的教法"不定于一"，免去了教师的"枷锁"，给语文教师大胆探索"敢教"和"善教"构建了无限广阔的创造性空间。他利用自己的威望，引导语文教育"面向现代化，面向世界，面向未来"，团结和带领一线语文教师，深刻把握"语文教学既是一门科学，也是一种艺术"的实质，努力攻克"敢教""善教"的坚固堡垒。

吕叔湘深刻地意识到，因为"如何提高语文教学的效率"是语文教育的永恒课题，每个时期、每位教师，面对每位学生、使用不同的教材，其内容和方法都必然有所差异，正是这种丰富的差异性，呼唤语文教学的艺术性，既给语文教师带来了挑战，也成就了语文教学的无限魅力。

第二节 探究语文教师"怕教""拙教"原因

语文教师"怕教""拙教"的情况比较复杂，主要存在以下几种"怕教"或者"拙教"的现象：一是，"善教"者中的"怕教"，主要原因是对教师的主导作用认识模糊所致；一是，"拙教"者中的"怕教"，主要是"怕教""真语文"（并不怕教"非语文"）。因此，结合吕叔湘的语文教育论述，本节将语文教师"怕教""拙教"从以下两方面原因分析：其一，语文教师对在教学过程中的主导地位认识不清；其二，语文教师对"语文"和"学会一种语文的过程"认识不清。

---

① 《语文教学中的指导原则》，《吕叔湘全集》第十一卷，辽宁教育出版社2002年，第169页。

一、对教师在语文教学过程中的主导地位认识不清

在教学过程中，语文教师是能动的、革命的因素，而不是被动的、无所作为的角色；教师是"主角"，而不是"配角"（在学习过程中学生是主角、教师是配角，教师还是导演）。尤其是中小学阶段，学生语文学习能力和习惯还未养成，在培养学生语文技能、养成使用语文习惯中，语文教师占有主导地位和作用。语文教师"敢教"，学生就有明确的语文学习方向和目标；语文教师"善教"，学生就能搭上顺风顺水的快船，而不至于在黑暗中费力地摸索，在毫无必要的失误中踽踽独行。

然而，目前的实际是语文教师不研究"敢教"和"善教"，而是被"学生主体"论"绑架"了，自觉不自觉地研究起"不教"来。我们不否认教师的无奈："敢教"和"善教"的能力提升是一个"慢活"，而急功近利的"短、平、快"氛围，使得语文教师难以独善其身。但是，这不能成为我们不研究"敢教"和"善教"的挡箭牌。因为，语文教师缺位，势必造成语文课堂"放羊"，语文教学有效性的生态环境进一步恶化，学生语文能力提高必将成为泡影。

吕叔湘创造性地阐述了语文教师在语文过程中的特殊地位和重要作用。"'各种学科的教学都一样，无非教师帮着学生学习的一串过程。'换句话说，教学，教学，就是'教'学生'学'。"①古今中外的教育家、语文教育家都曾从不同层面和维度阐述了教学过程中（语文）教师的地位和作用，吕叔湘在此基础上，进一步阐释了教学过程中语文教师的主导地位和不可替代作用。吕叔湘在多年前关于"教学教学，教学生学"的阐述，与"语文教学的改革问题，最根本的还是教师问题，是提高语文教师水平，这是深入开展语文教学改革的重要保证。"②共同明确了语文教师在教学过程中不可替代的"关键"作用，为今天理直气壮地研究"敢教"和"善教"提供了强大的思想基础。

首先，教师的主导地位是在教学过程中教师"定位"所明确的。在教学过程中，教师是主角，学生是配角；在学习过程中，学生是主角，教师是配角。前提条件不同，"定位"自然有异，不可混为一谈。在"'教'学生'学'"的过程中，语文教师的主导地位，是教师在教学过程中的主导作用所决定。今天不适当地夸大学

---

① 《〈叶圣陶语文教育论集〉序》，《吕叔湘全集》第十一卷，辽宁教育出版社2002年，第288页。
② 《语文教改的关键在于提高教师水平》，《吕叔湘全集》第十一卷，辽宁教育出版社2002年，第167页。

生"主体"作用，一方面，混淆了教学活动和学习活动中教师和学生的角色定位差异；另一方面，客观上否定了教师的主导作用和地位，破坏了正常的语文教学生产关系，制约了语文教学的效率。

其次，"学生"，是教学的特殊对象——即教的是语文能力亟待提高的"学生"，而暂不是语文能力的熟练掌握者。语文能力处于此阶段的学生，需要教师适时的启发、点拨、纠谬、督促和检查等等，听任学习习惯尚未养成、自学能力还较稚嫩的学生自行摸索，其效果显然是不理想的。因此，缺乏教师的"敢教"，学生的语文学习效果肯定不理想。至于个别教师因为不"善教"而造成教学有效性弱的现象，绝对不能成为否定教师主导地位和作用的根本依据。

再次，教师的主导作用发挥得如何，在"教学生学"中直接制约着教学的有效性成果。因为，"教学生学"中的"学"，包括"教什么"和"怎么教"两方面的问题。一方面，"教什么"——指教学指向的任务和目标，主要包括语文学习习惯的养成、语文学习思路的拓展、学习语文的方法获取等内容；另一方面，这些能力的形成必须通过具体的、持续的语文教学内容来实现（"怎么教"）。而教师采用的教学策略，必须综合考虑学生学习起点的高低、学习习惯的好坏、掌握速度的快慢等诸方面的差异，教师"敢教"和"善教"是能动的、主导作用才能发挥得淋漓尽致。

教师主导作用的"错位"（或"越位"，或"缺位"），其结果会两败俱伤："越位"是"种了别人的地，荒了自家的田"；"缺位"是"靠天吃饭，饥饱难料"。典型的例子是在课外阅读中，教师"缺位"、采放任之法，不少学生徘徊于"快餐阅读""浅阅读"层次，即使有阅读量做保证，但难收阅读能力提升之效。个别学生可能会滑向"黄色阅读"误区。反之，教师"越位"——当下的课堂阅读教学，教师用力"最勤"，但学生阅读能力的长进、思维水平的提高却并不尽如人意。

廓清语文教师在"'教'学生'学'"过程中的主导地位，并且始终坚持不动摇。语文教师的主导地位和作用认识清楚，才有利于解放教师的思想，调动教师的教学积极性，激发教师的创造性，理顺教师和学生的关系。教师理直气壮地"敢教"，进而再持续不断地推进"善教"研究，教师和学生的语文教学生产力得到最大限度的激发，教师和学生的分工、合作后的各司其职，语文教学的效率提升成为现实可能。

二、对"语文"和"学会一种语文的过程"认识不清

明确和统一语文教师主导作用的认识，除了要大张旗鼓地宣传和鼓励教师"敢教"外，还要不遗余力地倡导和研究"善教"。只有"敢教"和"善教"两手都硬，"倒逼机制"才能有效地促进良性互动的形成，争取用不太长的时间让一部分教师先走出"疲软"，进而带动更多的教师，形成百花争艳的"善教"局面。重温吕叔湘关于"什么是语文"的阐述：要教"真语文""应用语文"，而不是"非语文""应试语文"，对于我们探讨语文教师"敢教"和"善教"方略大有裨益。

1963 年吕叔湘先生严肃地指出了"真语文"和"应用语文"的基本标准：

> 第一，我认为每一个做教学工作的人必须首先认清他教的是什么。从事语文教学就必须认清语言和文字的性质；从事汉语文教学就必须认清汉语各种形式——普通话和方言、现代汉语和古代汉语——的分别和它们的相互关系。其次，我认为从事语文教学必须认清人们学会一种语文的过程。[①]

吕叔湘先生从语文教学"任务"入手，思考语文（教学）的最核心问题。一方面，强调要教"真语文"（什么是语文）；另一方面，强调要按照培养"应用语文"能力的过程和规律组织教学。

多次语文教学大讨论也昭示，语文具有"多重功能"，语文教学难以担负全部职责。语文教学如不从"多重功能"的负担中解放出来，就极容易陷入"非语文"的泥淖。"应用语文"是我们提倡的"真语文"，"应试语文"就有更多的"非语文"成分；过分强调"人文性"，忽视"工具性"的语文教学，"非语文"的成分和概率大大增加。"真语文"一定要抓住"语言"进行教学，以培养和形成"应用"的语文能力作为教学目标（"应试"只是"应用"语文能力中的一个部分）。

语文能力的形成过程，主要是一个程序性知识的学习过程，学生语文能力培养和形成不能主要通过教师的"讲解"实现，而必须在学生"多读多写"、辅以教师"适当指导"的共同活动中加以实现。因为对"什么是语文"认识不清，所以语文教师乐当"翻译员"和"分析员"而不疲。殊不知当"翻译员"或是"分析员"，

---

① 《关于语文教学的两点基本认识》，《吕叔湘全集》第十一卷，辽宁教育出版社 2002 年，第 15 页。

实际上是将语文课上成了"非语文"课。

"惯性"使语文教师当了"翻译员"，开始就偏离了"真语文"。以前语文念的是古文，学生拿到古文是看不懂的，要老师给他讲。老师怎么讲呢？就是念一句，翻译一句，同学就懂了，语文教师误认为教语文的责任似乎就是做一个翻译员。

"转行"迫使语文教师当了"分析员"，继续偏离了"真语文"。语文不念古文转而念白话文了，文章学生看得懂，不需要老师翻译，语文教师就失业了。失业以后，不当翻译员，改当分析员了。做分析员存在两种可能：一是把语文课当作政治课，一是把语文课当作文学课。语文课上成政治课显然是大大偏离了语文课，是不对的。但是，语文课上成文学课却被默认了，甚至成为主流了。老师常常把课文当作文学作品来分析，时代背景、作者生平，然后中心思想、段落大意、写作特点，层层分析。显然这是分析文学作品，作为一种语言文字的东西来讲，是不要这样分析的。实际上，上成文学课的语文课，也偏离了语文课，不是严格意义的、真正的语文课。

做"翻译员"和"分析员"除了存在"非语文"的问题，还存在将语文能力形成过程的认识简单化、片面化。语文能力的形成不是像交付一样东西那样，教师通过"讲"就把知识和能力交给了学生，即使希望这样"交"，因为学生实际上没有接住，所以仍然是无法实现的。

第三节　语文"科学训练"中"敢教""善教"的提升方略

"敢教"和"善教"的关系，在一定程度上说，是"知"与"行"的关系。一方面，知之易，能（行）之难；另一方面，"行"的问题解决好了——找到了有效的"善教"方式和手段，教师更"敢教"。因此要十分重视研究"善教"问题。那么，怎样才算是"善教"（善教的衡量标准是什么）？"善教"的重点在哪里？"善教"的难点是什么？吕叔湘认为，"善教"，就是要"教会学生动脑筋"（学会学习）。"善教"的重点是对于所有教师而言，教法"不定于一"，对于教师个体而言，努力形成和坚持自己的教法个性，"善教"的难点是每次施教找准起点十分关键。

一、"敢教"标准：语文教师的学术胆识辨正

"怕教"有两种情况：第一种是表面上"怕教"，实际上"敢教"，他们有扎实的

语文功底，也有一定的教学艺术。但是由于对语文教师的作用和地位认识不清，在教学中不敢大胆教。第二种是表面上"敢教"，实际上"怕教"。他们"敢教""非语文"，却"怕教""真语文"。

解决第一种"怕教"，焦点是认识问题。因为语文教师的作用、地位认识不清，只是暂时的"怕教"；一旦认识清楚了，观念转变了，这种类型的"怕教"也就容易迎刃而解了，一般来说容易迅速转变为"敢教"。

解决第二种"怕教"，焦点是语文功底问题。这种类型的"怕教"，当然不是不敢上课。事实上，有一部分教师不仅不怕教，还很敢教。当然，他们的"敢教"，只是胆子大，不是本事大。因为他们"敢教"的是"非语文"，他们"怕教"的是"真语文"。他们乃是"无知者无畏"。因此，解决的主要出路是努力夯实语文功底。

要扭转"怕教""真语文"的情况，除了认识到"敢教"的错误表象、"怕教"的内在实质外，更重要的是帮助教师树立三个方面的意识：（1）学术胆识；（2）职业责任感；（3）课程价值观。

二、"善教"标准：要善于"教会学生动脑筋"

教师要"善教"，首先要弄清楚"善教"的标准是什么。吕叔湘认为，教师要善于"教会学生动脑筋"。具体而言，教师要设法教给学生"学会学习"的钥匙，学生有了这把钥匙，能够自己开箱子、开门，到处去找东西。教师不给学生这个钥匙，不管有多少宝贝学生也没有法子拿到手。要教会学生"学会学习"，用吕叔湘的话来说，就是"教会学生动脑筋"。

"教师培养学生，主要是教会他动脑筋，这是根本，这是教师给学生的最宝贵的礼物。"[①] 吕叔湘认为，语文教师既要教学生知识，更要教学生智慧。因为学生仅仅有知识（知识是必需的，没有否定知识的意思），不会使用这些知识（没有智慧），那也是枉然。因为那样的知识是死的，是没有用的。有智慧，就能运用这些知识。智慧，通俗地说，就是能动脑筋。学生会动脑筋，所有的知识都能供他使唤；学生不会动脑筋，那些知识不为他所用，不是他的东西，最多是一个"活书橱"。

比如，教师"讲"得好还是不好？是多了还是少了？可以用"教会学生动脑筋"的标准加以检测。有的教师讲课能讲得眉飞色舞，能让学生听得津津有味，这

---

① 《关于中学语文教学的种种问题》，《吕叔湘全集》第十一卷，辽宁教育出版社2002年，第69页。

自然是好事。但是，是否"善教"呢？如果学生没有得到多少实惠，那就只是看了一场表演而已，不能算是"善教"。我们说，课堂上的热热闹闹，与教学效果之间不必然画等号，就是"善教"不仅仅要看形式，更要注重学生是否确实有收获、有提高。有了类似的判断和共识，教师反思"善教"就有了参照依据："善教"可以围绕"讲什么？""要多讲还是少讲？""什么时候讲？""如何讲？"等一系列教学"细则"来加以设计和检测。有了"善教"的"标准"和具体"细则"，教师"善教"就有了判断和思考的维度，教师首先有了"智慧"——主动调整自己的教学的策略，可以随时、随地、随学生和随教学内容等的不同，努力接近"善教"的标准——"教会学生动脑筋"。

至于如何处理"文与道"的关系，"阅读与写作"的关系，"今与古"的关系，"教与学"的关系，"讲与练"的关系，"课内与课外"的关系，等等，可以用"教会学生动脑筋"这一"善教"的标准来判断，并且做到举一反三。

三、"善教"重点：教法"不定于一"的个性

优秀教师的一个共同特点是都有自己相对明晰的教学个性和教学特长。提高语文教师的水平，可以倡导教师追求教学个性、鼓励教师投身探索教学特长之中来。用吕叔湘的话来说，就是教法要"不定于一"——鼓励试验，努力探索和发挥自己的教学特长。吕叔湘指出：教材、教法，都可以有活动的余地。是暂时不定于一，以后定于一，或者以后也可以不定于一，这是一个大问题。好像很多意见都趋向定于一，我个人认为最好不定于一。有不同的东西才有比较，有比较才有进步。长期定于一：容易退化。现在流行的课文分析法，什么四大块五大块，20世纪50年代从苏联传过来的。传过来时，我想总不至于像现在这样死板。长期不变，僵化了。长期不变，跟马铃薯一样，会退化。

条条大路通罗马。每个教师应该扬己之长、扬生之长，激发学生潜能，引导学生主动学习，共同指向语文教学目标。现在教改有一种错误倾向，在宣传和提倡某种教法时，结果评教标准就变成"唯我独尊"的"魔鬼之床"——长的截掉，短的拉长。教法的"生态"现状是本来应该百花齐放，却变成了一枝独秀。为了战胜敌人，可以采用十八般武艺中的任何一种。可现状是使惯了刀的人，非要让他使枪；使惯长枪的人，一定要让他改刀。只顾追逐教学方法的"时髦"，不顾教学方法是否能扬教师或学生之所长。

听、说、读、写、看、思，语文教学的方方面面，都有可能是某一位老师的特长，也可能是某一位学生语文学习的突破口。这个特长和个性就是教师的教学方法、教学优势。比如，有书法专长的语文老师，他完全可以从书法切入语言教学：学生在抄、写课文中，学习了书法，领会和欣赏了书法艺术的美，自然加深了对课文内容的理解，在表现书法作品风格中表现出了作品的精神。从书法角度切入语言教学，教师的长处和语文教学水乳交融，收效能不显著？同理，另一位教师长于朗诵，可以通过吟、诵等方法，让学生觉得，文章非这样念不可，非此难以融进作品之中。学生通过反复的朗诵，将作品牢牢地刻进大脑，何愁将来的运用？等到学生下笔（出口）之时，文思汩汩而流出来，这不正是我们踏破铁鞋四处觅的高效教与学之法吗？上海市复兴中学朱老师发挥口语之长，引导学生进行语言学习，培养出了像曹雷、祝希娟等在配音、表演方面的杰出人才，难道不是最好的证明吗？

良好的语言教学效果体现，依赖于教师坚持和发挥自己的个性特长，并根据学生个体差异，有针对性地采取不同的教学策略。吕叔湘、周有光等在回忆中学学习生活时，曾经描述过当时的教学活动：上午上四节课，下午也上课——上类似于现在的选修课，选修课不考试。因为引发了学生学习和练习的积极性，即使没有考试，学生们也都学得很好。20世纪二三十年代的常州中学涌现出了一大批以后出类拔萃的人才，证明了针对学生个体差异选择教学策略，可以大大增强教学的有效性。

需要进一步明确的是语文教学和训练的方法多种多样，各种方法只要使用得当，都是可以收到良好效果的。教师要大胆而坚定地"试验"，发掘自己的特长，理直气壮地坚持走自己的"个性"之路。每当在动摇和彷徨时，可以用"教会学生动脑筋"的标准来检测，从而进一步强化走特长和个性之路的信心和决心。

四、"善教"难点：找准"因势利导"的起点

"善教"的难点，是每一次教学都尽量找准教学的起点。因为，教学起点清晰，教学针对性就强，教学的有效性就有保证。用吕叔湘的话来说，就是要"因势利导"。"善教"难点，首先在"审势"。同时要与"利导"结合起来。"因势"和"利导"共同指向"教会学生动脑筋"。

"善教"难点，首先在"审势"。"审势"的"势"，至少包括学生和教学内容两

方面：一方面，要把握学生原有的基础，找到学习能力的起点；另一方面，课文是难还是易，是有趣还是枯燥，要找准教学的兴奋点（激发动脑筋的触点）。

要"审"好教学起点这个"势"，教师要充分了解学生的心理期待，帮助学生做好受"教"前的准备：心理准备和知识准备。如进行阅读教学前，就要做好学生知识和能力水平调查，找准文章的重点和难点，找对学生的兴奋点。"善教"者，借助"蓄势"，即在授课时将学生的态度提升到适"教"高程，将情感提高到适"教"层面，将学生的注意力提高到适"教"水平——适当到能充分激发和调动学生对所教内容的亢奋心理期待，此时施"教"，就犹如一泻而下的瀑布，成功便水到渠成。假如"审势"工作不到位，找不准"蓄势"的前提和条件，起点设计过高，教师津津乐道，学生却找不着北；起点设计过低，教师滔滔不绝，学生却味同嚼蜡。

要"审"好课文特点这个"势"。课文是难还是易、是有趣还是枯燥，要不同对待。比如，初学古诗文，可以采用串讲；学现代文一般不适用串讲。议论文、记叙文、说明文教学，"势"不同，法各异。基础好的学生、基础差的学生，"势"不同，法各异。有时，还要了解学生当前的精神状态，分析他们的非智力因素，热心学习是一种"势"，精神散漫是另一种"势"。"势"不同，"教"要适应不同情况，才能收高效之功。

更为困难的是，上述因素，在实际教学中，都不是静止的、一成不变的，而是运动的、随时变动的，而且，任何因素的变动，将影响其他变量，使整个教学的"势"产生变化，给找准起点增加困难。

第四章　阅读教与学的重点：关注"阅读本事"的基础训练

　　阅读具有多种功能（目的）：可以帮助学生写作，主要是为写作提供范例；可以帮助学生欣赏文艺作品；可以扩大学生的知识面；等等。然而，阅读除了前述服务功能（应用目的）之外，还具有阅读自身功能（本身目的）。

　　关于阅读的"应用目的"，大家并不陌生；而关于阅读的"本身目的"，知晓者可就寥寥无几了。

　　所谓阅读"本身目的"（或言"阅读本事"），吕叔湘认为："那些老大厚的一本一本的东西，你一定得在有限的时间里头，把大量的需要读的书都读了，这就得有一个本事，这个本事要训练。这就是说阅读本身也是一种需要培养的能力。"[1]"读得快，抓得准，要能用很少的时间把文章的主要内容抓住，这是阅读本身的目的。"[2]

　　阅读教学要紧紧抓住"阅读本事"，夯实"快"和"准"的阅读能力培养和提升目标（这是阅读教学的牛鼻子），为阅读的"应用目的"提供更优质的服务。

第一节　"阅读本事"：一个被变相忽略的阅读教学问题

　　虽然中学语文课大量的课堂教学时间用于阅读教学，但是很难回答学生的阅读能力有多少得益于课堂阅读教学。难怪吕叔湘质疑为"咄咄怪事"，这样的高耗低效迫使吕叔湘不断将目光投向语文课堂教学。从语文教师当"翻译员""讲解员"开始叩问，语文教师乐此不疲，不把语文课上成政治课，基本上上成了文学课、历史课、文艺理论课。归结起来，大量"非语文"课占领着课堂教学是症结所在，表现形式主要有以下三个方面。

---

① 《关于中学语文教学的种种问题》，《吕叔湘全集》第十一卷，辽宁教育出版社 2002 年，第 66 - 67 页。

② 《关于中学语文教学问题》，《吕叔湘全集》第十一卷，辽宁教育出版社 2002 年，第 63 页。

一、课堂以讲为主：阅读教学训练严重弱化

当下，不少教师进行的阅读教学仍然是"以讲为主"：实行的是"填鸭"式教学法，花费大量时间面面俱到地对课文进行"细讲"，将教师（或参考书）对课文的理解复制给学生，有的甚至将答案或结论强行灌输给学生。

吕叔湘在20世纪80年代初就多次尖锐地批评了"满堂灌"教学法：阅读课也好，作文课也好，都流行一套程式，教师按照这套程式去教，学生按照这套程式去学，无须动脑筋。这种"以讲为主"的教学方法，因为学生既不用动脑筋，又缺乏足够的课内、课外阅读训练量做保证，学生的阅读技能无法形成，阅读能力低下和缺乏就势所必然。道理很简单，因为"任何技能都必须具备两个特点，一是正确，二是熟练。要正确必须善于模仿，要熟练必须反复实践，语文课的主要任务是培养学生使用语文的技能，所以一般称之为工具课。教师的任务是指点学生模仿什么，怎么模仿，检查学生的实践，是否正确，是否熟练。技能的获得要通过学生的活动，教师是无法包办代替的"。[①]

"满堂灌"教学造成的另一个"后遗症"是学生习惯于被动接受而不会主动学习。学生不会主动阅读，主阵地之一的课外阅读势必"荒漠化"，加上以讲为主的课堂阅读教学，学生的阅读能力和习惯养成没有了凭借。一方面，薄薄的课本解决不了阅读教学所需要的"量"，课外阅读应该一学期读它80万到100万字，否则既得不到"量"的保障，又被低效或无效的阅读影响到阅读的"质"。另一方面，不少学生阅读的最主要目的是为了分数，阅读课外书籍为了开阔眼界和经典阅读的只占极小部分，他们的读物大都是漫画书、口袋书、娱乐笑话等，这些书大都属于"快餐"读物，不利于学生阅读能力的提升和全面成长。此外，小学生的课外阅读受到电视、电脑游戏的冲击，许多小学生的课外空间多是被电视电影、电子游戏所挤占，高质量的课外阅读并不多。

在阅读教学中，教师的讲授与学生的练习都是必不可少的教学环节，正确处理好"讲"和"练"的关系，实际上就是要妥善安排好师生的课堂教学活动，必须做到讲授精练而得当，练习充分而适量，搭配适宜，层层深入，互相衔接。

二、"读写结合"：阅读教学训练被边缘化

从教材编写和教学实际来看，阅读的目的往往是为了写作，即"应用从阅读得

---

① 《关于语文教学问题》，《吕叔湘全集》第十一卷，辽宁教育出版社2002年，第29页。

到的写作知识，认真地作"。①其次，从与教材配套使用的教参看，教参规定了每一篇课文的教学目标和教学过程。教学目标的主体总是坐落在写作的层面，而教学过程的设计也基本上在实现读写结合的原则。教参对选文的分析，恰恰是从文章学、写作学方面条分缕析，很少甚至几乎没有阅读学方面的设计来帮助教师把握教材、确定阅读教学方案的内容。这样，表面上，阅读为写作服务，实际上，阅读成了写作的附庸，就被边缘化了。

就读写关系出发提出"注重阅读教学'本身目的'"观的意见来看，吕叔湘显然认为，阅读只是为了写作服务的一种工具，更接近事实。因此，吕叔湘反复指出有一种议论，说语文课应该以写作为中心，现在大家谈写作谈得最多，阅读为写作服务也谈得最多。笔者认为，吕叔湘对于阅读是写作附庸的现实，既来自他对当时关于教材分合论争的话语的考察，也来自他对语文教材编写事实的直觉判断。应该说，这种考察与判断与事实是吻合的。

笔者以为，语文独立设科后，教材编写的总趋向是以写为主。换言之，从表面来看，读写结合，以读为主，写作成为阅读的附庸，似乎是不争的事实。但是，从实质看，阅读是写作的附庸。这种判断的依据主要来自以下几个方面：

第一，代表着新中国成立前语文教材在读写结合方面最高成就的《国文百八课》，就是以作文教学为中心编写的。介绍作文知识的"文话"成为统率阅读与写作的核心。选文，成为一个个文章作法知识点的"示例"。阅读的目的，是为了掌握写作知识、指导写作练习。

第二，语文独立设科百年，教材的主流编撰模式是单元编排模式；而单元编排又基本上是以文体为划分标准，形成了记叙文、说明文、议论文的三大文体编排的主体。阅读和写作拥有共同的单元知识，即文体知识。考察文体知识的来源可知，文体是傅斯年引进的西方文章分类知识。在 20 世纪二三十年代被我国写作学界引进和介绍，从某种意义上说，文体知识就是文体写作知识。按照文体知识所编排的读写单元，阅读的目的就是为了掌握某种文体知识以指导该文体的写作。

第三，无论是课文的提示语、教参、课后练习，还是从课堂教学实践来看，把阅读看成记叙文、议论文和说明文的写作准备课，是阅读教学的主导模式。从中小学阅读教学的实际来看，以单元为基本单位结合阅读与写作作为教材编选的主导类

---

① 《略谈学习国文》，《叶圣陶语文教育论集》，教育科学出版社 2005 年版，第 3 页。

型时，阅读教学的目的往往是直奔文章的作法。读说明文，是为了学写说明文，读散文，是为了学写散文；读小说，是为了学写记叙文。阅读的姿态，基本上可以概括为"模仿写作的姿态"，或者说"像作者那样去阅读"。由此可见，读写结合在教材与教学层面，更接近事实本相的是：阅读是写作的附庸。正像一线语文教师所指出的那样：表象上阅读教学一统天下，霸气十足，写作教学"边缘化"，成为"边角料"，实际上，阅读教学几乎没有自己实质性的地盘，写作教学抢占着大片的江山，却又无所作为。简言之，是否可以这样描述：阅读沾了点儿边，有名而无实；写作不到位，无名而少实。这就是目前中学语文课堂教学的现实。

三、过分拘泥教材：阅读教学训练固化僵化

语文教学内容的泛化，阅读教学也难以幸免。虽然，微言大义的肢解式阅读少了，但是，阅读教学的另一种偏向——"盲目综合"——又出现了。有的教师把大部分时间花在阅读内容的补充教学上，语文课堂成了"资料展示厅"，而对于教材的阅读却不深不透；有的教师在阅读多元理解的理念下，把语文课上成了品德与生活课、自然课、联欢活动课，或者上成了学科拼盘课，虚化了语言文字的情景与涵泳，放弃了语言文字的感悟和积累。

请看下列阅读教学课例：《春》描写了春天，所有与"春"有关的电影、电视、音乐、舞蹈、习俗等都成为学习的内容；《陈情表》涉及"忠孝"，凡与"忠孝"相关的人物、历史、典故等皆纳入学习范畴；《宝玉挨打》描写了父亲打儿子，所有与"棒教""代沟"有关的内容便堂而皇之地进入课堂。

上述三个课例，教师将音乐元素、历史元素、政治元素等一股脑儿地倾泻到阅读课堂中来，遮蔽了阅读的自身内容，消弭了阅读的独立价值。这种"教学内容泛化"的现象，存在于日常的阅读教学中不是个案。很显然，这种阅读"教学内容泛化"的倾向，造成了阅读教学目标的虚化，阅读教学内容的异化，阅读教学过程的表演化，阅读教学评价无序化。虽然，新课标要求语文教学打破学科本位，与社会实践紧密联系，但并不意味着社会生活的方方面面就是语文，并且这些可以直接成为语文教学的内容。因为语文有固有的属性，它虽然源于生活，但毕竟不等同于生活，阅读教学也是如此。

教学内容的泛化，不止于上述将教学内容放宽的偏向，误读创造性阅读，是另一种形式的教学内容泛化。

有教师上《孔乙己》课，称丁举人打人犯法，组织学生替孔乙己告状，要让孔乙己"在新时代翻身做主得解放""扬一回眉，吐一回气"，并称这是一种"创造性阅读"。

这个课例中，阅读材料已经破碎成一堆素材，师生从这一堆素材中随意拾起某一碎片，镶进另一个与原文没有任何本质关联的意义结构中，其结果是"一场风花雪月之后，剩下的是一地鸡毛"。教师与学生联手，以花里胡哨的噱头，近乎恶搞的方式，完成了对文本整体性的瓦解并自鸣得意地冠之以"创造性阅读"，阅读教学的目标被彻底异化得荡然无存。虽然，新课标提倡个性化阅读、多元解读等，主张将学生的生活经历、阅读经验纳入新意义的建构中，即"一千个读者（可以）有一千个哈姆雷特"，但是，所有的"哈姆雷特"都必须是"哈姆雷特"，而不能是无休止地随意拓展之后的"非""哈姆雷特"。

新课标主张尊重学生的独特体验，鼓励学生创造性地阅读，这是培养学生创新精神和促进学生个性发展的重要策略。但是，由于认知水平的局限性，学生会不可避免地出现理解上的偏差甚至错误，脱离文本主旨，天马行空式的"独特体验"，是对创造性阅读的严重误读，也是价值观的偏离，从根本上扭曲了阅读教学的方向和实质。而令人遗憾的是，教师不仅不纠偏，反而以"会动脑筋"的夸奖变相肯定了学生。

教师是阅读教学活动的组织者、参与者、合作者，作为"平等中的首席"，教师必须及时充分地发挥组织者的作用，对正确的加以肯定，对错误的加以否定，对疑难处加以引导。唯其如此，才能凸显阅读教学的使命，引导阅读步入良性轨道。

第二节 "快"和"准"："阅读本事"基本内涵及其阐发

阅读和阅读教学不是一回事，但也不是两回事。这是因为两者既有区别，又有密不可分的联系。研究吕叔湘阅读教学观，首先要分清它们之间的区别和联系，才能更好地认识吕叔湘阅读教学"本身目的"研究和实践的价值。

一般地说，阅读是读者从写的或印刷的书面材料中提取意义或情感信息的过程[1]。阅读是一种交际活动，交际对象是读者和作者，交际的媒介是以文字为主的符号。不同的读者对读物的理解和体验不同，甚至同一读者在不同的时期和环境中，

---

[1] 曾祥芹、韩雪屏主编：《阅读学原理》，大象出版社1992年，第273－274页。

对同一读物的理解和体验也不甚一致。

而阅读教学是以阅读材料为媒介，为了完成阅读教学任务和目标，引导学生有目的地理解作者表达的过程。在阅读教学过程中，教师有指导和纠错的责任，以保证阅读教学目标的实现。

相同的是，两者都以阅读材料为媒介，在某一时空下进行的读者和作者的交际活动；不同的是，阅读活动中，没有教师的参与和介入，阅读目的不固定，阅读的自发性、随意性较大；而阅读教学目的固定而明确，阅读的随意性小，教师介入阅读过程比较多，并且有足够的深度。

一、"快"和"准"之"阅读本事"教学观演进轨迹

吕叔湘大力倡导要注重阅读教学"本身目的"的研究，与他长期反复思考直接相关。吕叔湘阅读教学本体观的形成和发展，可以从下述文章的时间跨度中找到清晰线索：1979年《关于中学语文教学的种种问题》；1980年《关于中学语文教学问题》；1985年《语文教改的关键在于提高教师水平》。

1979年，在分析阅读与写作的关系时吕叔湘说："现在有一种议论，说语文课应该以写作为中心，阅读是为写作做准备，为写作服务的。念些范文，看看这些范文是怎么写的，我们也怎么写，起这个作用。我也不说这个话是不是对。我是想，阅读本身是不是也是应该培养的一种能力。……我说这个故事，我的意思是说文章不一定都要一个字、一个字的看。我们有个习惯，看书从第一个字看起，一直看到末了一个字，一个字不落。有的书应该这样看，有的书不必这样看，应该很快的翻过去，把它的内容吸收进来。这个要有训练。"[1]同时，吕叔湘质疑阅读速度跟不上实际需要，意识到阅读教学存在着问题。这是吕叔湘第一次较为系统地思考阅读教学"本身目的"："我们在生活当中，需要看很多东西。你都是一字、一字的看，那你没有这么多时间，结果你有好些应该看的东西没有时间看。这个能力的培养恐怕是有需要的。……如果一个字、一个字看下去，这个速度，一个学期只能看个三本、五本。那些老大厚的一本一本的东西，你一定得在有限的时间里头，把大量的需要读的书都读了。这就得有一个本事，这个本事要训练。这就是说阅读本身也是一种需要培养的能力。"[2]

---

① 《关于中学语文教学的种种问题》，《吕叔湘全集》第十一卷，辽宁教育出版社2002年，第66页。

② 《关于中学语文教学的种种问题》，《吕叔湘全集》第十一卷，辽宁教育出版社2002年，第66-67页。

吕叔湘在质疑阅读教学为写作教学服务的一贯做法中，提出了自己的困惑：阅读教学"本身目的"似乎被虚化了——阅读教学的目标、任务模糊，被沦落为"附庸"地位，阅读能力培养和提升缺乏专项训练，通向终身阅读习惯养成的路不通畅。作为语文教学"半壁江山"的阅读教学现状如此，阅读能力培养的效果可想而知。

这时吕叔湘对阅读教学"本身目的"问题的思考处于初级阶段，发现了阅读教学存在的问题，暂时没有对阅读教学"本身目的"有更为明确的界定。质疑固然不容易，但是揪住问题不放，并且愿意做深入细致的探究更让人佩服。吕叔湘不仅仅提出了一个十分重要的"猜想"，而且在以后的反复求证中给予了进一步开掘。

关注和把握阅读教学"本身目的"的问题，又一次谈及是在1980年，吕叔湘更明确地追问，而且认识更为深入。当年11月24日，应杭州教育局等单位邀请所做报告时指出：阅读课除了为作文服务之外，还有它本身的目的。吕叔湘在叩问了阅读的多种目的后，在比较中逐渐清晰地认识到阅读教学存在着"本身目的"，至少可以概括为读得快、抓得准，要在很少的时间把文章的主要内容抓住。这是阅读本身的目的。请看其叩问的过程："谈读，往往只强调一点，就是读怎么为写服务，至于读本身的作用则谈得很少。我想，关于阅读本身也有两点可谈：一是快，二是准。要训练学生读得快。如读报，……不用很多时间，但是要能抓住报上的主要内容，这是有道理的，就是要练习快读。古人说的'一目十行'，……很快地看过去就知道，这是可以训练出来的。快读的能力对今后的学习、工作都有用。关键是两个字：快、准。读得快，抓得准，要能用很少的时间把文章的主要内容抓住。这是阅读本身的目的。"[①]

吕叔湘是在反复追问中逐步厘清阅读教学"本身目的"的。虽然阅读教学存在多种功能：有"为作文服务""欣赏文艺作品""陶冶性情""进行品德教育""扩大知识面"等，但是这些都不能称之为阅读的本质功能。吕叔湘说："阅读跟语文知识都可以为作文服务，但阅读课除了为作文服务之外还有它本身的目的。语文知识也一样，它可以为作文服务，同时也有自己的作用。……阅读课除了帮助学生写作，为写作提供范例之外，还有帮助学生欣赏文艺作品的目的。并且，通过文学作品的阅读，还可以陶冶性情，也就是对学生进行品德教育。……扩大学生的知识面也是

---

① 《关于中学语文教学问题》，《吕叔湘全集》第十一卷，辽宁教育出版社2002年，第62-63页。

阅读课的目的之一。"①第三次论述关注和把握阅读教学"本身目的",吕叔湘不是简单的重复,而是基于语文教学如何与"三个面向"接轨的崭新平台之上,进一步提升了认识阅读教学"本身目的"的重要性和必要性的层面。1985年在接受《语文学习》杂志记者采访时说:"语文教学要适应现代化社会的要求,这个问题三言两语说不清楚。但是,我认为有一点必须提出来以引起注意。""当前,语文教学存在一些偏向,'听说读写'还没有能够引起全面注意。有的同志总认为写是唯一重要的,读是为了写,阅读是为写作服务的。这种思想很盛行。其实,阅读是很重要的,有人读书,一下子能抓住要领,而有的人读了就是不得要领。……从现代化要求看,学生听说读写的能力缺一不可。"②吕叔湘从语文教学如何面向现代化的高度,又一次重申了"注重阅读教学'本身目的'"及其能力培养的紧迫性。而且,吕叔湘对关注和把握阅读教学"本身目的"的研究和阐述,不局限于阅读教学一个维度,而是站在立足"听、说、读、写"协调发展的高度加以认识和阐述:"从现代化要求看,学生听说读写的能力缺一不可。"③

吕叔湘关于阅读教学本身目的的三次阐述,层面不同,认识递进。无论是存疑,或本体追问,还是整体观照,都指向明确、焦点聚合:阅读教学不能附庸于"读、写结合"。因为,阅读教学和写作教学各有自身的目的、特点和规律,所以阅读教材与写作范文之间不是完全的重叠关系。

二、"快"和"准"之"阅读本事"训练的指导思想和攻略

阅读能力训练同写作能力训练、听说能力训练一样,是语文教学的重要组成部分。一个学生阅读能力的高低,直接影响其他各门学科的学习,以及今后的发展和日常生活。

阅读能力主要包括认读、理解、记忆、速度等四个因素。一般而言,这四个因素在阅读实践中缺一不可。吕叔湘明确的"快"和"准"阅读教学"本身目的"的主要目标,涵盖了上述阅读能力的四个因素。"读得快,抓得准",既包括"量"的指标,又有"质"的要求。"快",就是阅读能力培养在"量"方面的目标——提高

---

① 《关于中学语文教学问题》,《吕叔湘全集》第十一卷,辽宁教育出版社2002年,第54-55页。

② 《语文教改的关键在于提高教师水平》,《吕叔湘全集》第十一卷,辽宁教育出版社2002年,第167-168页。

③ 《语文教改的关键在于提高教师水平》,《吕叔湘全集》第十一卷,辽宁教育出版社2002年,第168页。

单位时间内有效阅读速度，获取更多信息的能力。阅读速度不快，无法适应现代社会条件下的学习和工作需要，尤其是面对信息时代的海量信息，读者一定得有这样的基本能力：在有限的时间内阅读大量需要阅读的书（包括书以外的其他信息形式）。具备一定的阅读速度（"快"），仅仅是阅读能力衡量指标的一个方面，阅读能力衡量的另一个指标是"准"——对语言信息的筛选与速读能力，即提高对语言信息的鉴别、选择的能力。这是"准"的能力。"有人读书，一下子能抓住要领，而有的人读了就是不得要领。"[1] 这就是阅读者素养在"质"上的差异。

一方面，学生的阅读能力发展水平是不平衡的。例如，读懂一篇文章，有的学生是借助工具书读懂的，有的学生是边读边思考读懂的，有的学生读了以后还懂得如何运用；另一方面，阅读能力的形成不可能一蹴而就，也绝不可能仅仅凭某些单项的训练就得到提升。阅读能力训练应尽量多样、灵活、反复地进行。学生阅读能力训练的途径，主要是课堂阅读教学和课外阅读。虽然语文课大量的课堂教学时间用于阅读教学，但是学生的阅读能力有多少得益于课堂阅读教学？其中的原因将在下一节分析。

鉴于此，吕叔湘反复论述课外阅读的意义、目的、途径和方式，逐渐形成了一个较为完整的、重视课外阅读的学得与习得相结合的课外阅读观。吕叔湘指出："开展课外阅读，对提高学生的语文能力非常重要，一定要给予足够的重视。同志们可以回忆自己的学习过程，得之于老师课堂上讲的占多少，得之于自己课外阅读的占多少。我回想自己大概是三七开吧，也就是说，百分之七十是得之于课外阅读。课外阅读对语文课来说，决不是可有可无的。教师对学生的课外阅读不能放任自流，要加以适当指导，例如什么书值得看，什么书不值得看；这本书有什么长处，那本书有什么缺点，等等。多少指导一下，学生得到的帮助就很大。"[2]"百分之七十得之于课外"，从一个侧面说明，课外阅读对培养"快"和"准"阅读能力具有十分重要的意义：（1）课外阅读绝不是可有可无的；（2）阅读能力约百分之七十是得之于课外阅读；（3）阅读能力形成要通过课外阅读的长期训练；（4）课外阅读需要教师指导和帮助，不能放任自流。

吕叔湘认为，一方面，阅读教学是一个完整的过程，并不存在课内阅读和课外阅读两个过程，除了前文关于"'教'学生'学'"教学过程观的相关阐述外，还有

---

[1] 《语文教改的关键在于提高教师水平》，《吕叔湘全集》第十一卷，辽宁教育出版社2002年，第168页。

[2] 《关于中学语文教学问题》，《吕叔湘全集》第十一卷，辽宁教育出版社2002年，第58页。

下面的例子。吕叔湘指导其研究生的教学方法是主要靠学生自己看书，发现问题，师生一起讨论，互相启发。不是采用先生讲学生听的方式，而是组织一个讨论班，先确定一个讨论的问题，然后让学生回去准备，上课时大家发言，互相辩论，互相启发。这个过程从教学角度来看存在两个环节："教学生"和"学生学"。这两个环节是阅读从课内"例子"的"学"到课外"习题""练"的两个环节，是阅读能力形成的必要步骤。另一方面，课内阅读和课外阅读具有任务的一致性，并非相互补充的关系。"语文的使用是一种习惯，只有通过正确的模仿和反复的实践才能养成。"就课内外关系而言，课内阅读通过教师的教学，引导学生"正确模仿"，而课外阅读则提供"反复实践"的机会，两者共同使学生的语文使用形成一种"习惯"。在吕叔湘看来，"阅读课的教学效果不能光靠课内，还要依靠课外"[1]，仅仅靠课内阅读教学还不足以形成学生熟练的阅读技能。他还发现教改成功教师"有一个共同的做法是重视课外阅读"。[2]

课外阅读"要加以适当指导"，就是要减少阅读的随意性和盲目性，要在提高阅读质量上适当引导，帮助学生"想阅读"后，逐步达到"会阅读"。读书多多益善，但并非所有开卷有益，所以教师还应帮助学生学会有所选择地读书。从学生在课外阅读中存在的问题可以印证：无效阅读多，有效阅读少；低效阅读多，高效阅读少；被动阅读多，主动阅读少；浅阅读多，深阅读少。教师的指导包括方法指导、推荐读物和组织交流等。如方法指导包括帮助学生明确读书目的和掌握科学的读书方法。一般来说，读书目的大致可以归纳为四种类型：（1）增长知识，扩大视野；（2）提高修养，激励意志；（3）发展专长，研究问题；（4）休息娱乐，丰富生活。中学生的读书目的主要属于第一和第二类型。读书方法受读书目的、知识结构、学习能力等等的制约，方法不能强求一律。因此掌握科学的读书方法是指从实际出发，选择最适合自己需要的最佳读书方法。适合中学生的读书方法主要有：（1）浏览；（2）通读；（3）精读。这三种读书方法各有长短，可以结合使用。实际上，课外阅读只要指导得法，是完全可以收到少投入高产出之效的。尤其是目前课堂阅读教学效益难保的情况下，实现"快"和"准"的阅读主要目标更应重视课外阅读及指导。

---

① 《关于中学语文教学问题》，《吕叔湘全集》第十一卷，辽宁教育出版社2002年，第55页。
② 《关于中学语文教学问题》，《吕叔湘全集》第十一卷，辽宁教育出版社2002年，第58页。

第三节 落实"快""准"目的"阅读本事"之教学改进

一、课内外阅读整合：检验落实和发展阅读教学成果

吕叔湘从课内阅读教学出发反思与阅读能力形成、良好习惯养成之间的关系，清醒地看到仅靠课内阅读教学单个平台难以实现的事实，而必须辅之以另一平台——课外阅读教学——才能共同搭建起学生阅读能力形成和良好习惯养成的立交之桥，而且立交桥上行驶的车，必须由"反复实践"作为动力。

首先，吕叔湘在强调课内阅读教学"学得"的同时，对课外阅读教学"习得"过程摆在同样重要的位置上。他从语言学习的规律中重申"反复实践"对于课内外阅读整合的重要性：阅读能力形成和习惯养成同样必须遵循语言"学得"和"习得"的规律（"学会一种语文的过程"）。吕叔湘还以个人阅读能力形成和习惯养成的经验加以佐证："百分之七十是得之于课外。"因此，课外阅读教学平台的搭建和充分开发，就不再是锦上添花的"配角"，而是与课内阅读教学同样重要的"双主角"之一。

其次，吕叔湘重视课外阅读教学平台的搭建，体现了贯通"社会语文"和"课堂语文"双向互动的特点。作为我国语文现代化的积极参与者和重要指导者之一，吕叔湘为推广普通话、简化汉字、制定和推行汉语拼音方案殚精竭虑；同时，他又是学校语文教育的倡导者和推动者，为中小学语文教育理论与实践的发展呕心沥血，一身二任，同时推进。在审视语文教育问题时，其眼光不局限于课堂，不局限于语文学科，而能放眼全社会、全民族的语文生活，把社会语文和课堂语文纳入同一系统中，建立起两者双向互动的关系，从而让语文教学回归语言的本体。他从一封普通的学生来信发现了社会语文教育中的问题；从我国公民使用语文的能力还不如欧美、日本，看到了学校语文教育的弊端；从语文改革运动的历史和现实，联想到语文教学改革的过去、现在和未来……当学界为"初中毕业生语文应该达到什么程度"众说纷纭时，他从义务教育、公民教育的角度独抒己见，指出：应当考虑学生在初中毕业的时候具备怎样的基础，才能够解决他生活中遇到的语文问题。这就抓住了语文教学同人的生存、社会需求之间的内在联系，为确定语文教学目标提升到满足社会与人的发展的高度来审视。他认为，不能局限在语文课内的语言实践和语言训练，而要看到发挥整个学校、整个社会这些语文学习环境的重要作用。他说要在整个学校里树立起正确使用

祖国语文的风气，让学生学习生活在这样的环境里正如蓬生麻中，不扶自直，整个社会对于语文的使用是否严肃认真，对学生也有极大影响。如此强调社会环境对学习语文的引导和制约作用，体现了他对学生"生活"语文的强烈关注。

吕叔湘课内外整合阅读观，给当前语文课改特别是阅读教学突出重围提供了理论和实践支撑。阅读教学对学生的课外阅读缺乏系统指导，只有个别教师比较注重，而大量的学生处于放任自流状态，课外阅读目标不清晰，选择读物随意，科学阅读方法缺乏等降低了课外阅读的效益。而这正是阅读教学突出重围的突破点——应试的每门学科都在拼命抢占学生的课余时间，而语文阅读教学却未主动占领。应该说对阅读一点儿也不感兴趣的学生（尤其是课外阅读）还是少数，那么如何调动学生课外阅读积极性呢？首先，教师要进一步认识课外阅读是学生阅读能力形成和习惯养成的黄金宝地。语文课跟别的课有些不同，学生随时随地都有学语文的机会。逛马路时马路旁边的广告牌，买东西附带的说明书，到处都可以学习语文。特别是看小说，那是更普遍了。其次，教师要强化有效开发课外阅读资源并最大化利用的意识。要是我们把课外阅读抓起来，就能够把喜欢看书的学生由少数扩充到多数，这对课内的教学有很大帮助。第三，要辅之以一些形式多样、提高收益的课外阅读指导服务，将持续保护阅读热情与逐步养成良好阅读习惯有机地结合起来。如在组织课外阅读时辅之以多样化的活动形式：剪报、贴报；课外练笔；壁报、刊物；影视评论；演讲、辩论；演课本剧；采访、调查。课外阅读教学开始前的计划性和目的性，过程中的适时指导和检查，结束后的评比和引导，将有利于课外阅读教学效益的提升，并与课内阅读教学有机整合。

此外，吕叔湘反复强调课外阅读的重要功能和价值，在语文教学界产生了广泛的影响，从某种程度说，这些思想和叶圣陶、朱自清等其他语文教育家的相关论述直接催生了我国 20 世纪 80 年代的"大语文教育观"，奠定了今天课内外整合的阅读教学观的基础。但是，对于吕叔湘课内外阅读作用三七开观点的质疑——仅仅是缘于对自身获益情况的个案估计，缺乏通过科学的证据进行推论，——对此，需要我们在阅读教学的实践中进行科学的研究和全面审视，既不能作为哲学家的苛求，也不一定作为金科玉律。

二、泛读与精读整合："快"和"准"阅读能力训练的保证

就阅读的时空而言，吕叔湘倡导重视课堂内外阅读的整合；就阅读的教学方法

而言，吕叔湘十分关注和重视精读和泛读的整合。

吕叔湘在谈到精读和泛读的关系时指出，要提高学生阅读能力，靠薄薄的课本解决不了问题。要大量阅读，有精读，有略读，一学期读它 80 万到 100 万字不为多。这是因为，精读和泛读作为阅读的两个方面，其目的和功用是有所差异的，只有精读与泛读有机整合，才有可能全面提高阅读能力。

（一）精读和泛读有各自独立的目标和特点

就教学而言，精读是主体，泛读是补充；就效果而言，精读是准备，泛读是应用。精读，是精研细读，属于分析性阅读，它对课文中各种语言现象进行分析，并详细讲解其内容。精读是使学生获得语言知识的重要途径。对于课文，一般都是在教师的指导下采取精读的方式来阅读的。阅读测试的每篇文章其实也是以精读的方式来展开的。泛读，即广泛地阅读，属于综合性阅读，它不侧重进行语言形式的分析，而更侧重了解阅读材料的内容。泛读是扩大语言和文化知识、吸收信息的重要手段。

由此可见，精读和泛读的教学目的和教学要求是不同的。因此，采用的教学方式也宜有所不同。一般而言，在入门阶段应以精读为主，教给学生基本的语音、语法、词汇、句型等基础知识，让学生尽量多地积累。在基础阶段应将精读和泛读结合起来，训练学生掌握基本的阅读方法、阅读技能与技巧。随着学习的逐步深入，泛读的比例应逐渐增加，在大量、广泛的阅读中熟练阅读技能技巧，提高阅读速度，养成良好的阅读习惯。

（二）泛读是广泛地阅读而不是粗略地阅读

泛读是指广泛地阅读，即在有限的时间里广泛地阅读、理解较多的材料。泛读是全面地阅读，而不是粗略地阅读。泛读要求读得较多而且较快，相对而言，泛读更强调摄入的信息量和速度两方面的指标。泛读和精读教学活动区别还在于泛读教学强调语言知识的自然输入，主张在大量阅读中巩固和扩大词汇量，注重阅读速度和阅读理解。

泛读的目的则是为了积累词汇及语言结构方面的知识，并促进对阅读的爱好。对所读内容只需要有一个大致的了解。泛读包括跳读、浏览、看目录、索引之类，识别长课文不同部分之间的关系等。

泛读意味着题材多样地大量阅读。目的是积累词汇，增强句法结构意识，提高自动性，扩展背景知识，增强理解技能，激发阅读的主动性，使学习者养成良好的阅读习惯。阅读材料的语言适合学生的水平，最多只高出一点儿，以便培养学生的阅读信心。阅读某篇东西的动机可以是获取信息，理解课文，甚至是娱乐。阅读活动的意义在于阅读本身，不一定要做练习。阅读的速度通常较快，不要求完全地理解。可以说，泛读是通过阅读活动本身来获取知识和训练技能。

阅读效率的提高，与泛读涉猎材料的广度密切相关，比如，"背景知识"的问题。经常会出现这样的现象，一段话里面根本没有生字和生词，但阅读起来就是不容易完全读懂。为什么呢？实际上，是学生缺乏文章的"背景知识"。众所周知，文化与语言的关系十分密切，它反映了一个国家的状况、一个民族的历史、一类事物的特征等。阅读材料作为凝固的语言，是民族文化、历史和科技的沉淀，它不可能脱离社会、历史等人文背景而孤立存在。笔者有过亲身经验，当下的学生对"文革"历史知之不多，每当阅读到这个阶段的文字时，在理解上不是那么的顺畅。事实上，阅读材料题材丰富、体裁多样，涉及各种知识领域和专业，从社会形态、政治经济、历史地理、风土人情、文学艺术、文化教育，到道德标准、价值观念、宗教信仰、生活习惯、交际方式等，阅读面广泛，知晓一些重大史实和重要人物等有助于开阔视野、增长见识、提高阅读水平、促进阅读理解能力。若文化素养偏低，缺少必要的社会文化背景知识，阅读起来将会步履艰难，障碍重重。

（三）阅读理解练习不是真正意义上的泛读

通过精读学习到的语言基础知识和基本阅读技能，如果缺乏大量的练习及实践就难以真正成为自己的东西。语言的学习规律告诉我们，从新的语言知识输入到运用有一个处理、内化的过程，完成这个过程需要一定的语言接触的机会。完成这一过程有多种形式。但不少教师和学生对各种专项练习如单项选择、完成填空、短文改错等情有独钟，特别对单项选择更是钟爱有加，乐此不疲。他们往往简单地把做阅读理解题同泛读等同起来，认为叫学生多泛读，就是叫他们多做阅读理解题，其实不然。做阅读理解题固然不失为提高学生阅读能力的一种好方法，但却不是真正意义上的泛读，还不能真正提高他们的阅读水平。

从长期的效果来看，这些方法并不是非常有效。什么才是最有效的方法呢？那就是真正意义上的泛读。即通过泛读不仅可以运用所学的语言知识和阅读技能，同时也能增大学生的词汇量，拓宽学生的知识面，这反过来又会促进阅读能力的提高。所有学好语言的人无不阅读了大量的书籍。无论是著名学者，还是一般的人，要想在学习语言上取得成功的，都有这样的经历。

第五章 写作教与学的难点：挖掘"顺理成章"的耦合关联

关于写作教学的探讨和论述，常见围绕"教师命题""学生作文"和"教师批改"三个问题展开。这是从写作教学三个环节的主要任务出发，研究写作教学的一种思路和方法，众多语文教学工作者对此已经进行，并将继续进行实践和研究。吕叔湘先生也在《作文教学臆说》《作文教学问题》《谈谈作文问题》等文章中全面而透彻地论述了上述三类问题，并且在《作文教学问题》中提出了改进的策略：现在的教法既然吃力而不讨好，就该打破框框，另外想想办法。一味地加强劳动强度是解决不了问题的。

吕叔湘先生不囿于做"裁判员"（泛泛地评价和梳理一种教法的有效性），他积极参与"运动员"的相关工作（提出建设性的研究思路）。吕叔湘先生研究写作教学提出的建设性改进意见是，主张从"内容""词句"和"层次"三个维度来审视和研究写作教学，实现了从侧重"程序"研究向侧重"实体"研究的华丽转身。

第一节 "通'达'"：写作教学内在矛盾规律审视

吕叔湘关注和倡导"通'达'"写作教学观，既继承了前人的优良写作思想，又切合了生活作文的社会背景和文化需求。

"通'达'"，既是一种有理论高度的写作教学观，又是一种可资操作的实用写作方法。它是吕叔湘继承和发展我国古代写作理论的充分体现，也是语言交际功能、服务社会需要的写作教学思想的准确概括，这也正是语言学家与语文教育家的吕叔湘在阐述写作教学问题时表现的独创性智慧特征。

一、我国求"达"文风的历史及其内涵检视

吕叔湘"通'达'"写作教学观，继承传统，并通过"近俗"来"求达"的现代版本。

我国古代"达"的文风，是从满足写作社会功能需要出发的。无论是最早的《论语》的"辞达而已矣"，还是后来韩愈的古文运动，所追求的实际上都是"达"。所谓"达"，苏轼解释说："物固有是理，患不知之。知之，患不能达之于口与手。辞者，达是而已矣。"（《答俞括书》）近代梁启超求"达"的文风观，是在与严复的论争中表述出来的。严复提出的"信、达、雅"的文风观，其中"求真"和"求达"，是所有文章都必须共同遵循的基本规律；但是，严复强调的"雅"，是向古代士大夫的文章看齐，用语基本上脱离了普通读者。梁启超旗帜鲜明地主张写文章就是要"近俗"，以此来反对严复的"近雅"。

文章"达"与"不达"，谁说了算？不是作者，而是读者。无论是"处处为读者打算"（吕叔湘语），还是"通'达'"，都是20世纪经典作家写作时"把心交给读者"的心灵轨迹。

毛泽东在《反对党八股》批驳的"党八股"文风，某种意义上，不正是"心里不想着读者"文风入木三分的画像吗？毛泽东旗帜鲜明地反对"面向小众"的党八股、帮八股的文风，强调写文章、做报告、搞宣传都要根据对象的不同而"看菜吃饭、量体裁衣"。倡导"明确"和"简洁"的文风："共产党员如果真想做宣传，就要看对象，就要想一想自己的文章、演说、谈话、写字是给什么人看、给什么人听的，否则就等于下决心不要人看，不要人听。"[1]又说："射箭要看靶子，弹琴要看听众，写文章做演说倒可以不看读者不看听众吗？我们和无论什么人做朋友，如果不懂得彼此的心，不知道彼此心里面想些什么东西，能够做成知心朋友吗？做宣传工作的人，对于自己宣传对象没有调查，没有研究，没有分析，乱讲一顿，是万万不行的。"[2]

巴金"把心交给读者"，是对"明确"和"简洁"文风的"心灵"揭示。他说：离开了读者，我又能够做什么呢？我怎么知道我做对了还是做错了呢？我的作品是不是和读者的期望符合呢？是不是对我们社会的进步有贡献呢？只有读者才有发言权。

从古到今的我国文章大家，都不同程度地表达了文章"明确"和"简洁"的丰赡内涵。虽然语言表述不同，侧重理论阐述或写作践履各异，这些都无疑更多彩地

① 毛泽东：《反对党八股》，《毛泽东选集》第3卷837页。
② 毛泽东：《反对党八股》，《毛泽东选集》第3卷837页。

展示了"通'达'"（"处处为读者打算"）的丰富层面，有助于我们做深层次的解读。就实践而言，优秀作品之所以为读者所喜闻乐见，重要原因之一就是作者贯串着"处处为读者打算"的准则，心中时时刻刻想着读者：体验读者的喜、怒、哀、乐，反映读者的甜、酸、苦、辣。从韩愈到欧阳修、王安石，从夏丏尊到朱自清、叶圣陶，他们的作品无不是作者与读者心心相印，实现着作品的心灵共鸣。

二、吕叔湘"通'达'"写作教学内涵及其开掘

至少从 1951 年开始，吕叔湘 40 年来反复阐释、不断完善和丰富"通'达'"认识："写文章就要处处为读者打算，也就必须注意三件事情。第一要明确，为的是要读者正确地了解你的意思。其次要简洁，为的是要读者费最少的时间和脑力就懂得你的意思。又其次要生动，为的是要在读者脑子里留下一个鲜明而深刻的印象。"[1]

就言语表达而言，吕叔湘说为现代的读者设想，非必要不用，不是一般人所熟悉或者一看就懂的不用。

就内容把握而言，写文章自己既当被告又当原告，比只当被告好，有了这样的思考，作者不至于局限，有利的观点和不利的观点都能进入自己的视野。

就传播效果而言，著书立说不但是要让人看懂，还要让人不费力而就能看懂。

1980 年，吕叔湘专门撰文《说"达"》，对"所达"和"能达"阐解为不仅要能对所要表达的事物有深入的认识，而且要能够用恰当的言语把这个认识表达出来。

就读者与作者的关系而言，吕叔湘认为作者不流汗读者就要流汗。作者只一人，读者却是千千万。为多数人的方便牺牲一个人的方便是应该的。吕叔湘说这也是一种民主，同时也是提高传播效率的自身要求。

就修辞和表达的选择而言，要考虑"题材""对象""表达方式"，其中对象，即读者或听众：什么文化水平，内行还是外行（对这一题材来说），学生（要求系统些）还是实际工作者（要求结合他的工作），忙人还是闲人，等等。还有一种"混合对象"。……

就倡导朴实文风而言，"文章写就供人读，何事苦营八阵图。洗尽铅华呈本色，梳妆莫问入时无。"

吕叔湘先生上述论述、关注写作及其教学前后逾 40 年，且思索不辍，从一个

---

① 《语法修辞讲话》，《吕叔湘全集》第四卷，辽宁教育出版社 2002 年，第 167 页。

侧面佐证了"通'达'"这一问题的重要价值，以及生活作文教学中认识的不易，掌握和应用之难。

第二节 "顺'理'成章"：吕氏把握的写作教学难点探析

吕叔湘先生研究写作教学，不仅从"教师命题""学生作文"和"教师批改"三个环节着手，梳理了写作教学的一般思路，以及这些做法的得与失。尤其是在谈到"失"时，他提出了"另辟蹊径"的写作教学改进策略：反思现有教法——打破既有框框——另外想想办法。

一、注重"程序"向关注"实体"转变之探索

吕叔湘先生在写作教学中指出的"打破框框"，实际上是其解决写作"具体问题"时，回望"根本问题"的一次应用。

沿着这个思路，让我们再一次研读《说"达"》《本色与明净》《言之有物，顺理成章》等文章，能够比较清楚地看到了吕叔湘先生将写作及其教与学这一复杂的课题，从写作机理上进行探讨，引入"内容""层次""词句"三个概念进行观察，并且分别加以阐述，又统一于"通'达'"的研究之中。

笔者叹服吕叔湘先生在思考和解决语文教学问题时，总是能举重若轻，化繁为简。在研读吕叔湘先生有关写作教学的论著时，吕叔湘另外一种研究写作教学的思路逐渐显露端倪。那就是吕叔湘从"内容""层次""词句"三维来评判和剖析习作，尝试找出反映写作教学规律的另一种思路。

如果说，写作教学围绕"教师命题""学生作文"和"教师批改"三个环节展开，主要是从"程序"的视角来把握写作教与学；那么，吕叔湘提出的从"内容""层次"和"词句"三个维度来思考写作教学改革，更侧重于从"实体"的视角来探讨写作的教与学。而后者，可能更直接指向写作教学的主要矛盾，至少是切入了矛盾的主要方面。

二、"内容""词句"融合互动指向之"层次"

吕叔湘在《说"达"》一文中总结道：多数情况是说不清楚由于认识不清楚。吕氏一语中的，写作教学中的问题，不外乎两端："认识不清楚"和"表达不清楚"。要有效地解决写作教学科学训练问题，仅仅抓"表达"（当然很必要），似乎

还仅仅停留在"表"，而并未深入写作教学的"里"。应该"表"与"里"两手都硬，不仅要做好写作的"内容"建设，还要做好写作的"形式"建设，同时要找出其中的"联结点"——"恰当的"——既有内容认识的"层次"，也有形式表达的"层次"。

吕叔湘在《说"达"》中指出，所谓"达"，包括两方面的内容：一是"所达"，一是"能达"。简而言之，就是不仅要能对所要表达的事物有深入的认识，还要能够用恰当的言语把这个认识表达出来。就"深入的认识"而言，认识事物的"真""实"其实是十分困难的。吕叔湘结合自己的实践指出多数情况说不清楚是由于认识不清楚。由此可见，除了"认识不易"之外，还掣肘"说清楚"，其制约表达之深刻程度可以想见。就"恰当的言语"而言，该文虽然未及展开，但是显而易见，"表达认识"绝不是"好词""好句""好段"那么简单，其中有复杂的机理。

《本色与明净》一文，站在学生（读者）的视角加以解读，强调写作教学中的"内容"方面要求"本色"：就是要写自己所看见的，写自己所知道的，写自己的思想和感受。写作教学中的"语言"方面要求"明净"："'明'是明白，'净'是干净。"

《言之有物，顺理成章》一文，则在前述两文的基础上再进一步，除了"内容"和"词句"两方面外，还引入了一个新的概念"层次"问题，并且将写作教与学切分为三个维度：第一是内容，要言之有物；第二是层次，要顺理成章；第三才是词句，要词句明净。既弥补了《说"达"》一文中对"词句"问题阐述的俭省，又拓展了联结"内容"与"词句"两者之间的"层次"——介乎两者之间的"思维导图"。

《语法修辞讲话》中所云"处处为读者打算"，可以算是最早表述"内容"与"词句"两者之间的"理"，即是"顺'理'成章"之"理"。

"读者"是"处处为读者打算"的中心词。"处处为读者打算"，则是隐藏主语"作者"的虔诚承诺。"读者"既是写作教与学出发点的被服务主体，又是其阶段目标终点的评价主持人和主审者，"读者"在吕叔湘先生的心目中有如此崇高的地位，那么，我们将不再一味强调作者的令人钦羡，而更需要关注"读者"的令人敬畏了。

"处处"，既有有形空间的意义，同时，更具有无形地位的尊严。读者是先于作者、掣肘作者、论定作者的广泛存在。作品是花，读者是土壤。花可以插在孤芳自赏的花瓶里，但花期甚短。不能处处为读者着想的作品，就像插在花瓶里的无根之花，很快消失芬芳，永远被人遗忘。读者是不可亵渎的，对读者不买账的作品，读者更不会买账，作者不买哪些读者的账，读者就会让那些作者的作品在那里经受风霜。作品只有在广袤的读者土壤里生根，才能四处流芳。

"打算"，既指习作要为读者提供"不费力气"获取的通道和路径，还要给读者提供有价值的信息或有启迪的思想。

"三老"之一的吕叔湘先生，谈起写作教学来却是那样的游刃有余，既透彻又明了——内容要言之有物，层次要顺理成章，词句要明白干净。

三、"处处为读者打算"："层次"之"理"阐发

（一）"处处为读者打算"：写作教学语言的"层次"功能及其阐发

"处处为读者打算"，不仅凝聚着我国古代写作学的优良传承，也蕴含着语言本质功能的通俗揭示。

列宁说："语言是人类最重要的交际工具。"写作活动无疑是实现语言社会功能——"交际"的重要形式之一（口语交际在广义上是另一种形式的写作活动）。写作交际功能的体现，必然涉及交际的主体——作者和读者。交际主体与客体（作品）的良好关系共建，作品社会效益的最终实现，依赖于交际主体之一的读者，并且读者在某种程度上起着决定性作用。

将语文教学一般原理和方法置于语言学宏观视野中考察，并归纳出兼顾理论高度和实践操作两方面的经典概括，与吕叔湘语言学家第一身份的惯常思维和做法十分吻合，也是语文教育家吕叔湘的特质所在。"处处为读者打算"的写作教学观，就是吕叔湘兼有语言学理论高度和实用性操作方案的典型话语形式。

生活作文不是作者的"个体"行为，而是关乎作者与读者的多因素复杂"互动"。一方面，作者对读者的漠视或轻慢，读者将以自己的方式、直接或间接地还以颜色；另一方面，因为实现交际功能的制约因素不限于"处处为读者打算"意识的有无和强弱，至少还涉及了作者对语言的熟练掌握和运用，以及对于表述对象的准确解读。吕叔湘在研究表达中的"堆砌"问题，就为我们提供了新的思考触点。他指出：这种风气也许不从今日始，大约自有"文章"，就有"堆砌"。在辞赋盛行的时代，堆砌的是草木鸟兽宫室园苑之名；在八股当道的时代，堆砌的是文武周公孔孟程朱之道；现在堆砌的是所谓"新名词"。本"堆砌"个案，显然是一个表达问题，但是从古到今为何总是难以根治呢？其中，不可否认的是，写作中的"表达"，还关乎"文"（表达）与"道"（认识）两个层面的问题。其中作者对语言的熟练驾驭，就涉及"文"的深层问题。

因此，"处处为读者打算"意识及其实现能否，仅仅有"心"还不够，还要有"实"（熟练的语言驾驭能力）。

吕叔湘总结写作中读者最反感的四种情况：一是摆架子，二是绕脖子，三是把读者当小学生，什么都从人之初说起，四是车轱辘话。造成这些情况的重要原因之一，在认识语言重要性方面，缺乏将"交际"这一语言的本质功能深植其心；在学习和运用语言方面，缺乏对交流媒介的语言下苦功夫掌握，对语言的运用未能得心应手，难以承载表达明快思想的利器。试想，作者虽然有心"处处为读者打算"，但语言能力的"停滞不前"，服务之"心"的水平和档次可以想见。

（二）"处处为读者打算"：中外写作教学研究与实践瞻顾

作文是以语言文字表达自己的思想，与他人沟通，发现问题后解决问题，从而创造新意思的语言使用行为。就学校写作的范围和类型看，西方及日本等国把写作分成两类：其一，表现自己的文章。即表达学生自己的所做所见所闻所思所感，包括日记、书信、感想文和"生活文"等。这类文章以学生自己的生活为基础，要求写出真情实感，以培植学生的个性和创造思考。其二，传达社会信息的文章，即发挥社会传达机能的文章，包括记录、通信、报告、评论文等。这类文章以沟通思想为目的，要求写得明晰、简洁，起到达意的作用。前者可以认为主要是"为自己写作"，后者则主要是"为不同读者写作"。

吕叔湘提倡"处处为读者打算"的文风，在主要"为不同读者写作"的类型中表现得更为充分。20 世纪 90 年代，加拿大新安大略省的语文课程标准对此做了如下阐述：写作是一个复杂的过程，包含了一系列的技巧和艰辛的劳作。尽管人们经常通过写作来阐述思想、表达情感，但是人们主要还是将其作为与他人交际的工具。为了清楚而有效地交流思想，学生必须成为训练有素的思想家。他们有必要学会筛选并组织观点，牢记创作动机，心里放着面对的读者；他们还必须学会使用标准书面语形式和其他语言习惯的表达方式和形式。

日本国制定并颁布的新的国语课程标准对此也有阐述。在《日本初中国语教学大纲》中，有"相互阅读所作的文章，注意别人选材和收集素材的方法等，用作自己写作时的参考"的要求；在《日本高中国语学习指导要领》中要求：根据对象和目的选择题材，写出有思考、有表现力的内容。

韩国写作教学目标提出：①写传达信息的文章；②写说服的文章；③写表达情绪的文章；④写交际的文章；⑤在信息化社会写的文章。这说明韩国的作文教学也比较重视体现语言的交际功能。美国、法国、澳大利亚等国的作文教学也不例外。美国的课程标准指出，要提供机会指导学生针对特别读者群、广泛未知的读者群等进行写作训练。法国要求五年级学生应写三种文体：叙述与描写、含有对话的叙述文、带有写作意境的说明文。澳大利亚中学语文教学大纲也有"为不同读者写作"的要求。上述西方国家写作教学要求注重其社会价值的一面，体现在"为不同读者写作"类型中，与吕叔湘"处处为读者打算"的文风观的基本思想是一致的。所不同的是，吕叔湘不仅要求在"为不同读者写作"类型中要体现"处处为读者打算"的文风观，在"为自己写作"的过程中，作者也要"心中装着读者"。这方面的具体要求，美国有明确的训练要求，即使"为自己写作"的写作教学，也有包括编辑和校对环节，注意格式的训练，重视与他人交流，重视发表等要求。这些都证明吕叔湘从语言是交际的工具的本质出发，总结的"处处为读者打算"的文风观（涵盖，又不限于这两类文章），必然是对写作教学规律的深刻把握，而且在 20 世纪 80 年代初，甚至更早就已经站在制高点上了。

吕叔湘"处处为读者打算"的文风观要求，在写作教学中需要培养学生的"读者意识"。所谓"读者意识"，指的是作者在写作时心目中有自己的读者群体，无论是内容的确定还是形式的选择，都最大限度地为自己的读者群体考虑。考察目前的写作教学，存在一个很大的弊端——就是写作者（学生）缺乏读者意识，即学生在习作时没有考虑，或很少考虑读者的需求状况和接受机制。学生习作不知道写给谁读，这是没有读者意识的表现。缺乏读者意识，写作及其教学不可避免地要受到影响，免不了敷衍塞责，久而久之，写作的兴趣及其中的乐趣就会受到损害、衰减。吕叔湘在谈到对修辞的看法时指出：首先要考虑的是这三个因素：一、题材，二、对象，三、表达方式。……对象，即读者或听众：什么文化水平，内行还是外行（对这一题材来说），学生（要求系统些）还是实际工作者（要求结合他的工作）忙人还是闲人，等等；还有一种"混合对象"，各色人等都有在内，如广播听众。可见在写作教学中，培养学生的"读者意识"对于培养学生的写作兴趣，提高学生的写作水平具有重要的价值。

第三节 顺"'读者'之'理'"成章，优化习作提升能级

写作教学是否要引入"读者"（哪怕是"假想读者"）？要不要为"读者"打算？要不要"处处"为"读者"打算？吕叔湘关于"通'达'"写作教学观涉及的

这三个问题，贯串在命题（审题）、撰写、修改的写作科学训练全过程之中。握住"读者"这根风筝之线，教师和学生两个主体（教师是指导的主体，学生是练习的主体）都始终于"读者"这条轴线上形成合力——观察，时时给读者留意；运思，念念替读者着想；行文，字字代读者握笔；修改，笔笔让读者满意。那么，无论我们的作文"风筝"放得多高，总能吸引人们的眼球，总能迎风翱翔，总能奏响成功的风铃。

"处处为读者打算"写作教学理念，在实践中能否"有效"落实？"效果"如何？是否"高效"？

循着"为读者打算"的视点，并选取"拟制标题""习作行文""优化修改"三个环节（三处）加以落实，笔者曾尝试针对前述"三处"指导学生开展实践，初步验证了"处处为读者打算"的渗透，可以有效改善学生的写作思维习惯、明显提升学生的习作行文水平、显著提高学生参与写作修改的积极性和主动性。

一、聚焦"读者"靶子，弱化习作标题的随意散漫

（一）抓住聚焦性阅读重点，拟制准确简明的标题

读后感类文章的标题是否准确、鲜明、简洁，谁说了算，显然是读者而不是作者。只有读者认可了、肯定了标题，才能最终让读者聚焦文本、不忍释卷。

试比较读后感类文章选用"实题"与"虚题"之间的差异。《邹忌讽齐王纳谏》是一篇经典文章，邹忌与齐王都可以作为"读后感"赞扬的对象。诗人臧克家写了"实题"的读后感：《纳谏与止谤》，是立足"赞齐王纳谏"的。如果将邹忌作为赞扬对象，从课文中可以概括出哪些方面的读后感"实题"呢？深入研读课文，观察邹忌的一系列行为：三问其美、忌不自信、孰视徐公、窥镜自视、暮寝而思。至少可以从"认真观察""自以为非""深入思考""善于婉讽"，找出四个"感点"：《成功始于"孰视之"》《邹忌"窥镜"的启示》《可贵的"暮寝而思之"》《学习邹忌的"讽"劝艺术》等。显然，以上四个"读后感""实"题，就比"读……有感"之类的"虚"题来得聚焦、来得深透、来得精彩。

这些"实"题关注了阅读的重点，既体现了围绕思考点"邹忌"进行发散思维，又包含着辐合到思维原点"邹忌"的思维过程，比"虚"题更准确、更鲜明、更简洁（不仅仅是字数的多少），体现出前后两者对"邹忌行为"认识程度的深浅之别、效能差异，传达出发人深省与平淡无奇之间的思考能级。这些"实"题浮出水面的过程，不可避免地与习作者的思维水平深浅、宽窄幅度相伴相随，这些读后

感的"实"题，在一定程度上已经决定了行文思路旋律和节奏的基调。

阅读者面对经过辛苦提炼、新鲜出炉的读后感"实"题，已经行进在读者和作者心中架设起的相通彩虹之上，初步建立了文本与读本指向一致的对话机制。在蕴含富矿的标题引领下，读者在一定程度上会包容和完善"文本"中涉及的信息、联想和想象。习作者也决不甘心辜负精心所得的好题目，总是会千方百计地调动和挖掘自己的潜能和积累，甚至不厌其烦地对已经成型的文本进行增、删、换、调，长时间地激发作者写出货真价实的读后感热情，有理由相信作者不愿意舍此而图"套子作文"。

（二）扣住选择性阅读特性，拟制新鲜生动的标题

读者是否选择阅读文本，标题无疑是选择指向考虑的首要因素。在阅读热点层出不穷，阅读材料大量涌现，甚至"信息爆炸"之时，如何让读者选择阅读你的作品，或者满足读者在阅读文本中的某种期待，首先也要看标题，看它能否吸引读者的"眼球"，从而顺利通过读者筛选的"第一关"。所谓"看报看题，读书读皮"，"题"和"皮"都是指与标题新鲜生动要素密切相关的吸引力因子。

新鲜生动的标题，至少表现为"言人之未言""言人之欲言"方面的特点。例如，作文题《谁是成功之"父"》，让读者立刻联想到是对成语"失败是成功之母"的质疑，容易引出失败后是否一定会获得成功的思考。显然满足于此还仅仅停留在"怎样看待失败"的层面，仍然难以明确揭示"失败＋□□→成功"的奥秘。继续思考才可能深入"成功之父"便是"总结"——只有不断总结才可能成功——的层次。再深入一步，光知道"总结"还不够，还应该进一步探讨它是怎样的"总结"：生活中是否能真正获得成功，既不决定于是否失败过，失败过多少次，也不取决于是否知道失败是"成功之母"，它取决于失败后是否能正确总结。这个标题无论是思考的深度，还是选用的语词，都体现了新颖脱俗的特点，读者没有理由放弃选择阅读如此发人深思文题之下的文本文字。

一看到文题《好男须当"兵"》，读者只要稍作思忖，就容易体会"言人之欲言"背后的深意。"兵"，极易让读者明白千百年间"普通战士"的地位相当卑贱，而且生命安全难以保证。因此，稍有地位、有些办法的人就都有千方百计地去逃避当兵的基本意思。进一步联想，更有优秀人才就根本不必去当兵，否则就是大材小用、极大浪费的错误观点。文题《好男须当"兵"》，尤其是加引号的"兵"字，迫使读者在看似平淡的文题之后，触发联系思考近年来许多人对当"兵"——包括各条战线、各类岗位普通一"兵"的光荣感、使命感在逐年淡化的现实，彰显出文题和文本有极强现实意义的主旨所在。

作者和读者在心灵契合中收获的愉悦，引领习作者在拟制标题时放弃选择"粗"制"懒"造的简便方法，而愿意在比较诸多候选标题之后的优中选优、精益求精。反复提炼、不轻易出手背后，作者付出的"自讨苦吃"越多，就越有可能给读者更多"眼前一亮"的精彩。读者心中清楚，标题的打磨，折射着作者在立意不断提升、文辞反复推敲、思路逐渐清晰的"否定之否定"，甚至包含文章成型之后不断修改的"艰难历程"。

二、瞄准"读者"靶心，明晰习作行文的流畅详略

（一）挤压言之无物的空话，写出反映读者心声的实话

不少习作者存在一种误解：不抄报纸，不跟着人家说几句大话，文章就没有"质量"，政治性就不强，就没有深度。久而久之，习作思想愈见贫乏，习作内容愈见空洞，说空话、套话逐渐变成了一种习惯甚至"时尚"。具体而言，习作难见作者的真实思想，多是蚂蚁搬家——搬用他文的现成思路和观点。更有甚者，套用别人的细节、袭用他文的语言。面对面目可憎、味同嚼蜡的文本，读者岂有不退避三舍之理？

按照惯常的行文方式，文题《为"丧家之犬"而"额手称庆"》极易写成淡而无奇的"教训（说理）文"——空话充斥习作，读者厌读不已。习作者为了摒弃空话，写出实话，注意从日常细致观察到的宠物小狗所受的百般呵护切入，极写吃罐头、细食、睡沙发、套毛衣、洗温水澡，甚至还有的享受了焗油染毛的狗外之狗、人上之人的"待遇"。习作文至此，读者期待的可能是宠物似乎应该"受宠若惊"，由此而感到欣慰，获得极大的满足。可是习作者笔下那条伤心的小狗却偏偏不领"人情"，居然从"另类"的脑袋里想到了另一个方面："丧家之犬"比家犬有更大的自由度，借题发挥地表达出对"野性"的渴望，并且仿佛是充满黑色幽默地在代"犬子"呼唤："还我自由！"读者在寓言式的文本阅读时充分享受愉悦，也在忍俊不禁中生发深思。习作者走出空话连篇的窘境，开辟了现身说法、实话实说的成功之路。

"文似看山喜不平。"读者希望看到文本中怎样的"不平"呢？读者固然不愿意在文本中看到寡淡如水的语句，其实更不愿意看到新意缺乏的思想。习作者缺乏多姿多彩的生活阅历，固然制约了色彩斑斓的文字和深刻睿智思想的出现。实际上，读者的"愿接受心理"告诉我们：读者是相当宽容的，读者决不会苛求在习作中看到波澜壮阔的沧桑巨变，而更倾向于了解习作者平凡生活背后不平淡的一面，分享

习作者发掘出的当下部分独生子女生活状况与文中之犬产生的通感。

撰写行文时要反复引导习作者花大力气对素材做深刻而反复的挖掘，让习作者充分认识到，我们日常生活是琐碎的，是需要习作者提炼、概括、类比的，将生活中的片段加以整合，找到事物与事物、人与人、事物与人之间的联系点、共同点、相关点，写出一类事件中的共通点，就让文章产生了张力，让不同的读者阅读时产生回味与咀嚼，习作者的实话就像投进读者心湖中的石子儿，在读者的心中激起波澜。

（二）抛弃言不由衷的假话，写出吸引深度阅读的真话

考场作文为了突出"不平"，习作者的捷径是杜撰一个破碎的家庭以凸显主人公的奋发，或编造死去父（母）亲突显生活的艰辛，或设置一场车祸或火灾营造世事的艰难，……似乎非如此，就没有办法走出平淡的阴霾。殊不知，此法看似走进新天地的同时，又陷入更深的泥淖：都采蚂蚁搬家之法，"读者"见第一次面尚有新意，"似曾相识反复来"，读者眼中的新鲜感必将减退，直至荡然无存，这些都是假话惹的祸。

跌宕起伏的故事固然可贵，但是凡人小事对于习作者来说更是常态，只要用心来描摹，同样可以写出它的"真"精彩。前者是"核"武器，后者是认识和思维水平提升、写作能力质变的"常规"武器。"核"武器威力大，但可遇不可求；"常规"武器威力小但实惠，"近身防御"和"短兵相接"时屡建奇功。

文题《握住＿＿＿＿的手》，大多数的习作者难以有机会握住伟人的手、名人的手或是明星的手，鲜有机会与他们发生动人一幕的机缘。那么，是编造自己与名人的邂逅，或是设计与明星的握手？"编"行不行？那要看你的"编剧"水准了，若是还未到炉火纯青的地步，其中的破绽可能击穿高分的期盼。指一条路，就是劝你握住最亲近人的手，或者是爷爷，可能是妈妈，也许是舅舅，抑或是姑姑……他们虽然是平凡人，但是他们也许都有只属于自己的"独特"故事。你的任务就是花点儿功夫钻探这些富矿，将这些矿藏的独特魅力呈现在"读者"面前，你发掘出来的闪光之处绝对不至于与别人"撞车"。不论习作者发掘出来的手多么平凡：哪怕是做馒头的手、哪怕是开绞车的手、哪怕是扦脚工的手……但是习作者是用心在观察、用心去体会、用心来倾诉，"不平"（独特）的故事都将触动读者心中敏感的神经末梢。电影《那山那人那狗》中乡邮员的质朴和坚韧，电影《我的父亲母亲》中母亲的那份执着和坚守，没有跌宕起伏的情节，有的只是凡人深藏心中的"纯真"，不是同样让大江南北的观众为之动容、动情吗？

熟练掌握和娴熟运用"防身""御敌"的常规武器，立足对凡人小事的深度开掘，平凡人的敬业，身边人的体贴，左邻右舍的友善，陌路人的举手之劳……都隐含着感人的片段和精彩的瞬间。既然世界上没有两片相同的树叶，那么每个人就是一个独特的世界。这些"不同"和"独特"，就是真实而生动的素材源泉。在写人之前，需要直接或间接跟他交朋友，深入了解他的个性；在写事之前，就要周咨博访，深入挖掘，写出这件事情的独特之真。比如，写风景，不能光写山是如何的青，水是如何的绿，要写出它之所以能让人流连忘返的奥妙。这是读者关注的，想深度了解的。

三、校正"缺位"偏差，优化习作修改的耗效比例

（一）教师多做"读者"：变"评判者"为"建议者"

长期以来，教师批改作文，花力气最多的是判分和写终结性评语。尽管教师兢兢业业，而学生却获益寥寥，但是教师却始终难以走出这些"既定规则"所画之牢。这是为什么呢？

其实，教师首先是一个"读者"，在习作未最终"发表"前，"第一读者"的教师将"阅读障碍"告知作者，作为习作修改的参考凭据。习作者有了清除"阅读障碍"的清晰目标，加上"建议者"适时的点拨，有利于习作者找到适当的工具和材料（带动学生在寻找"材料"中的大量阅读），通过增、删、调、换、砍、削、修、剪、铲除、填平和清扫"障碍"，让第二读者、第三读者，乃至更多的"读者"享受无障碍阅读的乐趣。

教师因为由"评判者"转变为了"建议者"，教师可以先区分"类型"，然后再根据症状轻重进行快速诊治：同是感冒，但是各人康复方案不同：或多喝水，或多休息，或吃感冒药，或打点滴……显然，开出的"药方"就不再只是清一色的吊盐水，更不需要都去住院。习作者心中有数了，自然会遵照"医嘱"，找药来治，争取早日康复，进而或注意保养，或坚持锻炼……

教师能从批改习作的生产力解放出来，就有"下水"和理论提升的时间保证，教师的专业发展始终处在充电状态，处理写作疑难杂症的"医术"就有望不断提升。教师指导能力与指导效率的"水涨"，带动的是习作质量的"船高"。角色与观念的转变，带来的是"读者"与"作者"平等对话，帮助教师走出自主权丧失、顾此失彼，以及学生得益不多、兴趣和动力衰退的恶性循环怪圈，有望快速步入教师掌握写作教学主动权、学生积极投入的良性发展之中。

（二）作者也做"读者"：变"旁观者"为"参与者"

目前的终结性评改"模式"，学生大多只是看看总批和分数，批改的地方越多越懒得看。因为不少的评改意见是点到为止，或不得要领，而且时间滞后的评语与习作者基本已经淡忘的事实，可以想见其收效。习作中存在的缺点未能得到有效改善，下一篇习作仍然处于自我摸索状态，结果是低级错误重复犯，思维训练难实践，习作质量转圈圈。

"读者"与"作者"平等对话机制未能建立，制约了习作修改的质量和热情。虽然习作批语中不乏"建议"性评语，但是，因为缺乏继续修改的要求和机制，教师有心出力但聚焦不够，或者教师有心指导但学生不知情、更不领情，效果难以实现。其结果，教师疲于奔命、低水平重复，愈感作文难教，习作进步不显、应付的烦恼多于"创作"的愉悦，厌倦、头痛或痛苦萦绕其中。缺乏"动力"的写作专列，缓慢前行、艰难跋涉，甚至熄火"罢工"都不足为奇。

换一种做法：习作者兼做"读者"，在修改环节变"旁观"为"参与"，首先扫清了习作中存在的低水平障碍，提升水准后的习作让教师再指导，大大提高了教学效益。事实证明，学生真正成为写作、修改的主人，在修改时才能较真儿，变"甩手掌柜"为"勤快伙计"，在"字词句篇语修逻文"上反复打磨，引进"发表"（更多读者阅读）目标，鼓励编撰作文集交流，或在网上发表。学生的修改积极性调动起来了，更多的"读者"意见成为修改环节的积极因素，事半功倍之效不再是纸上谈兵。

修改的长期性和艰巨性，也是需要重点关注的"处方"。因为，学生习作者与学生读者的思想认识水平基本上处在同一水平线上。学生习作者要写出让处于同一水平层次的学生读者有所感、有所得的习作，一挥而就肯定难以做到。因为客观事物是复杂的，对客观事物的认识企图一次就认识透、写得好，是不符合认识规律的。"文不厌千回改"说的就是这个道理，更何况是学生习作者呢！习作者可以"既做原告，又做被告"，肯定比只做"原告"好。有了习作修改的思考点，就有目标、有方向、有标准，再写深写透每一个题材，反复修改好每一篇习作，咬定"每篇"不放松，最终与拟题、立意、行文等其他环节形成合力，享受习作水平不断迈上新台阶的愉悦和成功就不再是奢望。

第六章　名著品读

　　吕叔湘先生从 20 世纪 40 年代起，直至 90 年代，在语言学研究的同时，从事语文教学的评论和研究、语文教材的编撰等工作，发表了一系列重要论述，指明了我国语文教育的方向，指导着语文教学的健康发展，提高了语文教学效率。在语文教学的一些关键性问题上，他总是高瞻远瞩、居高临下，指出流弊，提出主张，不断推动着语文教学的改革和发展。他 1979 年出任全国中学语文教学研究会会长以后，直接参与和指导了新时期各个阶段的语文教学改革，进一步赢得了广大语文教育工作者的爱戴。

　　吕叔湘先生关于语文教学的论著，内涵丰赡，堪称经典，不厌研读，且常读常新。近三十年来有关吕叔湘语文教育论著长销不衰，可窥一斑：1987 年山东教育出版社曾推出过《吕叔湘论语文教学》；1995 年河南教育出版社又编选过《吕叔湘论语文教育》；2002 年辽宁教育出版社更推出了十一卷本《吕叔湘全集》，其中第十一卷集中呈现了其"语文教学论著"和《习作评改》；2004 年湖北教育出版社又编选了《重读吕叔湘·走进新课标》。

　　为了满足既全面又准确的研读需要，帮助读者品读吕叔湘语文教育思想的精髓，本书根据吕叔湘对语文教育的主要贡献，分别从"课程目的和任务""课程内容与教材""课程教学的过程""课程的教学原则和方法""阅读的教与学""写作的教与学"等六个方面选取具有代表性的、经典的相关文章（或节选）。

　　上述文章（或节选）集中反映了吕叔湘对语文教学问题的独特思考，尤其是吕叔湘以"学会一种语文的过程"来思考语文教学问题的视角，以及面临具体问题遇到困难时"如果能够退一步在根本问题上重新思索一番，往往会使头脑更加清醒，更容易找到解决问题的途径"的思维方式。

第一节　课程目的和任务：语文是工具

品读提示

语文学科教育的目的与任务，有着学校所有学科教育的共性，又有着它自身学科教育的独特个性，这都是由它特定的性质与功能决定的。而且，这也是该学科独立存在和发展的必要条件。

新中国成立以后，语文教育界对语文教学"根本问题"多次展开全社会讨论。吕叔湘《关于语文教学的两点基本认识》（1963），是这些讨论的重要组成部分。与20世纪60年代《文汇报》社论《试论语文教学的目的任务》和张志公的论文《论工具》等一起，不仅在当时曾产生过广泛的社会影响，迄今，其基本精神仍具有深刻的现实意义。

在该文中，吕叔湘第一次集中阐述语文学科教育目的和任务："**第一，我认为每一个做教学工作的人必须首先认清他教的是什么。**从事语文教学就必须认清语言和文字的性质；从事汉语文教学就必须认清汉语各种形式——普通话和方言、现代汉语和古代汉语——的分别和它们的相互关系。**其次，我认为从事语文教学必须认清人们学会一种语文的过程。**"

同时，吕叔湘还在该文中阐述了"根本问题"对"具体问题"的指导功能："**每逢在种种具体问题上遇到困难，长期不得解决的时候，如果能够退一步在根本问题上重新思索一番，往往会使头脑更加清醒，更容易找到解决问题的途径。**"①

吕叔湘《当前语文教学中两个迫切问题》一文，在拨乱反正的1978年刊发之时，被喻为"一声惊雷"，也是后来"吕叔湘之问"的滥觞。文中似乎并未直接谈及语文学科的目的和任务，实际上强调"语文是工具"并且蕴含其中。试想，语言教学（汉语文和外语）若非基础学科，吕叔湘至于大费周章地"路见不平一声吼"吗？即使吼了一嗓子，也未必会引起共鸣，更别说是强烈的共鸣。

改革开放之初，语文教育界对"根本问题"力图在认识上有所发展。吕叔湘

---

① 《关于语文教学的两点基本认识》，《吕叔湘全集》第十一卷，辽宁教育出版社2002年，第15页。

积极参与其事，并于 1978 年在《关于中学语文教学的几点意见》一文中率先指出："**语文教学的任务是培养学生的阅读能力和写作能力。至于思想政治教育，大家都承认语文教学有联系思想政治教育的作用。问题是如何联系。不能离开语文教学来进行思想政治教育，这个意见大家也是一致的。**"

1980 年，吕叔湘借总结叶圣陶语文教育思想之机，指出"根本问题"的实质："**其一是关于语文学科的性质：语文是工具，是人生日用不可缺少的工具。其二是关于语文教学的任务：教语文是帮助学生养成使用语文的良好习惯。过去语文教学的成绩不好，主要是由于对这两点认识不清。**"同时，在《语文教学的新问题和老问题——〈叶圣陶语文教育论集〉序》中明确指出："现在有很多问题表面上是新问题，骨子里还是老问题。"[①] 所谓"新问题"和"老问题"，就是语文教学目的和任务这一"根本"问题。

1986 年，姜拱绅、陶本一等语文教育工作者，围绕"语文教学要轻装上阵"展开讨论，并先后撰文在《语文学习》《语文教学通讯》等刊物上发表。吕叔湘再一次重申了自己在语文教学"根本问题"上的观点：**语文课的主要任务是什么？是教会学生使用现代语文，主要是读和写现代文。**

吕叔湘该文，与同一时期陶本一的《要加深对语文教学自身的认识》、周庆元的《语文教育旨在提高语文素养》、倪文锦的《教学目的设计的科学化》等，再一次深化了对语文教学"根本问题"的认识。

吕叔湘关于语文教学"根本问题"的认识，与 110 多年前语文独立设科之初关于语文学科目的和任务认识一脉相承。

独立设科教育开始的 1904 年，关于语文学科目的和任务，张百熙在《学务刚要》中就已经明确为：**其中国文学一科，并宜随时试课论说文字，及教以浅显书信、记事、文法以资官私实用。但取理明词达而止，以能多引经史为贵，不以雕琢藻丽为工，篇幅亦不起繁冗。……中小学堂于中国文辞，止贵明通。高等学堂以上于中国文辞，渐求敷畅，然仍以清真雅正为宗，不可过求奇古，尤不可徒尚浮华。**

国文国语教育时期，我国就有许多著名的教育家、语言文学家对语文学科的性质与语文教学的目的、任务这些根本问题做了认真探讨。

[①] 《〈叶圣陶语文教育论集〉序》，《吕叔湘全集》第十一卷，辽宁教育出版社 2002 年，第 285 页。

著名哲学家、社会学家孙本文在《中学校之读文教授》（1919）中把涵养能力的形式视为"文"，把陶冶心性的实质视为"道"，并指出"文"就是国文教授的"本"，而"道"则非国文教学之主鹄，当有各学科共同承担其共育之任务：按国文教授之作用，不外乎形式实质两端。形式以涵养能力，实质以陶冶心性。若乃启发智德，则有各科学在，似非国文教学之主鹄，固宜重形式而轻实质矣。虽然，形式实质自哲学一元论观之，本难判断。形式必附实质以行，实质乃借形式以显。

1920 年，陈启天撰文《中学的国文问题》提出国文教授"主目的"与"副目的"的概念，力图全面而有重点地阐释国文教学的主旨："第一，中学国文教授的主目的。他的主目的，又可分为三桩：1. 要能说普通言语。2. 要能看现代应用文和略解粗浅美术文。3. 要能做现代的应用文。第二，中学国文教授的副目的。他的副目的有二：1. 要启发思想，锻炼心力。2. 要了解和应付人生和自然。"（《国文国语教育论典》第 206 - 207 页）

1925 年，朱自清在《中等学校国文教学的几个问题》中阐述国文教学目的时说："我以为**中学国文教学的目的**只须这样说明：（1）**养成读书思想和表现的习惯或能力**；（2）'**发展思想，涵育情感**'。……这两个目的之中，后者是与他科相共的，前者才是国文科所特有的；而在分科的原则上说，前者是主要的；换句话说，我们在实施时，这两个目的是不应分离的，且不应分轻重的，但在论理上，我们须认前者为主要的。"（《国文国语教育论典》第 372 页）

1931 年，程其保在《初级中学课程标准之讨论》一文中认为，国语教学的根本目标在于发展能力，即"国语的教学，应注意两种的功用：**一即利用语文以协助思想的进程；一即利用语文以为传达思想的工具**。关于第二种功用——即语文为传达思想的工具——乃公司承认的，自无须加以详细的解说。至于第一种功用——即语文可以协助思想的进程——或者不易明了。语与文，形式上不过是一种符号。但是在实际上，思想若无此等符号的协助，即无从进行。符号乃是思想进程的一个根本条件。"（《国文国语教育论典》第 488 - 489 页）

鉴往知来，从吕叔湘先生关于语文学科目的与任务的相关论述出发，进而追溯110 多年关于语文教学"根本问题"认识的基本轨迹，无疑将助益我们更深入地认识、理解和落实新一轮课改的目标、原则和实践走向。

关于语文教学的两点基本认识

想谈谈中小学语文教学的问题。中小学语文教学中的具体问题很多。比如怎样讲课文，怎样批改作文，怎样消灭错别字，怎样教文言文，等等，都是教师们最关心的问题。我不打算在这里针对教师的具体工作谈这些问题。首先，我在这方面没有直接经验。从侧面了解到一些情况也不一定靠得住，因此说话就难望中肯。其次，**我觉得每逢在种种具体问题上遇到困难，长期不得解决的时候，如果能够退一步在根本问题上重新思索一番，往往会使头脑更加清醒，更容易找到解决问题的途径。**因此，尽管我下面要讲的话多少有点近于老生常谈，我还是打算搬出来谈谈。

我要谈的有两点。第一，我认为每一个做教学工作的人必须首先认清他教的是什么。从事语文教学就必须认清语言和文字的性质[①]；从事汉语文教学就必须认清汉语各种形式——普通话和方言、现代汉语和古代汉语——的分别和它们的相互关系。其次，我认为从事语文教学必须认清人们学会一种语文的过程。

语言和文字不是一回事，可又不是两回事。"语言"和"文字"这两个名词都不止一种意义，这里所说的"语言"是"口语"的意思，这里所说的"文字"是"书面语"的意思。口语和书面语，一个用嘴说，用耳朵听，一个用手写，用眼睛看，当然不是一回事。可是用嘴说的也可以记下来，用手写的也可以念出来，用的字眼基本上相同，词句的组织更没有多大差别，自然也不能说完全是两回事。然而不完全是两回事不等于完全是一回事。说话的时候有种种语调、种种表情，写文章的时候语调和表情是写不进去的（标点符号所能替代的极其有限），得在词句的安排上多用些工夫来弥补。说话是现想现说，来不及仔细推敲，但是可以因为听者发问，或者不等听者发问，而重说一遍，补充几句，或者改正一些说法。如果写文章也是这个样子，就变成啰嗦和杂乱。写文章有更多的时间来考虑，可以放下笔来想想，可以抹掉几句，甚至抹掉整段、整篇，重新写过。这样，写文章就应该比说话更加有条理，更加连贯，更加细致而又更加简洁。所以语言和文字必然是既一致而又有一定的差别。我们提倡"写话"是主张写文章要跟说话基本上一致，不要装模

[①]　"语文"有两个意义：一、"语言"和"文字"；二、"语言文字"和"文学"。中小学的"语文"课是否包含文学完成分呢？似乎包含，但是我这里不谈。一般说到"语文教学"的时候总是用的"语文"的第一义。

作样，不要耍花招。如果机械地理解"写话"，把现想现说的话一个一个字记下来，那是决不会成为一篇好文章的。

　　语言和文字哪个更重要呢？很难说。因为"重要"这个字眼可以有种种意思。语言是文字的根本。人类先有语言，后有文字；世界上多的是没有文字的语言，可找不着没有语言的文字。人们总是在幼儿时期就学会说话，然后在这个基础上学习使用文字。在实际生活中，用语言的时间也比用文字的时间多得多。职业上或者职务上经常要跟文字打交道的人不算，一般人一年里边除了写上几封信，开上几张便条，有时候记个笔记，拿笔的时候就不多了，可是三百六十五天没一天能不说话，有时候还要说很多的话。另一方面，文字有它的特殊用途，往往不是语言所能替代。同时，文字对于语言也有一定的影响。很多字眼，很多句法，是在书面上先出现然后进入口语的。一个人受过文字训练，说起话来能够更准确更细密，如果有需要的话。鲜明和生动是语言固有的特色，文字在这方面可以也应该尽量发挥语言的潜力，但是准确和细密却是文字的优点，是写文章的条件不同于说话的条件的结果。

　　学校里的语文教学应该以语言为主呢，还是以文字为主呢？应该语言和文字并举，以语言为门径，以文字为重点，达到语言和文字都提高的目的。

　　有人这样想：儿童七岁入学，口语早已学会了，不用老师操心，只要教他识字、读书、作文就是了。这种想法是只知其一，不知其二。学校里的教学应该以文字为重点是对的。尤其是因为汉语在用汉字书写，而汉字有它的特殊性。汉字不是拼音字，不是教会二三十个字母和一套拼写规则就能了事的。汉字得一个个的学，一个字有一个字的形体，字形和字音有时候全没关系，有时候有关系而又不一定可靠。而一字常常多义，许多字常常同音，还有多音多义字、多音一义字、同音同义异形字，光是识字就要费很大的工夫。而识字这一关如果过得不好，读书、作文都有问题。所以说，语文教学应该以文字为重点。

　　可是如果把以文字为重点理解为只要有文字的教学，不必有语言的教学，那又就大错而特错了。语言在实际生活中的重要性刚才已经说过。儿童早在入学之前已经学会说话，这是不错的。可是他说的话是幼稚的，而且以全国范围而论，绝大多数儿童只会说方言，不会说普通话。这些缺点可以通过文字的教学给以一定程度的补救，但是如果只依靠"读书"而不直接给以口头训练，要认真提高儿童的语言水平是做不到的。退一步，不谈语言本身的训练，就拿文字的教学来说，撇开语言教文字，教学的效率也一定很低。以作文教学为例，多做口头作文的练习就很有好处。口头作文，口头评改，费时间少而收效广，不光是本人得益，全班都得益。能够把一件事情说得有头有尾，次序分明，写下来就可能是一篇很好的记叙文；能够把一个道理说得有条不紊，透彻有力，写下来就可能是一篇很好的论说文。所差的只是有些字该怎么写也许不知道，这是可以在书面作业里练习的。反过来，如果作文限于书面，评改也限于书面，且不说教师的时间有限，不可能篇篇"精批细改"，而且评改一篇只有一个学生看见，甚至连这个学生是否用心看都成问题。更严重的是这种教学有可能在某些学生的脑子里造成一种错误观念：写文章和说话是互不干涉的两码事。说话可以随便，作文么，就得好好地"做"它一番。拿起笔杆来就要摆架势，必得用些"高深"的字眼，造些"复杂"的句子，甚至说些云里来雾里去，连自己都莫名其妙的话。这种毛病，小学生不会犯，初中学生就难免要尝试尝试，高中学生就常常会来这一手。当然不是人人如此，也有老老实实基本上是写话的，可是因为说话从来没有得到老师的教导，习惯于支离破碎，乱七八糟，写下来也就不可能很好了。

撇开语言教文字，这是一种半身不遂的语文教学。这种错误的做法是有它的历史根源的。直到六七十年以前，我国社会上通用的书面语是文言，书房里教的自然也是文言。社会上通用的口语是方言，这是用不着老师教的。普通话？老师做梦也不会想到要教学生说普通话（有的老师一辈子也没说过甚至没听见过一句普通话）。而况普通话不是配合文言的口语，也无法利用它来教文言。文言只有一个教法：读书。清末民初，私塾之外有了学堂，也无非把《四书》《五经》改为《国文教科书》，把单人教授改为合班上课，并且语文之外还有别的功课罢了，语文教学的内容和方法没有原则性的改变。直到本世纪的 20 年代把"国文"改成"国语"，这才算是改变了书面语的教学内容，可惜普通话的普及程度还差得远，因而"国语"的教学方法没能及时革新，还停留在老一套上。时间又过去了四十年了，国家的面貌已经焕然一新，语文使用的情况也今非昔比，语文教学的方法也应该检查检查了。

有人会问：难道文言和白话的差别就那么大，教文言的方法就完全不适用于教白话吗？现在中学课本里有白话文也有文言文，难道应该有两种教法吗？我的回答是：教文言和教白话，在方法上可以有很多共同之处，可就是有一样不可能相同：文言的教学离不开书本，白话的教学可以也应该口语和书面双管齐下。如果把白话和文言一样看待，教白话的时候忘了它是现代汉语，教文言的时候又忘了它不是现代汉语，这样的教法，用之于白话，用之于文言，都是不恰当的。

怎样教文言？要讨论这个题目，得先弄清楚两个问题：一，文言是什么性质的文字；二，为什么要学习文言。文言原本是古代汉语的书面语。古代汉语渐渐变成近代汉语，近代汉语渐渐变成现代汉语，而古代通用的书面语却一直沿袭应用，词汇方面多少有些发展，语法则基本上是二千多年以前的古汉语语法。古代汉语、近代汉语、现代汉语一脉相承，文言和白话自然有很多共同的成分。白话取代了文言的地位作为通用的书面语以后，又直接从文言里吸收了一些词语，又时常临时借用一些词语（加引号或不加引号）。白话和文言的关系千丝万缕割不断，然而从整体来讲，是一古一今的两种书面语，不能混为一谈。

自从二十年代到现在，中学语文课本里一直是既有白话课文也有文言课文，只是两者的比重因时因地而异，可以相差很远。教学文言的目的，课本例言里有过种种提法，教师和一般社会人士中间也有过种种想法。归纳起来，有四种提法：一，为了了解现代文章里出现的成语和典故；二，为了欣赏古典文学作品；三，为了接受文化遗产；四，为了写好白话文。末了这一种提法，如果理解为学习古人语言中有生命的东西，借以丰富自己的语言，那是正确的（可是也得提防一种流弊，那就是主客不分，古今无别，写出一种半文半白、不文不白的怪文字来）。可是这种提法还有一种解释，是说不学文言就写不好白话文。这种说法今天似乎已经不见于明文（也许有而我没有看见），但是在私人谈话中不止一次听到。这是一种似是而非的理论，正如要写好钢笔字必得先练毛笔字的理论一样。事实并不支持这种理论。五四以后一段时期，很多受过长期文言训练的人改写白话，就是写不好。而现代有许多作者并没有受过多少文言训练，写的白话挺漂亮。（欧洲也曾流行过要学好本国文必得先学好希腊文、拉丁文的理论，也早已为事实所否定。）第一种提法的理由也不充分。现代文章里的确常常引用一些文言成语或文句、诗句，但是光为这个没有全面学习文言的必要。常见的成语可以加以注解，专门编成词典，或是收在一般的词典里。偶尔引用的语句，写文章的人可以加以注解或翻译。应该认真考虑的是二、三两种提法。我们有丰富的古典文学，为了使年轻的一代能够享受这份遗产，可以有几种办法。一种办法是翻译。这个办法的优点是无需克服文字上的困难，缺点是有些作品经过翻译会受到相当损失，有的甚至无法翻译。第二种办法是读原文，篇数有限制，读一篇算一篇，只串讲字句，不系统地讲文言词汇、语法和背景材料。这个办法的优点是用的时间不至于太多，对教师的要求不是很高，缺点是学生没受到文言的基本训练，不容易获得阅读课本以外的作品的能力，甚至连课文也懂得不透彻。第三种办法是进行文言基本训练，这种训练对于培养阅读古书的能力是必不可少的。这就联系到接受文化遗产的问题了。文化遗产包括文学作品，但是不限于文学作品，可以说是经史子集，杂记短书，无所不包。学习文学作品还可以学一篇算一篇，接受文化遗产就非具有自由阅读古书的能力不可，也就非有基本训练不可。

什么是文言的基本训练呢？首先是讲求字义。难字固然要注意，常见的字更需要注意。常见的字大多数都不止一个意义，而这些字义又常常有时代限制，不但是不能用现代的字义去理解古书，并且同是古义也不能用后起的字义去理解时代在前的文字。特别要留意的是与习见的意义相近而又不同的意义。比如读到一句"歘历三朝"，"歘"字是个难字，会去查字典，[①] 倒是那个"朝"字很容易滑过，以为是汉朝、唐朝的"朝"，然而这里的"朝"指一个皇帝在位的时期。[②] 又如文言里说某人"有经济才"，就不仅仅指他善于理财。[③] 虚字，唐宋以后的文章里用法比较固定，先秦的书里就很多变化。句法则不仅先秦，只要是文言，就有使现代读者困惑的地方。读木版书，断句就是个不简单的问题。近来翻阅些重印的古书，新加标点，给读者很大便利，可是也常常有断句上的错误，例子是很多的。整理古书的学者尚且如此，刚学习读古书的青年，他们的困难更可想而知。更麻烦的是一接触古书就不得不涉及古代的风俗习惯、典章制度，常常会因为遇到这种疙瘩而看不懂或产生误解，熟读《古文观止》并不能解决这一类问题。（不得不举一个例子：新印的《挥麈〔zhǔ〕录》14页有一句是这样标点的："国朝百官致仕，庶僚守本官，以合迁一官回授；任子、侍从，仍转一官；宰执换东宫官"，这就是由于不了解"任子"的意思而点错了的。）[④] 纯文学作品里这一类问题少些，可是有另一类麻烦：典故，尤

---

① "歘〔yáng〕历"是经历的意思，专指做官的经历。
② 此义《辞海》失收。《辞源》说是"一起元年之称。如康熙朝、乾隆朝之类"，似是而非。一个皇帝在位，不管换了几次年号，只是一朝，如朱熹编集的《五朝名臣言行录》，指宋太祖、太宗、真宗、仁宗、英宗五朝，其间一共有二十三个年号。
③ "经济"是经世济民、经时济世的意思。
④ 这一句的标点应该是"……回授任子：侍从仍转一官；……"。做官的人的子弟，由于父兄的功勋或其他原因，不经过考试而得官，称为"任子"（"任"是保举的意思），类似后世的"荫生"。"庶僚"指一般官吏，"侍从"指诸馆阁学士、直学士、待制等官。"东宫"指"太子少师"之类。

其是那些藏头露尾、哑谜似的典故。

　　要进行这种基本训练，就需要有：一，合适的课本和工具书；二，合适的教师；三，足够的教学时间。在目前，这三个条件似乎都有些问题。当然，不能要求中学阶段完成这种可以说是相当艰巨的任务，因此才有"培养学生阅读浅近文言的能力"的提法。可是什么是"浅近文言"也还大可研究。生字少不一定就是浅近，熟字也可能有生义；句法跟现代差不多，也可能所差的那一点出入很大。而况选文章还得受内容的限制，文字浅近不一定内容可取。即令找到一些合适的篇章，也不等于可以放松基本训练。相反，正是这种地方需要警惕，怕的是教者学者都为这种貌似浅近所误，掉以轻心，一滑而过。这样就会为进一步的学习制造困难。学唱戏最怕一起头就唱成油腔滑调。学外国语最怕一起头就把它跟汉语等同起来。学文言也不是没有可能养成一种"自以为懂"的习惯 [1]，以至一辈子改不了。总之，我认为文言的教学，如果要达到培养学生阅读文言书籍的能力这个目的，绝对不能光依靠串讲，要严肃对待，要从根本处做起。如有必要，还得在课程的安排上采取一些措施。例如文言和白话不一定要求同一个教师教，甚至可以分作两门，各编课本。时间也是一个重要问题。现行教学计划中能派给文言教学的时间是远远不够的。过去若干年里，中学语文课和外语课都抓得不紧，学生在数、理、化方面用的时间较多。现在如果提高语文和外语方面的要求而又要不影响其他课程，恐怕有相当大一部分学生会感觉负担过重。我觉得在这种情况下是可以考虑高级中学文理分科的。（事实上，高等院校入学考试的科目早已经分为三类了。）总之，中学里的文言教学不是个很简单的问题。要实事求是地考虑实际需要，制定适宜的目的和要求，针对这样的目的和要求采取切实有效的措施，才能求得问题的合理解决。要是以为不必改变现有的教学条件，就能达到预期的目的，恐怕不免要徒劳无功的。

　　现在来谈谈学习语文的过程。（本文从略，见《谈谈学习语文的过程》）

　　最后谈谈教师的语文实践对学生的示范作用。一个人学习语文从模仿开始，而且一直在模仿，不仅模仿书上念的，也模仿四周围一切人说的和写的。教师是学生模仿的对象。如果教师说的话、写的文字跟他对学生讲的道理不尽相符，那末，学

---

[1]　课外读物可以指定整本的书，这是这个办法的优点。但是学校里不可能置备很多复本，一班学生要轮流阅读，不容易进行全班讨论和测验。我觉得可以把课本里的阅读课文抽出来，跟课外读物（精选）合起来印成一本（篇幅约为精读课文的三到五倍）。这样，对于进行阅读教学也许更方便些。

生会丢掉以前听到的道理而模仿当前的榜样，至少是会感到无所适从。这就是古人说的言教不如身教。如果教师告诉学生应该说普通话，但是自己用方言讲课，学生就知道"说普通话"云云只是说说罢了。推而至于写字、用字眼、造句，无一不是如此。不但语文科的教师应该认识到这一点，各科教师都应该认识到这一点。说到这里，我要代语文教师呼吁一下，请求各科的同事和他合作，都来关心学生的语文，对学生的语文负责。消极方面，给学生树立好榜样。如果语文老师说某一个字不能这样写，学生说数学老师就是这样写，语文老师怎么办？积极方面，各科教师都应该要求学生在回答提问和书面作业的时候正确地使用语文。不能因为不是语文课就可以在语文上马马虎虎，正如语文课虽然不讲各科知识，可是不能让学生在作文里任意颠倒史、地、理、化方面的事实。分科教学是为了工作的便利，学生所受的教育是整个的，是不能割裂的。不但各科教师，学校行政也应该关心学生的语文，对学生的语文负责，每出一个布告，每发一个通知，每作一个报告，都应该检查一下语文质量，包括错别字在内。总之，要在整个学校里树立起正确使用祖国语文的风气，学生生活在这样的环境里，正如蓬生麻中，不扶自直。否则学生就认为语文也只是一门功课而已，只要作文本上不出问题，别的地方都是可以随随便便的。

学生不仅生活在学校里，也生活在社会里。整个社会对于语文的使用是否严肃认真，对学生也有极大的影响。有些教师感慨系之地说：课堂里讲的是如此，耳濡目染的是如彼，还不是抵消拉倒！平心而论，近年来出版物的语文质量是大有提高的。但是出版物是如此之多，光是大大小小的报纸，一天就得印出几百万字，哪能尽如人意。可是如果每一位写文章的人想到我也是家长，我也有孩子学习语文，我的文章可能只影响别人的孩子，可是别人的文章会影响我的孩子，大家写文章（包括翻译）的时候多操一分心，也就是为大家的孩子多造一分福，不也就可以提高一步吗？

（原载《文字改革》1963 年 4 月）

当前语文教学中两个迫切问题

"四人帮"炮制的反动的"两个估计"的实质是反对文化，反对知识，提倡愚昧无知，利于他们篡党夺权。影响遍及文化、教育、科学各个方面，语文工作当然也不能幸免。

"四人帮"破坏中小学语文教学，影响也很严重。中小学语文教学问题是个老问题，也是当前不容忽视的一个严重问题。中小学语文教学效果很差，中学毕业生语文水平低，大家都知道，但是对于少、慢、差、费的严重程度，恐怕还认识不足，中小学语文课所用教学时间在各门课程中历来居首位。新近公布的《全日制十年制中小学教学计划试行草案》规定，十年上课总时数是 9160 课时，语文是 2749课时，恰好是 30%。**十年的时间，2700 多课时，用来学本国语文，却是大多数不过关，岂非咄咄怪事！**语文是工具，语文水平低，影响别的学科的学习，有的数学老师、物理老师诉苦，说是得兼做语文老师。少数语文水平较好的学生，你要问他的经验，异口同声说是得益于课外看书。语文课占用这么多时间，必然要挤别门功课的时间。按《试行草案》规定，小学的自然常识，中学的物理、化学、生物、生理卫生，五门合计是 1076 课时。我们要搞四个现代化，可是让孩子们只用稍多于十分之一的时间学科学，而有几乎三分之一的时间用在收效不大的语文课上。**这个问题是不是应该引起大家的重视？是不是应该研究研究如何提高语文教学的效率，用较少的时间取得较好的成绩？**

我还想谈谈高等院校里的公共外语的问题。我们要搞四个现代化，首先是科学技术现代化，科技工作者的外语是个举足轻重的因素。以我国的情况而论，中文的科技资料很不够，一个科技工作者如果不能利用外文的资料，他就只能做第三流的工作。依靠翻译吗？现在的科学文献一天就是一大堆。胜任翻译而又有时间翻译的人有限，只能翻译其中很小很小一部分。科学先进国家的科学家，尽管本国文的科学文献已经很丰富，还是一般都会两三种外语，有的懂五六种，至不济也有一种能用。我们科学落后的原因很多，大多数科技工作者外语不过关是原因之一。外语不过关是因为大学里没有把公共外语教好，大学公共外语没教好，跟中学外语课有关系。由于师资的限制，我们一直没能在中学里普及外语，于是大学入学不考外语，于是大学公共外语从 a，b，c，d 教起。每周四节课，二年时间（理工科），即使认真教认真学，也难达到自由阅读外语资料的程度，何况多数公共外语课又都是虚应故事。我以为今后必须狠抓高等院校里的公共外语的教学，达到大学三、四年级学生能阅读本学科的一般文献，研究生都学好第二外国语。同时，高等院校招生一定要考外语，否则中学生不肯认真学习。

这两个问题，虽然都是由来已久，但是由于"四人帮"捣乱，变得加倍严重。

"四人帮"不要青少年学好语文，提倡抄书抄报，说空话，说假话，便于他们利用，有不少地方的学校干脆取消语文课，并入政治课，这政治当然是他们的帮政治。外国语的学习也受到迫害。钻研业务是走"白专"道路，钻研外国科技文献，"白专"之外又加上"洋奴哲学"，两顶帽子压得你抬不起头。现在"四人帮"已经打倒，但是他们的恶劣影响还没有彻底肃清，原来存在的问题更没有解决。要解决这些问题，我以为要成立一个研究机构进行研究，最好建立一个教育科学院，至少建立一个教育研究所。不光是语文教学问题需要研究，教育方面需要研究的问题很多很多。现在各个产业部门，生产物资的单位，都有研究机构，研究如何生产更多更好的物资。教育部门，培养人才的单位，更应该有研究机构，研究如何培养更多更好的人才。我们有一亿几千万学生上学，从小学到大学学习十四年，研究生再加三年，说这里边没有需要研究的问题，谁能相信！

（原载《人民日报》1978 年 3 月 16 日）

关于中学语文教学的几点意见

同志们！我们开了两天的会，许多同志的发言都很好，至少对我个人很有启发。今天我不是做总结，只提出几点意见。

一、语文教学的目的、任务问题。**这是个大问题，这次会议基本上搞清楚了，语文教学的任务是培养学生的阅读能力和写作能力。**至于思想政治教育，大家都承认语文教学有联系思想政治教育的作用。**问题是如何联系。不能离开语文教学来进行思想政治教育，这个意见大家也是一致的。**思想政治教育如果不是通过语文教学来进行，就不会有效。正如会上有同志说的，"俯首甘为孺子牛"这句诗里的字还有不认识的，怎么能从中受到思想政治教育呢？

二、教材、课堂讲解、作文教学等问题。这些方面可以说该破的都破了。反对公式化，反对脱离实际，反对无效劳动，大家意见是一致的。至于如何立，例如教材如何编才好，阅读教材是否要为作文教学服务，课堂讲解如何进行，作文教学如何进行，意见不完全一致。我认为这个现象是正常的。有时候，我们一些意见比较一致，就这样去做。有时候意见不一致，不妨在可允许的范围内各自试验。一致了以后又会有新的不一致。一致——分歧——一致，人们对事物的认识总是这样的。经过林彪和"四人帮"一个时期的破坏，当前的语文教学有它特殊的困难。现在是个过渡时期，在上面这些问题上还不能很快取得完全一致。还要多方探索、研究，我的看法是暂时不要急于搞整齐划一。

教学法应该允许有所不同，可以是教法不同而效果都好。戏法人人会变，各有巧妙不同嘛。教材也可以不限于一套，除教育部统编的那一套之外，一个学校，几个学校，或者一个城市，是不是可以自己编一套试用呢？这涉及制度问题，要经过领导方面同意。是否可以请主管部门给点小自由？甚至统编教材是不是也可以有两套，供大家选择？不过这个问题就更大了，涉及高考、统考。高考要不要扣紧教材出题呢？如果要，就非用统一教材不可了。我想，是否可以不扣紧材料出题呢？考试，是检查学生语文方面的能力，应该不考一定范围内的现成东西，考一定范围内的现成东西，学生就只会死记硬背。要鼓励学生灵活运用，就要离开课文出题。数学考试就不是考课本中的例题，而是经过变化的试题。我上中学的时候，教几何的老师出考题一定出书上的例题，我们摸准了他的脾气。结果，我们几何课的考试成绩都很好，可是学得都很糟。我们要测验的是通过教材培养出来的能力。

教材、教法，都可以有活动的余地。是暂时不定于一，以后定于一，或者以后也可以不定于一，是个大问题。好像很多意见都趋向定于一，我个人认为最好不定于一。有不同的东西才有比较，有比较才有进步。长期定于一，容易退化。现在流行的课文分析法，什么四大块五大块，五十年代从苏联传过来的。传过来的时候，我想总不至于像现在这样死板。长期不变，僵化了。长期不变，跟马铃薯一样，会退化。

三、语文教学要科学化，还要艺术化。教学是一门学问，特别是语文教学，是一门大学问。一方面，它是一门科学；另一方面，它也是一种艺术。科学只有一个道理，一种是非，艺术就可以有不同流派，不同风格。两个老师教同一课书，教法可以很不一样而都好。现在，先强调语文教学的科学化，先摸索出一条正确的道路。下一步，在这个基础上让它艺术化，真正发挥教师的作用。我当学生的时候，遇到过两三位老师，教得好，听了有回味，引起学习的兴趣。真正成功的教师确实是个伟大的艺术家。

四、教和学的关系问题。叶圣陶先生在《中国语文》今年第二期发表的一篇文章，主要就是谈的这个问题。当然应该以学为主，老师是帮助学生学习。这一点明确了，满堂灌的问题自然就解决了。具体的教学方法可以研究，总的精神没有疑问了。

"教师要发挥主导作用"，上面的说法是不是违背这个原则呢？不违背。学生的学习活动是在老师指导下进行的，但是学习这件事得让学生自己去做。如果把教学比做演戏的话，学生是主角，老师是配角，但是同时是导演。很多戏里，导演也扮演一个角色，一般不是演主角而是演配角。

五、编写练习教材问题。会议期间好几位同志谈到对学习作文有辅助作用的单项练习问题，这个问题很重要，尤其是在小学阶段。怎样编制这种练习，大有讲究。现在小学里流行一种"解词"练习，比如要小学生对"关切""熟悉""高贵""茫茫"等词作出注释，这就难倒了这些孩子了，连编词典的同志都常常感觉困难的"解词"工作，怎么能叫小学生做呢？让他们试用这些词造句，比较容易，也比较有用。只要肯动脑筋，能设计也很多种好练习。语文课过去缺少公开发行的练习教材，许多学校的老师自己都在编，都在用。是不是可以选一点出来，让出版社印出来，让大家看看。现在缺乏经验的教师比较多，叫他们自己编也有困难，有现成的也不要空放着。会上有同志说他们正在编比较系统的练习集，希望快编，可以多找几个人，任务分担一下。

六、会后怎么办？这个会开了两天。是开过拉倒还是怎么样？我想，是不是可以组织一个团体。有同志建议成立研究语文教学的专业机构。专业研究机构要有，但是有了专业机构还不够，主要依靠第一线的老师，应该让他们能经常聚会，经常交换意见。是不是组织个中学语文教学研究会，不一定非得所有老师都参加不可。找有兴趣的参加，三十人、五十人都可以。要有个发起单位，北京师范学院、北京教育学院、各区县的教师进修学校，都可以出来发起组织。各区县，有的可以搞，有的也可以不搞，不要求一律。

专业的教育研究机构已经成立了，当然首先要研究语文教学。研究会也可以研究。研究会同研究机构，彼此可以联系，互相帮助。

研究要有时间。这要取得学校领导的支持，给参加研究会的同志创造条件。

七、刊物问题。我在这里向大家报告一下，北京师院跟人民教育出版社合作，准备办一个语文教学刊物，争取明年第二季度创刊。希望大家很好地利用这个园地。

（原载《中国语文》1978年第4期）

语文教育的"新问题"和"老问题"

——《叶圣陶语文教育论集》序

　　叶圣陶先生从一九一二年起从事语文方面的教学、编辑、出版工作，前后六十多年，对于这半个多世纪里我国语文教育工作中的利弊得失知道得深切详明，写下了大量文章，收在这个集子里的就有一百多篇。凡是关心当前语文教育问题的人都应该读一读这本集子。按说这本集子里边的文章大部分是解放以前写的，为什么现在还没有过时呢？这是因为现在有很多问题表面上是新问题，骨子里还是老问题，所以这些文章绝大部分仍然富有现实意义。

　　这本集子里的文章，涉及的面很宽，性质也多种多样，有商讨语文教育的理论原则的，也有只谈论一篇文章或者评议一两个词语的。**通观圣陶先生的语文教育思想，最重要的有两点。其一是关于语文学科的性质：语文是工具，是人生日用不可缺少的工具。其二是关于语文教学的任务：教语文是帮助学生养成使用语文的良好习惯。过去语文教学的成绩不好，主要是由于对这两点认识不清。**

　　语言文字本来只是一种工具，日常生活中少不了它，学习以及交流各科知识也少不了它。这样一个简单的事实，为什么很多教语文的人和学语文的人会认识不清呢？是因为有传统的看法作梗。"学校里的一些科目，都是旧式教育所没有的。惟有国文一科，所做的工作包括阅读和写作两项，正是旧式教育的全部。一般人就以为国文教学只需继承从前的传统好了，无须乎另起炉灶。这种认识极不正确，从此出发，就一切都错。旧式教育是守着古典主义的：读古人的书籍，意在把书中的内容装进头脑里去，不问它对于现实生活适合不适合，有用处没有用处；学古人的文章，意在把那一套程式和腔调模仿到家，不问它对于抒发心情相配不相配，有效果没有效果。旧式教育又是守着利禄主义的：读书作文的目标在取得功名，起码要能得'食廪'，飞黄腾达起来做官做府，当然更好；至于发展个人生活上必要的知能，使个人终身受用不尽，同时使社会间接蒙受有利的影响，这一套，旧式教育根本就不管。因此，旧式教育可以养成记诵很广博的'活书橱'，可以养成学舌很巧妙的'人形鹦鹉'，可以养成或大或小的官吏以及靠教读为生的'儒学生员'；可是不能养成善于运用国文这一种工具来应付生活的普遍公民。"

　　圣陶先生在这里扼要地指出旧式语文教学的三大弊病，并且在其他好些个地方加以申说。第一是在阅读教学上不适当地强调所读的内容而把语文本身的规律放在次要的地位。"国文是各种学科中的一个学科，各种学科又像轮辐一样辏合于一个教育的轴心，所以国文教学除了技术的训练而外，更需含有教育的意义。说到教育的意义，就牵涉到内容问题了。……笃信固有道德的，爱把圣贤之书教学生诵读，关切我国现状的，爱把抗战文章作为补充教材，都是重视内容也就是重视教育意义的例子。这是应当的，无可非议的。不过重视内容，假如超过了相当的限度，以为国文教学的目标只在灌输固有道德，激发抗战意识，等等，而竟忘了语文教学特有的任务，那就很有可议之处了。道德必须求其能够见诸践履，意识必须求其能够化为行动。要达到这样地步，仅仅读一些书籍与文篇是不够的。必须有关各种学科都注重这方面，学科以外的一切训练也注重这方面，然后有实效可言。国文诚然是这方面的有关学科，却不是独当其任的唯一学科。所以，国文教学，选材能够不忽略教育意义，也就足够了，把精神训练的一切责任都担在自己肩膀上，实在是不必的。"

第二种弊病是在作文教学上要求模仿一套程式。"不幸我国的写作教学继承着科举时代的传统，兴办学校数十年，还摆脱不了八股的精神。"所谓八股的精神就是第一，不要说自己的话，要"代圣人立言"，第二，要按照一定的间架和腔调去写。圣陶先生很形象地加以形容说："你能够揣摩题目的意旨以及出题目的人的意旨，接着腔拍，咿唔一阵，就算你的本领；如果遇到无可奈何的题目，你能够无中生有，瞎三话四，却又叮叮当当的颇有声调，那更见出你的才情"。他并且用自己小时候的经验做例子，"我八九岁的时候在书房里'开笔'，教师出的题目是《登高自卑说》；他提示道：'这应当说到为学方面去'。我依他吩咐，写了八十多字，末了说：'登高尚尔，而况于学乎？'就在'尔'字'乎'字旁边博得了两个双圈。登高自卑本没有什么说的，偏要你说：单说登高自卑不行，一定要说到为学方面去才合式：这就是八股的精神。"

第三种弊病就是读书作文不是为了增长知识，发表思想，抒发感情，而是为了应付考试。"从前读书人学作文，最主要的目标在考试，总要作得能使考官中意，从而取得功名。现在也有考试，期中考试，期末考试，还有升学考试。但是，我以为现在学生不宜存有为考试而学作文的想头。只要平时学得扎实，作得认真，临到考试总不会差到哪里。推广开来说，人生一辈子总在面临考试，单就作文而言，刚才说的写封信打个报告之类其实也是考试，不过通常叫作'考验'不叫作'考试'

罢了。学生学作文就是要练成一种熟练技能，一辈子能禁得起这种最广泛的意义的'考试'即'考验'而不是为了一时的学期考试和升学考试。"

过去的第二点错误认识是把语文课看成知识课，看成跟历史、地理或者物理、化学一样，是传授一门知识的课，因而要以讲为主。在读文言文的时代，自然逐字逐句大有可讲，到了读白话文课本，就"从逐句讲解发展到讲主题思想，讲时代背景，讲段落大意，讲词法句法篇法，等等，大概有三十来年了。可是也可以说有一点没有变，就是离不了教师的'讲'，而且要求讲'深'，讲'透'，那才好。""我想，这里头或许有个前提在，就是认为一讲一听之间事情就完成了，像交付一件东西那么便当，我交给你了，你收到了，东西就在你手里了。语文教学乃至其他功课的教学，果真是这么一回事吗？"

这种以教师讲解为主的教学法，其流弊，第一是学生"很轻松，听不听可以随便。但是，想到那后果，可能是很不好的"。其次，"学生会不会习惯了教师都给讲，变得永远离不开教师了呢？永远不离开教师是办不到的，毕业了，干什么工作去了，决不能带一位教师在身边，看书看报的时候请教师给讲讲，动笔写什么的时候请教师给改改。那时候感到不能独自满足当前的实际需要，岂不是极大的苦恼？"

这就触及教育学上的根本问题：在教学活动中，教师起什么作用？圣陶先生的看法是，**"各种学科的教学都一样，无非教师帮着学生学习的一串过程。"换句话说，教学，教学，就是"教"学生"学"，主要不是把现成的知识交给学生，而是把学习的方法教给学生，学生就可以受用一辈子。**在这个问题上，圣陶先生有一句精辟的话，现在已经众口传诵，那就是："教是为了不教。"这句话在这本论文集里多次出现，例如："'讲'当然是必要的。问题可能在如何看待'讲'和怎么'讲'。说到如何看待'讲'，我有个朦胧的想头。教师教任何功课（不限于语文），'讲'都是为了达到用不着'讲'，换个说法，'教'都是为了达到用不着'教'。……语文教材无非是例子，凭这个例子要使学生能够举一而反三，练成阅读和作文的熟练技能；因此，教师就要朝着促使学习'反三'这个目的精要地'讲'，务必启发学生的能动性，引导他们尽可能自己去探索。"又如："学生须能读书，须能作文，故特设语文课以训练之。最终目的为：自能读书，不待老师讲；自能作文，不待老师改。老师之训练必作到此两点，乃为教学之成功。""我近来常以一语语人，凡为教，目的在达到不需要教。以其欲达到不需要教，故随时宜注意减轻学生之倚赖性，而多讲则与此相违也。""尝谓教师教各种学科，其最终目的在达到不复需教，而学生能自为研索，自求解决。故教师之为教，不在全盘授与，而在相机诱导。必令学生运其才智，勤其练习，领悟之源广开，纯熟之功弥深，乃为善教者也。""凡为教者必期于达到不须教。教师所务唯在启发导引，俾学生逐步增益其知能，展卷而自能通解，执笔而自能合度。"

怎样才能达到这个目的，关键在于使学生的学习由被动变为主动。例如要求学生预习，给以必要的指导；发起对课文的讨论（主要指语文方面，不是内容方面），予以有效的启发；对学生的作文只给些评论和指点，让他自己去考虑如何修改；如此等等。这一切，作者在《精读指导举隅》的《前言》以及别的篇章里都有详细的论述。这样教学，当然比逐句讲解吃力，但是这才是教学的正经道路。正如圣陶先生所说，"把上课时间花在逐句讲解上，其他应该指导的事情就少有工夫做了；应该做的不做，对不起学生，也对不起自己。"

前面说过，这本集子里边谈到的问题很多，上面只是就它的主要内容，就是关于语文教育的指导思想作了些简单的介绍。此外，如第三部分关于文章的分析鉴赏，第四部分关于写作当中的某些具体问题的讨论，也都有很多好见解，值得我们学习。但是最重要的恐怕还是借阅读这本集子的机会来对照检查我们自己的工作。有许多现在还常常有争论的问题，事实上圣陶先生多年前已经遇到，并且提出了他的看法。有的话尽管是对学生说的，实际上也适用于教师。比如"举一反三"这件事，要教给学生这样做，教师就要首先这样做。那么，现在有些教师希望每一篇课文都有人给写出类似教案的文章来发表在刊物上，让他上课的时候照本宣科，那就完全不对了。这个集子里有一篇题为《中学国文教师》的文章，列举七类教师，都是在教学上犯了这样或那样的毛病的，很值得我们拿来作为反面的借鉴。当然，我希望这种种类型的教师都已经或者即将绝迹。

（节选自《〈叶圣陶语文教育论集〉序》，原载《叶圣陶语文教育论集》，1980年8月，标题为编者所加）

我赞成语文教学要轻装前进

读了本刊今年第三期《语文教学要轻装前进》，我非常赞成姜拱绅同志的意见。现在中学语文教学"吃力不讨好"的现象相当严重，症结就在于负载量太大，主次不分。**语文课的主要任务是什么？是教会学生使用现代语文，主要是读和写现代**

文。文学和语言比较，语言是主要的，文学是次要的。读文艺作品，首先是把它作为范文来学习。现代文和文言文比较，现代文是主要的，文言文是次要的。对文言文有特殊需要的，可以另外给他们开课。（我曾经说过"行有余力，则以学文"。这个"文"应该包括两个"文"，一个"文学"，一个"文言文"。）语文运用和语文知识比较，语文运用是主要的，语文知识是次要的。对语文知识感兴趣的，可以另外给他们开课。**总之是要分清主次，不能平均用力，更不能颠倒过来。**

　　语文课既然不是以传授知识而是以培养技能为主，满堂灌就不是很好的教学法，也可以说是很坏的教学法。可是现在最通行的教学法恰恰是满堂灌，不知不觉地，教员变成了讲员。

　　有同志告诉我，语文教师为什么这么爱"讲"，并且特别爱讲文言文。因为文言文有讲头，白话文没有讲头，学生基本上都懂。要讲白话文，词语方面既没有多少可讲，就只能在作者生平、时代背景、中心思想、段落大意、写作方法上，乃至由课文引出来的有趣的故事上，大讲而特讲了。"予岂好讲哉！予不得已也！"还有教师说，学生就是爱听"讲"，越是你讲得有声有色，他就越发眉飞色舞。这就涉及语文课教学目的的问题。一节课开始，教师走进教室，是来帮助学生学习的呢，还是来满足学生听评书的欲望的，或者是来想方设法打发这 45 分钟的？

　　这位教师会反问一句：你倒说说，除了"讲"，你有什么好办法，请指教。那我只能说，教好语文课的原则原理，讲过的已经很多了，如何应用就得看是什么学生，什么教材，这一阶段的教学要达到什么目的，临时设计方案。这个回答一定不能满足这位教师的要求。他要的不是原则原理，而是公式，并且是不含变量的公式。换句话说，他要的是这课书怎么教，那课书怎么教的公式。他从来没有想到过，同一个教材会由于学生的背景不同，当前的教学目的不同而需要有不同的教法。对于这样的教师，很难满足他的要求，因为不可能给他无数个教案，只能请他多动动脑筋。一名好教师是自己锻炼出来的，但是首先要明白朝哪个方向锻炼。

（原载《语文学习》1986 年第 7 期）

第二节　课程内容和教材：口头为语，书面为文

品读提示

　　新中国成立之后，中国母语教学统一定名为"语文"。这就是吕叔湘先生亲身

经历的。他在《中小学语文教学问题》一文中指出：**"语文作为一门功课的名称，是解放后才有的。"**

"语文"课程，是将之前的"国语"和"国文"合二为一。主要考虑到小学阶段虽然偏重"国语"，但国文的成分不少；同样，中学阶段虽然偏重"国文"，其中也包括不少"国语"的内容。

简约性与丰富性，是语言的一体两面。这也就不可避免地制约和影响着对"语文"一词的理解。在《中小学语文教学问题》一文中，他阐述道：**"语文这两个字连在一起来讲，可以有两个讲法，一种可理解为语言和文字，也就是说口头的语言和书面的语言；另一种也可理解为语言和文学，那就不一样了。"**此外，还有一种理解为语言和文化的。

"口头为语""书面为文"，是"语文"课程的基本定位。"书面语"，既包括属于"文学"的书面语，也包括"非文学"的书面语。将"书面语"简单地等同于"文学"，逻辑上显然不通。但是，现实中却是存在的，且还有不小的"市场"。至少课堂教学中，不少老师是将教材中的文学作品当成文学来讲解，而且这种讲解还是深受极"左"思潮（我国的极"左"思潮是同教条主义、僵化、简单化难分难解）"影响"的讲解，大讲特讲作品的思想性和教育价值，分析作品的艺术性方面比较弱，甚至严重缺乏（而这正是语文教学的主要矛盾和矛盾的主要方面）。至于将"文"理解成"文化"。书面语当然包括"文化"的因素，但是将"文"片面地理解成"文化"，不恰当、不自觉地强化了语文的"内容"功能，客观上严重弱化了语文的"形式"价值。

明确了"语"和"文"的内涵，只解决了认识问题（"知"）。事实上，还有一个落实问题（"行"）。吕叔湘先生早在20世纪60年代初就意识到这个问题的复杂性和重要性，并且一针见血地指出：**"尽管我们天天讲'语文'教学，实际上我们教的和学的都仅仅是'文'，并不包括'语'，我们的语文教学是半身不遂的。"**[①]同时，是否包括"语"，显然将直接影响到"语文"一科的课程设置和教材编写。

实现"语文"科的教学目标和任务，是由科学的设置具体的各门课程来完成的。就能力而言，"语文"科要培养学生的听、说、读、写能力，可以通过分科目训练来设置课程、编写教材和组织教学来实现，也可以通过综合训练来设置课程、

---

① 《从汉语拼音方案想到语言教学》，《吕叔湘全集》第十一卷，辽宁教育出版社2002年，第232页。

编写教材和组织教学来实现，各有利弊，各有优长。

纵观"语文"独立设科以来的课程设置，既有综合的课程设置，也有分立的课程设置，不定于一。如分科教学之初，《奏定学堂章程》明确规定了小学教育中"读经讲经""中国文学"两门与语文教育相关的课程。有的学校还开设了"辞章"课。新文化运动之后，小学"国语"侧重白话文教学，中学"国文"侧重文言文教学。新中国成立后，"语文"曾经有过短时间的"汉语"和"文学"分科教学，更长的时间，虽然课表中都统称为"语文"课，但在具体实施环节，也常常将"阅读"和"写作"分作两门课程组织教学。还有"写字"课，也是按照内容特点开展教学的。至于"听说"，有不少老师是在每堂语文课的前 10 分钟，安排"说话"或"演讲"的教学内容。

教材的编写一般多与课程设置相对应，有分有合。吕叔湘先生总结道：**"据我了解有三种主张：一是全合，合成一本，二是全分，分成三本或四本，还有一种主张是半分半合，把字词跟选文结合，把语法、修辞、逻辑另编，至于作文指导，是另写成一本教材还是附在一个单元的选文之后都可以。"**①

教材是合好，还是分好？读者希望有一个明确的答案，实际上，很难。因为**"分合问题的实质是几种教材的配合问题，说得更确切点是谁来负责配合的问题。"**②无独有偶，吕叔湘先生在另一文中也谈道：**"我不敢说哪一种一定好，其他的就不好。我觉得要看一看这个问题的实质是什么。"**③而且"配合的问题"也十分复杂，**"对一般的教师，综合性的教材比较方便，可以不用自己动脑筋去配了。如果分编三种教材，那对教师的要求就高，要教师善于配合。"**④后者在现实中有时很难行得通。

本部分的《谈〈国文百八课〉》一文，介绍了分立型教材的一则经典案例。

从汉语拼音方案想到语言教学

汉语拼音方案的公布已经有了四个年头了。这四年里在推广汉语拼音方案上已经取得了很大的成绩：大多数小学生、一部分幼儿园大班的儿童和扫盲班的学员，学会了拼音方案，用来帮助认识汉字；报头、铁路上的站名、城市里的路名、许多

---

① 《关于中学语文教材的几个问题》，《吕叔湘全集》第十一卷，辽宁教育出版社 2002 年，第 120 页。

② 《关于中学语文教材的几个问题》，《吕叔湘全集》第十一卷，辽宁教育出版社 2002 年，第 120 页。

③ 《关于中学语文教学问题》，《吕叔湘全集》第十一卷，辽宁教育出版社 2002 年，第 56 页。

④ 《关于中学语文教学问题》，《吕叔湘全集》第十一卷，辽宁教育出版社 2002 年，第 56 页。

商品，都在汉字的旁边注上了拼音;《人民日报》和许多地方的报纸都用拼音方案来给难字注音；许多地方应用拼音方案编制目录和索引，如此等等。可是这些方面的应用也还不普遍，尤其是还有一个重要的方面——推广普通话，还没有充分利用拼音方案，比如说，还没有全用拼音、不带汉字的教材，这种教材有一种好处，可以保证不夹杂方言口音。

早些时候在一个语文问题的座谈会上谈到小学里教学拼音方案的问题，发现这里还存在缺点。一般的情况是：开头的阶段很好，学生都能很熟练地掌握拼音方案，到第二年就渐渐生疏了，到第三年就差不多全丢了。甚至在教师中间也只是担任一年级的教师会运用拼音方案，担任别的年级的教师就不熟悉。可见对于汉语拼音方案的作用还有不正确的认识，还只是把它当作敲门砖，而不是把它当作随身宝，至于一般社会人士，多半不太热心学习拼音方案，虽然学起来很容易。《人民日报》难字注音用汉语拼音方案，可是在每月小结的难字表上仍然不得不适应一部分读者的需要，在拼音字母之后另加直音。

座谈会上又谈到一些别的问题，有两件事情值得在这里提一提。其一是作文教学问题。现在中学里的语文教师最头疼的就是改作文，教师累得焦头烂额，可是学生的进步并不显著，至少是跟教师的劳力不成比例。有些教师试验，用这种或那种办法来打开这个局面，例如集体修改，选样批改，当堂批讲，等等。可是有一个办法很少试用——用口头作业来代替一部分书面作业，或是先作口头讨论再往本子上写。这说明对于口语训练和写作训练的密切关系还缺乏足够的认识。

另一件事情是关于外语学习。很多学习外语的学生有这么一种习惯：一个句子，非得看见一个一个的字写在纸上才能懂得它的意思，光听见别人念一遍就茫然不知所云。甚至有这种情形：你让他念一段文章，他可以顺顺当当地从头念到尾，可是不明白，或是不确切明白，这一段讲的什么。要懂得它的意思，必得嘴里不出声音从头到尾看一遍。这个现象只可能有一种解释，就这位同志而论，语言的声音和意义之间没有直接的通路，必得通过一个中间站——文字。这是反常的，因为按人类语言发展的历史来说，先有声音和意义的结合，文字是后起的，文字要通过声音才能跟意义联系。

上面谈到的三件事情，好像互不相关，实际是有联系的，都说明我们只注意文字的学习，不注意甚至是不理会语言（口语）的学习。也就是说，**尽管我们天天讲"语文"教学，实际上我们教的和学的都仅仅是"文"，并不包括"语"，我们的语**

文教学是半身不遂的。

　　这种情况自然不难从历史上找到解释。回想半个世纪以前，我们这一辈人"束发受书"的时候，不管念的是"人之初，性本善"，还是"新书一册，先生讲，学生听"，过程总是这样一套：识字——念书和背书——作文。跟说话不发生关系。念的和写的是一回事，听的和说的是另一回事，"井水不犯河水"。这也难怪。那是文言的时代，文言是没法子当做活语言来教的。活语言在那时候，在全国大多数地区，是方言，且不说很多字眼写不出，就让写得出，写下来也当不得通用的文字。在那样的条件下，自然只有文字的教学，没有语言的教学。文章要写好，说话不妨乱七八糟。而文字的教学也只能依靠"自治"，不能从口语得到多大的帮助。

　　时代不同了，可是人们有惰性。现代的儿童学习的是白话，是普通话，是活的语言。活语言的教学应该是耳目并用，并且先耳后目。可是我们的教学法并没有根本性的改革，基本上还是"目治"，还是只抓书面作业，不从口语训练入手。而这种"目治"为主的习惯一旦扎了根，在学习外语的时候也就难摆脱。

　　在人人要开会，时时要发言，许多人要作报告，更多人要教学生、带徒弟的时代，口语表达在生活中的重要性好像不用强调大家也会承认，可是在语文教学上并没有采取相应的措施。撇开口语训练本身的用处不说，光从书面语训练来说，口语训练也是不容忽视的一个环节。一个人一天不知道要说多少话，可是一年不定写几封信、几篇文章；一个学生一天上好几堂课，要讲书，要答问，而作文只有两星期一次。抓住口语这个环节，让学生受到应有的训练，说起话来有条有理，有头有尾，不重复，不脱节，不颠倒，句式有变化，字眼有讲究，还愁他不会作文？放过这个环节，让他说话随随便便，乱七八糟，只在两星期一次的作文课上才要求他立意谋篇，字斟句酌，那就是一曝〔pù〕十寒，"一齐人傅之，众楚人咻〔xiū〕之"，怎么精批细改也不容易提高作文的水平。

　　总之，口语是书面语的基础。语文教学从口语训练入手，是顺乎自然，事半而功倍。放过口语训练，孤立地教学书面语，是违背自然规律，事倍而功半。

　　话似乎说得很远了，该回到汉语拼音方案。正如上文说过的，汉语拼音方案的推广还没有达到应有的程度，是我们不够重视口语教学的一种反映。这不等于说，教好了汉语拼音方案就是作好了口语教学。可是汉语拼音方案在口语教学中能发挥一定的作用，这也是无可否认的。因此我这篇短文也就不完全是借题发挥了。

（原载《文字改革》1962 年 2 月）

关于语文教学问题

在今天的中学和小学里，语文课的教学是一个比较严重的问题。现在有一个相当普遍的意见，认为多数青年人在学校里没把语文课学好，使用语文的能力差，不能适应工作上的需要。语文教师、校长以及学生家长，都很着急，都希望改变这一情况。近年来的教材和教学法上也不断有所改变，例如要求不把语文课讲成政治课或者文学理论课，作文要精批细改，在中学课本里增加文言文的比重，等等。其实这不是一个新问题，至少已经闹了三十多年了，闹了三十多年还没有很好解决，可见这个问题十分复杂，因素很多，需要好好地调查研究一番。比如光说语文能力"差"就很笼统。究竟"差"在哪里？"差"到什么程度？哪些方面还比较好，哪些方面比较严重？有没有语文学得好的学生？他们是怎样学习的？好的和"差"的，他们的差距有多大？人数是怎样的比例？教学效果的好坏，有多少是由于教材？有多少是由于教学法？有多少是由于教师的修养？做过些什么试验？有些什么先进经验可以肯定？等等。这些都需要有广泛的调查和深入的分析。有了正确的诊断，才能有正确的处方。我在这里只能从语文教学的原则出发谈谈个人的一些看法，供关心这个问题的同志们参考。

我觉得对于语文教学首先得有两点基本认识：（1）语文的性质，主要是语言和文字的关系，（2）人们学会一种语文的过程。

就第一点来说，语言是文字的根本。人类先有语言（口语），后有文字（书面语）；人们总是在幼儿时期就学会说话，然后在这个基础上学习使用文字。文字和语言基本上是一致的，用的字眼大致相同，词句的组织也没有很大的差别，可是说话往往是现想现说，来不及仔细推敲，写文章就有更多的时间来斟酌。鲜明生动是语言固有的特色，文字在这方面可以也应该尽量发挥语言的潜力。准确和细密是文字的优点，一个受过文字训练的人说起话来，有可能更准确，更细密。语文教学应该语言和文字并举，以语言为基础，以文字为主导，就是说，文字的教学应该从语言出发，又反过来影响语言，提高语言。

就第二点来说，使用语文是一种技能，跟游泳、打乒乓球等等技能没有什么本质上的不同，不过语文活动的生理机制比游泳、打乒乓球等活动更加复杂罢了。任何技能都必须具备两个特点，一是正确，二是熟练。要正确必须善于摹仿，要熟练必须反复实践。语文课的主要任务是培养学生使用语文的技能，所以一般称之为工具课。教师的任务是指点学生摹仿什么，怎么摹仿，检查学生的实践，是否正确，是否熟练。技能的获得要通过学生的活动，教师是无法包办代替的。

从这两点基本认识出发，谈几个具体问题。

（1）语言训练的问题。从表面上看，儿童七岁入学，口语早已学会了，不用老师操心，只要教他识字、读书、作文就是了。现在的语文教学基本上是从这种认识出发的，也就是说，只注意文字的学习，不注意甚至不理会语言的学习。尽管我们天天讲"语文"教学，实际上我们教的和学的都仅仅是"文"，并不包括"语"，我们的语文教学仿佛有点半身不遂似的。

首先有一个学习普通话的问题。推广普通话是国家语文政策的一个重要部分，学校是推广普通话的重要阵地。但是没有得到普遍的重视。有的地区做得好些，有的地区就差些；有的学校做得好些，有的学校就差些；有的班级做得好些，有的班级就差些。很多教师，甚至是语文教师，还在用方言教课，当然也就不要求学生学习普通话了。尤其值得担心的是，小学低年级的情况还比较好些，高年级就不如低年级，中学又不如小学，步步后退，形成一种"倒流"现象。这样下去，我们的普通话到哪年哪月才能普及呢？要做好推广普通话的工作，不可放过中小学这一关；中小学教师的来源在师范院校，尤其应该抓紧师范院校这个环节。

语言训练的内容不仅仅是学习普通话，还包括提高口头表达的能力。在实际生活中，用语言的时间比用文字的时间多得多。职业上或者职务上经常要跟文字打交道的人不算，一般人一年里边除了写上几封信，开上几张便条，有时候记个笔记之外，拿笔的时候或不多了。可是三百六十五天没一天能不说话，有时候还得说很多话，不光是说一些零零碎碎的话，还得说整段整篇的话。人人要开会，时时得发言，许多人要作报告，教学生，带徒弟，更多人要彼此接洽事务，办交涉，或是讨论问题，摆事实，讲道理。口头表达在现代生活中越来越重要，这好像不用多说大家也会承认的。可是在语文教学上采取什么措施没有呢？没有。我们这一代人很少受过语言训练，因而我们说的话，一般说，是不太高明的：我们摆脱不了方言的影响，有时候严重到叫人听不懂；我们的选词造句跟不上说话内容的进展速度，有时候只顾咭咭呱呱地说下去，不管用词是否恰当，语句是否通顺；有时候又磕磕巴巴，把应该连贯的话说得支离破碎；我们不善于全面掌握说话的内容，常常颠来倒去，说过的又说，可是说完了又发现还有该说的没说进去。这样的说话，听起来非常吃力，不能让人迅速而准确地把握它的内容。语言与文字本来应该是两条腿走路的，可是我们一条腿长，一条腿短，"不良于行"。我们吃尽了不会说话的亏，不能让现在的青少年走上我们的老路。另一方面，我们也遇到过一些人，说起话来有条不紊，清楚而又流利，很容易懂，也很容易记住，这多半是靠自己刻苦锻炼得来的。如果能在学校的语文课里，及时地对学生进行语言训练，使一般人的说话效率都能大大提高，岂不是更好吗？

有些教师把学习普通话和语言训练看成额外负担。他们认为，光是识字、阅读、作文，学生还学不好，再加上这些额外负担，更加要顾此失彼了。这种想法是错误的。语言的训练对于文字的学习不但没有妨害，而且大有帮助。让学生在语言方面得到应有的训练，说起话来有条有理，有头有尾，不重复，不脱节，不颠倒，造句连贯，用词恰当，还愁他不会作文？放过这个环节，让他说话随随便便，乱七八糟，只在两星期一次的作文课上才要求他立意谋篇，字斟句酌，那是一曝十寒，文字的提高也就不可能太快了。语言训练和文字训练，相辅相成．互相促进。从教学的角度看，这也是个两条腿走路的问题。

（2）学习文言的问题。现在中学课本里文言课文的比重已经大大增加了，可是教文言文的目的还是不很明确。好像有这么一种意见，认为只有多读文言，才能写好白话。这种想法是很片面的。读点文言，对于白话文的写作当然有些帮助，但是这种帮助是间接的，不是直接的。要讲有些帮助，学习一种外语对于汉语水平的提高也有一定的帮助，可是没听见过有谁主张，为了提高汉语水平，必须学习外语。"五四"以后一段时期，很多受过长期文言训练的人改写白话，就是写不好。而现在有许多作者并没有受过多少文言训练，写的文章可真不赖。欧洲也曾流行过要学好本国文字必须先学好希腊、拉丁文的理论，也早已为事实所否定。

至于中学生是否需要学习文言，那是另一问题。我认为至少有一部分学生是有这种需要的，那就是准备进一步学习文、史、哲专业的。高等学校里这些专业的教师一直在埋怨学生的文言基础太差，造成学习上很大的困难。要满足这方面的要求，不但是中学里需要教文言，而且还需要大大加强，同时还得改进教学方法，着重基本训练，例如系统地学习古字和古义，练习断句，等等。现在中学里教的这点文言有点"不上不下"，对不准备学习文、史、哲专业的学生来说，已经是一种不太必要的负担，而对准备学习文、史、哲专业的学生来说，却仍然不能提供必要的基础。这又涉及中学特别是高中的课程设置问题。早几年，语文和外语都抓得不紧，一般中学生只是忙数、理、化。现在三方面都抓得很紧，虽然有少数学生还是应付裕如，可是多数学生都有点忙不过来，因此而影响健康的情况也时有所闻。如果能把高中的课程适当地分分类（高等学校入学考试的科目早就分了类了），让一部分学生少学或者不学文言，多学点数、理、化，让另一部分学生少学点数、理、化，多学点文言和历史，学生的合理负担问题解决了，文言的教学问题也连带解决了。

（3）讲课的问题。最近两年中学语文教师感觉到一个困难问题：要求不把语文课讲成政治课或者文学理论课。应当怎么讲呢？现在在他们中间流行着一个口号叫"字、词、句、章"，意思是要多讲字义、词义、句法、章法。这些是语文本身的内容，拿来作为讲解的对象是对的。可是又往往产生一种偏向，就是逐字逐句地讲，旁征博引，讲得不厌其详，这就是"过犹不及"了。为什么讲课问题老是解决不好呢？我想，主要是因为：一、要求讲得多。二、要求有一个一成不变的讲课方式。这是对于语文课的性质没有正确的认识。语文课既然主要是技能课，上课的时候就应该以学生的活动为主，教师的活动应该压缩到最低限度。中学生已经具有一定的阅读能力，教师只要在估计学生有困难的地方，例如某些难字难句，或是估计学生一时未必看得出、懂得透的地方，例如一篇议论文的某一部分内容，一篇文学作品的某些地方的写法，只要在这些地方指点一下就行了。如果不管学生自己看得懂看不懂都逐字逐句地讲，那就成了例行公事。只会引起学生的厌恶，鼓励学生的思想开小差。同时，课文的情况性质各不相同，不同班级的学习情况也不会完全一样，因而讲法也就不能千篇一律。所贵乎有教师，正在于他能针对具体情况进行讲解，讲得不多不少，切合需要。可是这样一来，有些教师又会感觉课时多出来了不好办。要知道把上课的时间全部用在讲解上，从语文教学的原则看，是一种包办代替，本来是不对的。讲解之外，可以诵读课文或者做别的练习，可以指导课外阅读（事实上，学生在课外看很多书，而得不到适当指导，因而获益不大）。在一个"有办法"的教师手上，时间是决不会没有用的。

（4）作文教学的问题。作文教学是语文教师最头疼的问题。家长、校长乃至社会舆论，都要求教师"精批细改"，教师也努力"精批细改"，可是作文本子多，时间不够，尽管天天开夜车，仍然是不够"精"，不够"细"。在学生方面，作文本发下来之后，认真琢磨批改的道理的毕竟是少数，多数是只看看总批和分数，批改的地方越多越懒得看（这种心情也是可以理解的），这样，教师的辛勤劳动也就收不到应有的效果了。怎么办？恐怕得更全面些来看问题。现在的一般过程是（一）教师命题，（二）学生作文，（三）教师批改。是不是还可以在这中间插进一些别的活动呢？比如说，学生作文有一种相当普遍的毛病是内容空洞。针对这个情况，教师可以在命题之后谈些"题中应有之义"，给学生一点启发，或者让学生们集体谈谈。有些题目还可以告诉学生怎样去自己搜集材料。还有一种毛病是内容杂乱。针对这种情况，可以让学生多做些光写大纲的练习。讲到写作本身，当然以各人各写为主，但是也可以安排几次分组集体写作。批改当然是教师的任务，但是也可以有时候选一篇印发给全班，试试集体评改（"当局者迷，旁观者清"的情况是有的）。教师的批改，除了错别字是学生一看就知道以外，别的就不一定都是一看就明白为什么要改，为什么要这样改，最好是能够当面讲讲。一班学生常在五十上下，不可能个个都讲，只能挑选几篇作典型。好在学生作文的毛病很多是共同的，讲一两篇也就能使全班得益。这样做，当然得在那几篇上多花点工夫，不过其余各篇就可以比较从简，总算起来还可能少用些时间。有写得好的，或者是全篇，或者是一段两段，也可以拿来在班上讲讲。此外，结合语言训练，还可以练习口头作文，一小时也能轮到三五个学生。结合语言训练来教作文还有一个好处：使学生认识到作文和说话不是互不相干的两回事，免得拿起笔杆来就要摆架势，就要用些"高深"的字眼，造些"复杂"的句子，甚至说些云里来雾里去，连自己都莫名其妙的话。总之，现在的教法既然吃力而不讨好，就该打破框框，另外想想办法。一味地加强劳动强度是解决不了问题的。

用什么标准评定作文的优点缺点，也是一个值得研究的问题。同一篇作文在不同的教师手上可以得到高下悬殊的评价。同样的一句或一段，可能有的教师认为有"诗情画意"，有的教师却认为是"涂脂抹粉"；另一句或一段，可能有的教师认为是"气势磅礴"，有的教师却认为是"装腔作势"。有些教师特别讨厌错别字，也有些教师特别重视思想正确，种种不一。我觉得中学和小学对作文的要求应该各有重点。小学里应该重视写字和造句，对于内容的要求不要提得太高。到了中学特别是高中阶段，词句问题应该已经不成大问题了，对于作文可以首先要求它有实实在在的内容，少搬公式，少说废话；要求内容安排得好，有条理，有层次，不颠倒错乱，不乱用"因此""但是"等等，也就是说，要有逻辑性。然后才是词句问题，要求用词恰当，句子通顺而不呆板。最后看它有没有错别字，以及写字是否清楚端正。现在有一种过分突出错别字问题的倾向，可是从全局的观点来衡量一篇文章，不得不承认错别字毕竟是个次要问题。

（5）汉字教学的问题。这是小学特别是小学低年级特有的问题。汉字不是拼音文字，教学要费相当多的时间。在小学低年级，汉字的学习和汉语的学习中间存在一定的矛盾。小学一年级学生的年龄是七岁到八岁，语言已经相当丰富了，但是不认得汉字，得一个一个学起来（不但学认，还得学写）。课文要"白手起家"，就很难编得内容丰富，语言生动，符合发展儿童语言的要求。结果是课本的语言不但不能引导儿童的语言，反而跟不上儿童的语言，知识内容也随之贫乏，读起来淡而无味，不能鼓动学习的兴趣。而低年级语文教学的关系却十分重大，因为这不仅影响到以后各年级的语文课，还影响到别的学科的学习。

我曾经和一些同志交换过意见，觉得有一条道路可以试试。那就是在小学低年级把汉语的学习和汉字的学习暂时分两条线进行。一边先教汉语拼音字母，接着就教拼音课文，尽量满足儿童发展语言和增长知识的需要，一边根据汉字的特点，另行"排队"学习。以后利用注音的汉字读物作为过渡，最后采用全用汉字的课本。我们估计整个的进程可能会比现在的办法快些，希望有学校肯拿出个别班级来做试验。

以上谈的都只是个人的一些想法，自己对于中小学语文教学的实际情况了解得很不够，这些意见一定带有很大的主观性，希望从事语文教学和研究语文教学的同志们多多指教。更希望研究教学问题的机构早日进行一次全面的和系统的调查，把情况摸清楚。同时也希望在各个问题上都有人进行一些试验，摸索一些经验，这样，讨论起来也就可以更加落实了。

（原载《人民日报》1964年2月17日）

对语文课的理解

我就谈谈语文两个字我们怎么理解。**语文作为一门功课的名称，是解放后才有的。**同志们觉得很奇怪，解放前不讲语文？解放前有的，它不叫语文课，小学里叫国语，中学里叫国文，两个名字实际上是一样东西。那么，怎么有语文这个名称呢？解放初期有一个出版总署，底下有一个编审局，就是现在人民教育出版社的前身，主要任务是编教科书。这就碰到了一个问题，就是语文这门课，是老办法小学叫国语、中学叫国文好呢，还是想法统一起来？当时有一位在里头工作的同志提议说，我们就叫它语文行不行？语也在里头，文也在里头。后来就决定用语文这个名称了。但是，**语文这两个字连在一起来讲，可以有两个讲法，一种可理解为语言和文字，也就是说口头的语言和书面的语言；另一种也可理解为语言和文学，那就不一样了。**中小学这个课程的名字叫语文，原来的意思可能是语言文字，但是很多人把它理解为语言文学，因此，在小学里且不说，中学里头就有很多老师把这门课当作文学来教了。拿什么证明？中学课本里头的课文，老师常常就把它当作文学作品来分析，时代背景，作者生平，然后中心思想，然后段落大意，写作特点，层层分析，这是分析文学作品呀！作为一种语言文字的东西来讲，是不要这样分析的。作为语言文字，哪些字、词不好理解，老师应该解释。哪些句子结构比较特别，老师也解释一下，这是作为语言文字来教。从语言课来说，原则上应该是同学不懂的老师讲一讲，同学懂的老师不必讲，用不到这样一层层地分析，当作文学作品才这样分析。所以说，对于语文课的理解有分歧。

为什么中学老师要对作品搞这样的分析？是不是他特别喜欢这样做？这问题值得研究。叶圣陶先生曾经说过：语文怎样教啊？我看现在这种教法是很古老的，从古以来就是这么讲的。怎么讲呢？以前念的是古文，这古文同现在的说话不一样，学生拿到这古文是看不懂的，要老师给他讲。老师怎么讲呢？就是念一句，翻译一句。一句古文，在苏州学校里头，老师就把它翻译成苏州话，在南京，那老师就把它翻译成南京话，那同学就懂了。老师的任务就是做一个翻译员，就是尽翻译的责任。那后来呢？不念古文了，念白话文，就是现在的文章，这种文章学生看得懂，不需要老师翻译，老师就失业了，没事做了嘛。失业以后就要改行了，他就不当翻译员，当分析员了。我想叶老这话是有点道理的。老师不是特别喜欢分析，他有点不得已，因为不要他当翻译嘛。这就是俗话讲的，猢狲丢了棒，没得玩儿了。

大概说起来，讲语文课不能当翻译，就有两条出路，一条出路是把语文课当作政治课，一条出路是把语文课当作文学课。讲成政治课，就是大讲微言大义，这一条有多少马列主义，有多少辩证法，有多少社会发展史，这么去讲去。另外一种讲法就是去分析时代背景啊，中心思想啊，文学手法啊，等等。叶老在二十年前，在一个地方讲过这个问题。叶祥苓同志那时他还年轻，他听叶老讲了一个故事，到现在叶祥苓同志脑子里记得很清楚。这是怎么一个故事？就是那时课本里有一课叫《粮食》，讲在朝鲜前线作战的志愿军为了抢救一批粮食，牺牲了（我的记忆靠不住，情节可能有出入）。这故事写得很生动，当时有一个学生，他新课本一拿到就翻着看了，看到这个故事的时候很感动，掉下了眼泪。后来上课以后，老师讲到那一课，老师就分析了，这一课时代背景怎么样，是抗美援朝的时候，国际形势怎么样，美帝怎样侵略，朝鲜人怎么抵抗，志愿军怎样过江。讲这时代背景，然后作者生平，可能这个作者就是现在的人，他的生平人家不知道。那底下就讲中心思想，段落大意，就分析来，分析去，左分析，右分析，没完没了。那个学生说，老师分析完了，我漠然无动于衷，我的眼泪不出来。

　　我举这个事例用来说明，有些作品不分析还能感动人，一分析倒不行了。这叫七宝楼台，拆下来不成片段。一个雕刻或什么别的美术品，很美，很感动人，你把它拆散以后，就不美了，就不感动人了。但是不是说这个分析的方法完全没有用处呢？也不是。学生对于某些好的地方不一定能领会，那就稍为说说，点一下，噢，学生懂了，懂了就好了！有些人不管三七二十一，从头到尾非要按分析的公式一条一条都做到不可。其实并不需要这样做。这种分析方法严格地说，也不是念文学的一个很好的方法。文学的作用主要是感染，是作者的思想感情能够进入读者的脑子，使读者能像作者一样想，有同样的感情，这样就算达到目的了。学习文学作品主要是读，听人读，自己读，那么文学作品的作用就更容易发挥。讲到读书，中国的传统是讲读的，特别是古文有一定的念法，一定的腔调，现在的青年同志和少年儿童要是听到一个老先生在念古文，摇头摆尾，嗯嗯啊啊，哼哼唧唧，就觉得很可笑，酸溜溜的，好像迂夫子才这么念，却不知道这里头有道理。那念的人一边念的时候，一面他的思想感情就在活动了，他就把作品里的妙处一边哼出来，一边哼进去，不懂的人觉得可笑，事实上读是很有滋味的。我举一个例子：以前的老北大，20年代有个美国女教师，好像叫作克拉克夫人，她教莎士比亚戏剧课，我去听过一次，她这个教法现在看起来很特别。上课，她和学生一起念，她念一段，同学们也念一段，念完了，她就问："有什么不懂吗？"一个同学说："这几个字我不懂。"她就解释。所有需要解释的地方解释完了以后，她就问："你们觉得这一段写得好不好？"有同学说："看不出。"她就说："再念一遍，再念一遍！"她又和大家一块念，然后她又问："全懂了吗？"可同学们的反应还不那么活跃。她又说："你们再念，再念一遍。"于是又念了。就这么念来念去，大家就觉得这戏是不错，是写得很好啊！好了，就下课了。是不是所有课文都可以这样教呢？有待于试验，看行不行。

　　至于作品分析，恐怕是培养作家的。你要写文学作品吗？这当中有些窍门，我给你分析，就是把这些窍门讲出来，你就会写了，无非是这个意思吧！但就是这个也不可靠，你不信，找十个八个作家来问问，你当初是不是学了作品分析以后，才会写小说、剧本的啊？恐怕不是。他也是念了别人的小说、剧本，不知不觉地模仿，一步一步学着写的，起初写得不好，慢慢就精了。当然这其中也可能请人讲一讲，这个小说怎么怎么写才能写好。光是靠作品分析就能培养作家，未必尽然。文学创作不是个填公式的问题，不像数学里面有一个公式掌握了，这一类的题目就都能做，不是如此。所以总的说来，语文课现在没有把它当作语文课来教。问题就出在这个地方。那么有人要问："语文课当作语文课来教，又怎么个教法呢？"我想这也很简单，三个字：少而精，少讲，精进。讲的要击中要害，学生哪个地方不懂，不太理解，就给他讲一下，点一下。学生懂的呢，就不讲。要是学生懂了，你还老在那儿讲，学生就不爱听，就厌烦了，他肚子里就在说："废话，你又在那里说废话了。"

但这样就产生一个问题，我们现在课本里课文数量不够，照这样讲，学生懂的就不讲，只是在要紧的地方点一点，那么一课书，短的一课时就完了，长的两节课也完了。一本书预备用一学期的，可能一个月就讲完了。正由于这样，就只能放胖了。一个人太胖就容易出毛病，讲书也是这样，老放胖不行。我们的课本不但小学，就是中学都是薄薄的一本，恐怕世界各国的语文课本论分量、厚薄，没有比我们分量再少，本子更薄的了。我看见过好几件外国课本，起码一厘米那么厚，有的是两厘米厚。而我们呢，几个毫米，不够讲，老师很苦啊！我们能不能把它充实一点呢？完全有材料可收。可又有实际问题，用的纸张就得比现在增加两倍，现在的纸张非常紧张，这是个实际问题。但是我们还是应该按原则办事，实际问题想法解决，决不能因纸张问题来限制好的教学方法的实行。关于放胖的问题，中学比较明显，小学也不是没有。叶祥苓同志举了一个例子，他说他听过一个老师讲毛主席的诗词《为女民兵题照》："飒爽英姿五尺枪，曙光初照演兵场。中华儿女多奇志，不爱红装爱武装。"共二十八个字，他讲了两节课，叶祥苓同志说，这就是放胖，二十八个字能讲两小时。我后来跟他讲，这个不稀奇，我听说有所小学的一年级语文课本的第一课，只有三个字，"天安门"，安排教学时间几节课呢？四节课。三个字，平均每字讲一节课有余，一又三分之一。我不知道这个老师怎么讲。后来有人告诉我说，还真可以讲。他从 1840 年鸦片战争讲起，外国人欺负中国人，一直讲到 1949 年推倒三座大山，宣布中华人民共和国成立，那个地方是天安门，这就讲了四节课，这个老师有放胖的天才。也有老师不会放，但有教学参考书，都给他预备好了，老师只要拿到参考书就很有办法了，上课就照本宣读，一句一句讲下去。

所以教学参考书如编得不好的话，害死人。我所谓的"不好"，可能正是那个编写参考书的人觉得编得最最好的地方。而他最得意的地方，也正是我要批评的。他就着"天安门"这三个字提供了很多材料，够教师讲四节课。在他觉得这是我有本事，然而我却说这是你的罪过。因为在我看来，它对于教学不是起积极作用而是起消极作用，教师上课老在外面转，转了半天没有击中要害。英语里头有个成语，叫做 beat about the bush，意思是猎人打猎的时候，兔子躲在灌木丛里不出来，于是四面就大叫大喊，为的是要把兔子吓唬出来，就可以一枪把它打死。这就等于中国说的"一语破的"，一句话就击中要害。要是你尽管大叫大喊，兔子就是不出来，你又不进去，能有什么结果呢？就像人谈话，老是绕来绕去，别人就会说，你干吗呢？老在那儿绕，有什么话一下子说出来不就完啦？喜欢绕的教师，绕了半天，都绕不出这一课的重点在哪里，那么也同样达不到目的。关于语文课的课堂教学就讲到这里，这里引用了两位姓叶的同志（叶圣陶、叶祥苓）的话，好在他们都没声明版权所有不准翻印，那么我今天翻印了。

（节选自1978年4月22日在江苏师范学院的讲话，原载《江苏师范学院学报》1978年第2期。标题为编者所加）

关于中学语文教材的几个问题

同志们，我参加了三天会，看了部分材料，感到会开得很活泼，内容很丰富，意见很广泛，不同意见很多，大有收获。现在我把问题归纳归纳，附带说点自己的意见。

谈三个问题，也可以说是三个关系：（一）阅读、写作、语文知识三者之间的关系；（二）现代文与古文的关系；（三）普及与提高的关系。末了，提一提在会上谈得不多或完全没有触及的几个问题。

第一个问题是阅读、写作、语文知识的关系问题。这里再分成几个问题来谈。

首先是知识与能力的问题。语文课的主要目的是培养学生的语文能力，而不是传授语文知识，这个认识是一致的，至少多数同志是这样知识的。但是怎样达到这个目的，意见就很不一致了。一种意见认为，提高学生运用语文能力的办法是多读多写，至于语文知识在实用上有多大价值就值得怀疑了。这个意见对不对呢？我们不妨问：读和写要不要指导？如果不要指导，那么语文教师就太好当了，只要像私塾启蒙老师那样就行了。如果说读和写也都需要指导，那就有个知识问题。要很好地理解一篇选文的内容，有的地方就需要老师讲讲，一讲就有了知识问题。写作更不用说，需要讲点"写作知识"。至于一般所说"语文知识"，就是语法、修辞、逻辑那样东西，有无必要，有没有用，意见就不完全相同了，这个问题下面再说。

其次是拿什么做重点的问题。我不说拿什么做"中心"，以免误解。比如说"以作文为中心"，就容易理解成阅读和语文知识都只是为作文训练服务的，就片面了。有的同志提出"以语文知识为中心"，用文章的片段做例证，这又把文选的地位降得很低了。我的看法是，阅读是可以为写作服务的，但不是完全为写作服务；语文知识也是可以为写作服务的，但也不是完全为写作服务。如果这里有一块黑板，我就要把"写作"放在中间，一边写上"阅读"，一边写上"语文知识"，这两边都可以有箭头指向"写作"，但同时有箭头指向别处。阅读通过范文给学生提供仿效的对象，但阅读的目的绝不仅仅是这一个。范文之中大部分是文学作品，这必然引起文学哲学问题；联系文学作品，又有陶冶性情、进行品德教育的问题。同时，阅读又不限于文学作品，还有各种学科的读物，能够扩大学生的知识面。这就说明阅读帮助写作外还有多方面的作用。

有的教师认为语文知识对学习写作没有作用，主张取消。这只能说明过去我们讲语文知识的时候，照顾系统性多了点，照顾实用性不够，决不能说明语文知识对培养学生的读写能力无用。语文知识帮助阅读扫清文字障碍，也提供写作所需要的有关用词、造句以及疏通思路等方面的必要的知识。除此之外，语文知识还有一个作用，那就是引导学生去理解祖国语言，去欣赏祖国语言，去热爱祖国语言。我们在中学里教给学生许多地理、历史方面的知识，也并不是都在他的生活上具有实用价值，而是在很大程度上引导他去热爱祖国的山河大地，热爱祖国的文化遗产。难道不应该也引导他去热爱祖国的语言吗？

总起来说，语言是工具课，但不能说是百分之百的工具课，不能理解得太狭隘，太实用主义。白猫黑猫，会逮耗子就是好猫，要看逮住几只耗子。光逮住一个作文还不是最好的猫。还要逮文学欣赏，逮语文知识，逮百科知识，多多益善。要不然怎么说语文课是综合性最强的一门课呢？不妨跟教学比较一下，中学所学的教学，其中有很多东西，知道不上大学就派不了用场，不像语文，无论是知识还是能力，都一辈子有用，不管升学不升学。

关于教材分与合的问题，就是阅读教材、写作教材、语文知识编成一本书、两本书、还是三本书的问题。在这次座谈会上各种意见都有。各种方案很多，但是基本上只有两派：综合派和分科派。——会上有人提"文选派"，这个提法不确切，因为真正的文选派是只有文章选读，不讲写作知识，更不做语法、修辞。他搞潜移默化，不搞有的放矢。这一派事实上是不存在的。至少在参加这个座谈会的同志中间是不存在的。我们在会上听到的文选派，实际是综合派。——综合有各种合法，分科有各种分法，方案很多，重要的问题是合还是分。**据我了解有三种主张：一是全合，合成一本，二是全分，分成三本或四本，还有一种主张是半分半合，把字词跟选文结合，把语法、修辞、逻辑另编，至于作文指导，是另写成一本教材还是附在一个单元的选文之后都可以。**

分合问题的实质是几种教材的配合问题，说得更确切点是谁来负责配合的问题。综合派的办法是由编教材的人负责配合，结果就是编成一本。分科派的办法是让老师去负责配合，结果就是编成几本。比较起来，综合性教材难编。要在选文中找例证，并且要在读过的选文中找，要花费大量时间；设计练习也比分科教材难。如何编得丝丝入扣，技术性很强。分科教材编起来比较容易些。但在使用上，按现在一般教师的水平，似乎综合教材比较容易掌握，比较容易推广。分科教材要教师自己配合，一般教师会感到困难，不容易做好有机联系。无论哪一种教材，综合的，分科的，这么合那么合的，这么分那么分的，都要在实践中经受考验。不但要在神通广大的教师手上去考验，还是放到能力一般的教师手上去考验。我主张百花齐放。可能最后留下十家八家，甚至三家五家，就可以向各地学校推荐，让他们试用。

教材改革必然引起教学法的改革。我听了一些搞教改试验的老师的发言，有几点是一致的。一是加大阅读量，课内选文，有主张 40 课，有主张 50 课的，还有课外阅读，这一点应该肯定下来。要提高学生阅读能力，靠薄薄的课本解决不了问题，我非常同意这个意见。二是强调预习。预习对语文课的教学很重要，学生懂了的老师可以不讲，比较经济。有的老师把预习安排在课时之内，这个办法好。三是多写，除正式作文外还写短文、日记等等，这也是很好的办法。总之是调动学生的主动性，这个方向是对的。还是课堂讨论也很有用，有的教师有意识地鼓励学生解放思想，大胆提问，这样，学生的思想活泼了，阅读的收获和写作的能力都会提高。但是这对教师是很大的考验，老师要能招架得住才行。

会上有很多同志提到语文教学"科学化"的问题。这个问题不能理解得太死，因为教学这件事，里边有人的因素，很难做到像进行自然科学试验那么精确和固定。有的同志提出序列问题。他说，别的学科缺了一星期的课就跟不上，可是语文课缺了两星期、三星期，还是一样跟得上。总的说来，语文课的教材应该有一种合理的序列，但是很难做到一环套一环，扣得那么紧。语文教学中有这种现象；往往一个内容不可能一次学好，而是要反复学，循环学，由浅入深，螺旋式上升。阅读、写作、语文知识都有这种情况。这个特点应该考虑到。

现在来谈第二个问题，现代文与古文的关系，也就是文言文在中学语文教学里边占有什么地位的问题。座谈会上的议论几乎是一边倒，都主张要读文言文，不但必须读，还要多读。看来取消派是失败了。

要问我的意见，我说，文言可以念点儿，可是念多少，念什么，至少就初中阶段说，还值得研究。似乎应该先研究一下学习文言文的目的。教学大纲提出的目的是培养阅读浅近文言文的能力。按现在统编课本里的文言文的数量和一般的讲解方法，能否达到这个目的，还得打个问号。如果说现在的几篇课文不解决问题，那么加大分量怎么样？加到三分之一？二分之一？这就牵涉到会不会妨碍学生学好现代文的问题。会不会搞得不好，弄成驼子摔跤、两头没着落？我提出这个问题，请大家研究。要是说学点文言文，尤其是念点古诗可以增进学生学习语文的兴趣，我完全同意。许多教师的实验也证明了这一点。但是也不必太多，有一定数量就够了。

有的同志说，学文言文对学生作文有帮助，不但是没有坏影响，不会"不文不白"，倒大有好处，点缀一点文言词语，套用一些方言句法，很有滋味。听口气，大有非此不可的味道，虽然没有说得这么明白，这使我回想起 20 年代白话文初兴时候的议论。有些老先生爱说，读好文言文才能写好白话。事实上，这些老先生们的文言读得很好是无可怀疑的了，可是他们的白话文却写得很不高明。当然，我不否认学习文言在一定程度上对白话文的写作有帮助。帮助是有的，表现在两个方面：篇章和语言。这也可以说是对当代作家的一种批评。为什么这些东西不能从现代作品中学到，还要到老祖宗那儿去讨救兵呢？但是也要想一想，文言文有将近 3000 年的历史，留下来的作品都是经过时间筛选的，而把白话作为全面使用的工具才半个世纪多啊。帮助是有的，但是否非此不可呢？文言中有用的东西能否从现代文里学到呢？比如"豁然开朗"出于《桃花源记》，不读《桃花源记》是否也能学到呢？我看文言里有用的东西多数都能从现代文里学到，不一定非要读《桃花源记》才能学到"豁然开朗"。有些人学文言对他写文章有好处，但也不能担保人人如此，我曾经在一篇文章里举过报纸上存在的滥用方言词语的例子，记者、作家尚且如此，中学生就不会犯这种毛病？就算是退一步说，学生在作文中没有文白杂糅的毛病，但是文言词语用得很多，又会形成一种什么风格？是不是现代人的气息少了点？据说白话里加点文言成分就像菜里边加点盐，味道好，可是也要想到盐多了会咸得你咽不下去。毛主席对于语言，提出"第一，要向人民群众学习语言……第二，要从外国语言中吸取我们所需要的成分……第三，我们还要学习古人语言中有生命的东西……"这第一、第二、第三的排列，我看是经过考虑的。文绉绉的语言有文绉绉语言的味道，可以说是"别有风味"，但是毕竟不如从人民嘴里来的语言那么新鲜、生动、泼辣，那么有泥土味，有时代气息。

由此联想到选文的问题。会上比较一致的意见认为统编教材的选文有框框，所以在使用时都作了增删。我没有看各家所加的篇目，不知道加了哪些。就统编教材而论，我感觉有一个缺陷是专门因语言生动活泼而入选的太少。初中124篇（不算古典作品）中有10篇光景，高中75篇中不到5篇。就是这些也还是取其情文并茂，内外兼优。为什么不可以选几篇主要取它的语言好？现代作家中的语言大师老舍只选了两篇（高、初中各一篇），曹禺只有一篇。《红楼梦》只选了第四回，因为这里也有对四大家庭的批判，难道别的回都一无可取？《儒林外史》就只有"范进中举"。我又想到《老残游记》，以前选过，后来说这本书里有反对革命的话，是坏书，刘鹗这个人也是汉奸，于是《老残游记》这本书不再印了，编教材当然更不敢选了。还有像《儿女英雄传》这本旧小说，思想陈腐，但个别段落，如38回安学海逛庙，写人情物态，文字生动，极有风趣，是不是也可以入选呢？有没有毒？我看没有，有些旧社会的风俗习惯稍加说明也不难懂。这些都是举例，无非说明课本中可以考虑这些内容一般而语言优美的作品，不是说必须选这几篇。

第三个问题是普及与提高的问题，就是教改试验和大面积推广的问题。

教改试验是为了提高教学效率，非常必要。这两年里收获不小，以后还要搞，还要多几个地方搞，百家争鸣。但是我们也不能不想到广大农村地区的学校，在这些地方，必须面对三个现实。一个是教师的现实，农村中学中不能胜任语文教学工作的教师很多。一个是学生的现实，很多学生没达到小学毕业程度而进了中学。再一个现实是学校环境、家庭环境的现实，学校教学设备差，家务劳动多。在这种条件下如何改进教学工作，用什么教材好？我想还是用统编教材好，选文需要调整的调整一下。为什么这些学校不可以用新教材？一、新教材还不成熟；二、还没有放到后进学校里去试过；三、多数教师希望教材能稳定一个时期，特别是新教师。许多人对统编教材的语文知识短文不满意，说是像蜻蜓点水，不够。怎么修改？不外乎两条路：一条路是综合方向，把语文知识短文扩充改造，跟选文扣得更紧些；另一条路是分科方向，把语文知识短文拿出来，扩充成书。（一个年级一本？还是一个项目、两个项目一本？）恐怕是第一个办法更适合当前情况，老师还是希望一本，用起来方便，但编起来难些，要用更多的时间。第二个办法可以快些，但对老师的要求高些。这是这个会议第三阶段要讨论的问题。

补充几点，关于会上没有谈或者谈得很少的问题。

一，推广普通话的问题。会上没怎么谈，大概北方同志认为不成问题，南方同志又认为太成问题。推广普通话，中小学语文课责无旁贷。现在的情况是，有的地方还搞点，有的地方只当没有这回事。现在这项工作已由文改会转移到教育部了，希望教育部能有一位副部长抓这件事。推广普通话，台湾成绩比大陆好，新加坡也赶上来了，李光耀就带头学，还采取硬性措施推广。香港也在提倡。我接触到一些美籍华人，普通话都说得不坏。我们总不应该落后于他们吧？要有点紧迫感啊。语文，语文，我们的实际是有文无语，语文课只教文不教语，这在外国很难理解。外国人首先学说话，然后才是学写作，而我们几千年来就是只管写，不管说。

推广普通话在方言地区有些困难问题。有政策方面的困难，地区领导有的不支持，甚至反对，听说四川某一中学教师为用普通话教学影响他的提级。也有技术方面的困难，老师自己普通话说不好，也缺乏这方面的知识。其实这也不要紧，我就知道有的教师依靠唱片进行普通话教学。我们希望地方领导能够重视起来，能够指定专人负责推广，并且给以帮助。学校之内要提倡，甚至带三分硬性也未尝不可。最好学校之内都讲普通话。退一步是课内要讲普通话，起码语文课必须讲普通话。要造成人人讲普通话不是不好意思，而是很带劲的风气。汉语是一个方言极其分歧的语言，要搞四个现代化，没有一个共同的口语是很不方便的。

二，听、说、读、写的问题。语文训练包括听、说、读、写四个方面，现在大家谈写作谈得最多，阅读为写作服务也谈得多，但阅读本身却谈得不多。阅读也要训练，要抓一个"快"字和一个"准"字。我在大学里跟陆志韦先生学心理学的时候，有一天陆先生问我们一天用多少时间看报，他说他一天只用20分钟看报，但是主要内容都记住了。这个能力是可以培养的。说话能力的训练，有的老师除课堂练习外还搞一些辅助活动，这很好，我没有补充。听的训练主要是训练学生听长篇说话能抓住要点。同样听报告，可以收获很不相同，有人抓住了基本内容，而有人却只记住了一些零碎词句。记笔记也是如此，有的人一字一句记，顾此失彼，记不连贯，可有的人就能抓住要点，言简意赅。这种能力也要训练。

　　三，中小学衔接问题。有几位同志说，现在初一教材内容跟小学有重复。我想，不必要的重复是应当避免的。首先，人教社中学语文编辑室和小学语文编辑室要通通气，作出统一安排。但问题也还有另一面，初一有面对学生程度不齐的情况，有整理或者说是补课的任务，这在教材上如何体现，还需要进一步研究。

　　以上所说，引用与会同志的意见的地方，如有错误，请纠正；我自己的意见有的很不成熟，请指教！

　　（1980 年 11 月在中学语文教材改革第二次座谈会上的讲话，原载《中学语文教学》1981 年第 1 期）

关于中学语文教材问题

　　最近我在北京参加人民教育出版社召开的中学语文教材座谈会，听到了各方面对中学语文教材的意见。在这个会上，许多学校交流了近两年来在教材改革方面的经验，我在会上也讲了一点意见。**对语文教材的编写，现在主要有两种意见：一种主张把阅读、写作和语文知识编在一起，成为一种综合性的教材；还有一种主张是把阅读、写作、语文知识分开来，编成几本教材。此外还有主张只编范文读本，不需要别的教材的。**

　　我认为在这个问题上，首先要弄清知识和能力的关系。教语文课主要目的是给学生一些语文知识呢，还是培养学生的语文能力？教师里面对此有不同看法，有强调知识的，但是多数强调能力。我以为不能把这二者割裂开来。我们语文课的目的是培养学生的语文能力，但并不能因此就认为不需要讲语文知识，能力和知识是不能分开的。有少数同志认为，语文知识用不着讲，只要让学生多读多写，就会像俗话说的"熟读唐诗三百首，不会作诗也会吟"。文章念熟了，会背了，也就会写了。这可以说是我国的传统的教学方法。事实上，强调多读多写，也还不能没有指导，教师要给学生讲文章的篇章结构，讲用词造句上有什么好的地方等等。学生写的文章教师要改，也要给学生讲讲为什么要这样改。这样，语文知识也就讲在里头了。

所以说，知识和能力实际上是分不开的。

其次，谈谈对"以作文为中心来组织教材"应该怎么理解。什么叫"以作文为中心"呢？也就是第一个阶段要教会学生写记叙文，于是阅读课内就教各种各样的记叙文。有记事的、记人的、记地方的等等，还有记叙中夹抒情的、夹议论的。然后做各种题目的记叙文。下一个阶段教说明文，再下一个阶段教议论文。我认为提什么为中心，应该先把"中心"两个字研究一下。**以什么为中心，是不是意味着一切都要为这个中心服务。如果这样理解，似乎太狭隘了。**作文是很重要的，是一个学生的语文能力的集中表现。阅读跟语文知识都可以为作文服务，但阅读课除了为作文服务之外还有它本身的目的。语文知识也一样，它可以为作文服务，同时也有自己的作用。

从以前和现行的一些课本来看，有些课文并不能紧密联系写作，有些文学作品例如一篇小说，编在课本里，是不是要学生去学写小说呢？当然不是。学生可以写小说，但编课本的目的并不是要教学生写小说，而是要通过阅读提高学生欣赏文艺作品的能力。也就是说，阅读课除了帮助学生写作，为写作提供范例之外，还有帮助学生欣赏文艺作品的目的。并且，通过文学作品的阅读，还可以陶冶性情，也就是对学生进行品德教育。例如有很多课本选了范仲淹的《岳阳楼记》，这篇文章的名句"先天下之忧而忧，后天下之乐而乐"就对学生有很好的教育意义。在中学时期进行品德教育，最好是通过那些非常优美的文学作品，因为这容易收效。如果我们不问表现形式如何，而是生硬地把一些有关道德品质的议论选进课本，让学生念，内容枯燥，文字也不优美，只是为了思想教育而选进课本，学生就会感到枯燥乏味，不易接受。这就变成了"说教"，"说教"就不容易达到教育的目的。

阅读课的教学效果不能光靠课内，还要依靠课外。好的语文教师总是鼓励学生课外多读书。课外阅读范围很广，不限于文学作品，上至天文，下至地理，自然科学、社会科学，哪方面的知识都有，让学生多读，可以从中获得很多知识。课内受时间限制，课外就没有限制，有些学生课外书看得很多，他的知识就丰富，知识面很广。可以说，**扩大学生的知识面也是阅读课的目的之一。**现在有很多青少年知识面很窄，许多应该知道的事情不知道，这都和读书太少有关。

系统地教一些汉语知识如语音、文字、词汇、语法、修辞，对写作有没有帮助呢？也有两种意见：一种认为有，应该讲；一种认为讲系统的语文知识没有多大用处，学生学了不能用到写作上去。现在持后一种意见的人还相当多。我说，如果老师讲了一些语文知识，而学生感到对写作没有多少帮助，这只能说明关于语文知识的课文还编得不好，强调系统性多了点，而重视实用性不够。要研究怎样改编，使这部分教材能更紧密地结合学生的写作需要，但不能因此否定语文知识对写作的作用。学生句子写得不通，老师把它改了，学生就要问老师为什么要改，这就需要用语文知识来说明为什么原来的不好，为什么要这样改，这样，学生才能够举一反三，不再重犯。语文知识除了帮助提高写作能力之外，还有它另外的目的。例如语文知识中的词汇、语法、修辞，都能训练学生的思维能力。譬如比较同义词、近义词的不同点，可以提高学生的辨别能力、分析能力；语法中的句法，特别是复杂的句子，如何去分析清楚，也可以培养思维能力。让学生养成看事物、看问题细致、深入的能力，对他将来的生活和工作都有用。当然，培养思维能力不完全是语文课的任务，譬如数学课，也可以培养思维能力，但我认为语文课在这方面特别重要，恐怕主要还是要通过语文课来培养。

语文知识还有一个作用，那就是让学生理解祖国的语言，通过理解产生一种对祖国语言的热爱。文学作品中的语言很美，不仅词语美，有的篇章结构也美，好像一座很好的建筑物，造型很美。我认为对祖国语言的理解、欣赏、热爱，这也是爱国主义教育。我们给学生讲历史、讲地理，也并不完全是为了实用，有些史地知识也不一定有实用意义，但是我们要讲，不仅因为这是应该具有的常识，也因为可以通过它进行爱国主义教育，让学生热爱祖国的山河大地，对祖国的悠久的文化传统产生热爱。我们讲语文知识也一样，要让学生通过祖国的语言文字产生对祖国的热爱。

总起来说，**在语文教学中把作文作为中心，不应该理解为这是唯一的目的。或者不叫"中心"，叫做"重点"，可能好一些，不会引起误解。**

教材是分科好，还是综合好呢？就是说，把阅读、写作指导、语文知识合起来编成一本呢，还是阅读归阅读一本？写作指导另编一本，语文知识又另编一本？或者编两本，把写作指导附在阅读课里。**我不敢说哪一种一定好，其它的就不好。我觉得要看一看这个问题的实质是什么。**显然，这是三方面互相配合的问题，是谁来负责配合的问题。配合的任务交给谁？综合成一本书，那当然是编课本的人负责把这三方面配好。当然这也不是简单的机械的配合，而要扣得紧，知识和写作、阅读都扣得很紧。如果分开来编，那就要教师自己去配合。从这个角度看，**对一般的教**

师，综合性的教材比较方便，可以不用自己动脑筋去配了。如果分编三种教材，那对教师的要求就高，要教师善于配合。在目前情况下，广大农村学校的教师水平还较低，用现成配好的教材比较行得通，要是搞成三本教材，教师不知道怎么个配法好，教学上困难就大些。

还有，教材的科学性问题。有的同志认为过去和现在的教材都缺少科学性。什么叫科学性呢？他提出一个标准，就是应该有一定的顺序，要一步步地往下学，中间不能断，不能跳跃。他认为其它学科如果学生缺了两星期的课，就会跟不上，非补不可，这种教材就是有科学性；而语文课两个星期不上也能跟上去，就是五个星期不上照样也跟得上。事实确实如此。所以他认为这语文教材就是不科学。对科学性我们可以作各种理解，像上面说的那种严格要求，语文课看来很难办到。这里有一个根本的原因，就是语文课无论是知识或是能力都不是照一条直线前进的，说得形象一点，就是老是在那里循环着，起初讲得浅一点，也是怎么读呀，怎么写呀，字词句有哪些必要的知识呀；然后提高一步，还得循环一次，再循环一次，就是这样螺旋式地上升的。语文课的性质跟别的学科不同。我记得自己读中学时，学习英语语法读的是《纳氏文法》，那时的中学是四年制，一个年级念一本，第一年念的那本很薄，以后逐年增加，到了第四年就有四五百页了，它是由浅入深，每年一个循环，四年四个循环。当时我们也不懂为什么要那样编，现在明白了这个道理，语文的学习就是不可能直线式进行，而是要像绕线圈似地绕上去。

（本文节选自在浙江省语言学会、杭州大学中文系、杭州市教育局联合举办的报告会上的讲话《关于中学语文教学问题》。标题为编者所加）

谈《国文百八课》

《国文百八课》是开明书店出版的一部颇有特色的初中语文课本。从 1935 年到 1938 年先后印出四册，第五、六两册因抗日战争爆发，没能继续编印（第四册是战事发生之前编好的）。

《国文百八课》之所以颇有特色，是因为两位编者夏丏尊先生和叶圣陶先生都当过多年的语文教师，又都有丰富的写作经验。他们两位曾经合作写过几种讲学习语文的书，其中最有名的是《文心》，现在六十多岁的同志很多是曾经从这本书得到教益的。除《文心》外，还有一本《阅读与写作》，一本《文章讲话》，也是他们二位合作的；另外，叶先生还写过一本《文章例话》，夏先生还跟刘薰宇先生合写过一本《文章作法》。把积聚在这些著作里边的学习语文的经验拿来系列化，再配合相应的选文，这就成了《国文百八课》。

《国文百八课》的内容安排，用书前边的编辑大意里的话来说，就是"每课为一单元，有一定的目标，内含文话、文选、文法或修辞、习问四项，各项打成一片"。其中文话是编排的纲领，文选配合文话，文法修辞又取材于文选，这样就不但是让每一课成为一个单元，并且让全书成为一个有机的整体。

文话是全书的纲领，是全书成败所系，因而也是编者用力最多的部分。这四册里面有文话72篇，有系统而又不拘泥于形式上的整齐。第一册从"文章面面观"开始，接着讲文言体和语体以及文章的分类，这是总引子。接下去用不多几篇讲最常用的应用文：书信。这以后就是本册的重点：用九课的篇幅讲记述和叙述，讲题材，讲顺序，讲倒错，讲快慢，讲观点的一致与移动。第二册仍然接着讲记叙文。上来先讲三种记叙文的体式：日记，游记，随笔；然后讲直接经验和间接经验，讲立足于第一人称，第二人称，第三人称，接下去讲记叙文中的感情抒发，记叙文中的景物描写和人物描写。第三册开头讲小说，记叙文的一个特种形式；略讲韵文和散文的区别以及诗的本质；然后转入本册的重点：说明文。讲单纯的说明文以及说明和记述、叙述、议论的异同分合；讲说明的对象即事物的各个方面：它们的异同，它们的关系，它们的过程，以及抽象的事理。这一册的18篇文话有13篇是讲说明文的。第四册的重点是议论文，可是对议论文的说明，包括推理方式，只用了最后的六课，在这之前讲了好些不能简单的归入记叙、说明、议论三类的文章：学术文、仪式文，宣言，对话，戏剧，抒情诗，叙事诗。第五册和第六册没编出来，不知道计划之中这两册的36篇文话准备怎么分配。单就前四册来看，大纲目仍然是按记叙文、说明文、议论文的顺序讲解，可是这三部分之内和之外都是提出若干小题目，一次讲一个题目，既有联系，又不呆板，很少出现"一、二、三"或"甲、乙、丙"。给读者的整个印象是生动活泼，文话本身就可以作为文章来学习。随便举个例子，第三册有一课的文话是《读的本质》，用意在于说明诗的本质是感情之艺术的表达，句法整齐和押韵不是诗的本质。文话上来先用四角号码的笔画歌"一横二垂三点捺……"做例子，尽管句法整齐、押韵，但不是诗。然后用几个没有诗的形式可是表达了或惨痛或悲哀或闲适或弯远的感情的片段——分别引自归有光的《先妣事略》、都德的《最后一课》、沈复的《闲情记趣》、鲁迅的《秋夜》——

来从正面说明诗的本质，接下去的两篇选文正好做例子，一首押韵的新诗，一首抒情散文，也可以叫做散文诗。总共一千多字，把问题说得清清楚楚，一点不让人感到枯燥。

讲过文话，讲讲文选。《国文百八课》里的文选有两大特色，一是语体文比文言文多，二是应用文和说明文比较多。四册72课有选文144篇，其中语体86篇，文言58篇，大致是三比二。现在看起来，这好像是理所当然，但在当时这是很突出的。当时流行的几种初中国文课本都是文言文比语体文多，销行最广的正中书局出版的初中国文课本几乎全是文言，只有很少几篇语体文点缀一下。《国文百八课》里的应用文有十多篇，其中有书信，有调查报告，有宣言，有仪式上的演说词，有出版物前面的凡例，有公文标点与款式。说明文有二十来篇，如《梅》《螳螂》《动物的运动》《霜之成因》《二十三年夏季长江下游干旱之原因》《菌苗和血清》《苏打水》《导气管的制法》《机械人》《图画》《雕刻》《农民的衣食住》《科学名词跟科学观念》《说"合理的"意思》《何谓自由》《美与同情》《论语解题》等等，篇数之多，方面之广，也都胜过同时的别种课本。

文选中篇数量多的自然还是记叙文，包括有抒情或议论的成分在内的。语体文里边很多是常被选用的名篇，如鲁迅的《孔乙己》《鸭的喜剧》《秋夜》《风筝》，朱自清的《背影》《荷塘月色》，冰心的《寄小读者》，叶圣陶的《古代英雄的石像》，徐志摩的《我所知道的康桥》，都德的《最后一课》，莫泊桑的《项链》，等等；另一方面，也有别处没大见过的，例如朱自清的《卢参》，叶圣陶的《几种赠品》，丰子恺的《养蚕》，郑振铎的《海燕》，徐蔚南的《初夏的庭院》，爱罗先珂的《春天与其力量》等等。也有特意避熟就生的，如《三国演义》不选《草船借箭》而选《孙策太史慈神亭之战》和《杨修之死》，《红楼梦》不选《刘姥姥初进大观园》而选《林黛玉的死》。文言文方面也有类似的情况，一方面有常入选的名篇如归有光的《项脊轩志》《先妣事略》，方苞的《左忠毅公逸事》、魏学洢的《核舟记》，林嗣环的《口技》，宋濂的《送东阳马生序》，刘基的《卖柑者言》，《战国策》的《冯谖》，《史记》的《西门豹》等等，另一方面也有面目较生的篇目，如李渔的《梧桐》，元好问的《张萱四景宫女画记》，沈复的《闲情记趣》，龚自珍的《书叶机》等等。文选和文话的配合，总的说来是相当成功的，当然也不可能让每一篇文话的细节在它后面的两篇选文里都得到例证。

文法和修辞这一部分尽量从已经读过的选文里取例，讲解的深浅详略也都合适。

如果说《国文百八课》也有缺点，那么完全没有注释应该算是它的缺点。编辑大意里说："本书所收选文都是极常见的传诵之作，不附注释，教学时当也不致有何困难；"又说："关于难字、典故、人地名，有现成的辞书可以利用。"这就是没有考虑到有些学校的图书设备不够好，有些教师的语文修养比较差。再说，也还有一般辞书里查不出的，例如梁启超的《祭蔡松坡文》（第三册）里"孺博、远庸、觉顿、典虞"四个人名，除黄远庸知道的人较多外，那三位都是相当生而辞书里查不出的。再有，这篇祭文第一句，"自吾松坡之死，国中有井水饮处皆哭"，这"有井水饮处"如果不说明出处，读者也会感觉奇怪，为什么不说"有日月照处"什么的而说"有井水饮处"？

总的说来，还是得重复前面说过的话，《国文百八课》的最大特色是它的文话。现在也有以作文为中心按文体组成单元的实验课本，但往往是大开大合，作文讲解和选文各自成为段落，很少是分成小题目互相配合，能够做到丝丝入扣的。这就意味着，直到现在，《国文百八课》还能对编中学语文课本的人有所启发。

（原载《我与开明》）

第三节　课程教学的过程：正确模仿，反复实践

品读提示

语文的教与学过程，既有一般教学活动的共性特征，又有语文教学的个性特征。在处理教学共性时，要注意处理好"教"与"学"的关系；在处理语文教学的个性时，要紧扣"技能学习"和"习惯养成"的特殊性而进行。

基于语文课程特定的性质与功能，吕叔湘清醒地认识到，语文教学过程共性的一面是"'教'学生'学'"的过程，而其个性一面是"正确模仿，反复实践"的过程。

其共性特征，是因为"教"与"学"这对矛盾，既有对立的一面，也有统一的一面。在教学过程中如何处理好这对矛盾，是其语文教学观的基石，制约和影响着语文教学内容的把握、语文教学方法的运用，以及语文教学过程的实施。

吕叔湘先生认为，"圣陶先生的看法是，'各种学科的教学都一样，无非教师帮

着学生学习的一串过程。'换句话说，教学，教学，就是'教'学生'学'，主要不是把现成的知识交给学生，而是把学习的方法教给学生，学生就可以受用一辈子。"①

"'教'学生'学'"，是在阐解叶圣陶"教是为了达到最终不需要教"时，吕氏对教与学关系的个性化凝练和重申。

在思考语文"教"与"学"的关系时，吕氏将我们的视域引入深邃的历史纵深。曾记否，针对"教和学分离"的情况，陶行知先生早在1919年就提出了"教学要合一"，并且阐述了三个理由：第一，先生的责任不在教，而在教学，而在教学生学。第二，教的法子必须根据于学的法子。第三，先生不但要拿他教的法子和学生学的法子联络，并须和他自己的学问联络起来。陶行知先生将"教授法"改为"教学法"，只一字之别，但是走出这一小步，凝聚了一代甚至几代教育家推动中国教育走向现代化的重要一步，薪火相传的意义不言自明。

语文教学过程中普遍存在的"'重'讲语文"，而"'不重'用语文"，表现为常见"先生讲，学生听"，除了与新式学堂之初的"新书一册，先生讲，学生听"日常相习、沿袭相传的巨大惯性和威力外，重要原因是对语文学习的"技能学习"（习惯养成）认识不足，或者是虽有认识，但是实践时不到位。

吕氏在梳理"教"与"学"的对立统一矛盾时，结合自己近十年中学英语教学的经验，以及自己研究汉语言及其教学的深刻认识，多次重申语文教学的"基本认识"之一：**语文的使用是一种技能，一种习惯，只有通过正确的模仿和反复的实践才能养成。**

为了贯彻语文教学过程"技能学习"（习惯养成）的特殊性，吕叔湘先生还比较集中地多次阐述了要注意处理好"教"与"学"的关系，时时处处落实"用语文"。

在《谈谈教与学的关系》中，吕叔湘指出：**教师培养学生，主要是教会他动脑筋，这是根本，这是教师给学生的最宝贵的礼物。**

在《把以教师讲为主变成以学生学为主》一文中，吕叔湘一再强调：**最重要的一点是调动学生的主动性、积极性，把以教师讲为主变成以学生学为主。**同时，还打了一个比方加以阐解：

---

① 《谈谈学习国文》，教育科学出版社2015年版，序第3页。

要把学生教得像海绵一样，放在水里就吸收水，放到酒里就吸收酒，因为它到处是空隙，往哪儿都能吸收。把学生教活，教成有吸取能力的人。

不限于此，吕叔湘先生还在谈到"语文教学原则和方法"（见下一部分）时，有过较为具体而明确的阐释和发挥。

谈谈学习语文的过程

现在来谈谈学习语文的过程。使用语文是一种技能，跟游泳、打乒乓球等等技能没有什么不同的性质，不过语文活动的生理机制比游泳、打乒乓球等活动更加复杂罢了。**任何技能都必须具备两个特点，一是正确，二是熟练。**不正确就不能获得所要求的效果，不称其为技能。不熟练，也就是说，有时候正确，有时候不正确，或者虽然正确，可是反应太慢，落后于时机，那也不成其为技能。**从某种意义上说，语言以及一切技能都是一种习惯。凡是习惯都是通过多次反复的实践养成的。**观察儿童学说话的过程，完全能够证明这个论断。儿童学说话从模仿开始，先是模仿得不很好——语音不很准，用字眼、造句子，有时候对，有时候不对，然后经过多次实践，语音越来越准，用字、造句越来越有把握，最后达到"习惯成自然"的地步。**习惯的特点就是不自觉。**学龄前儿童的学习语言是不自觉的。进了学校，学认字，学写字，学新词新语，起头是自觉的，但是最后仍然得由自觉变成不自觉，让这些东西成为自己的语文习惯的一部分，才能有实用价值。打乒乓球的时候不可能每一举手都测定一下角度的大小，腕力的强弱。同样，说话的时候也不可能每用一个字都想一下它的定义，每说一句话都想一下它的组成。有人问：写文章不是有"字斟句酌"之说吗？对，有这回事。可是仔细省察一下就会发现：一，不是每字必"斟"，每句必"酌"；二，所谓"斟酌"也很少是有意识地进行字义、句法的分析，多半是直觉地感觉这个字不合适，换那个字才合适，直觉地感觉这么个说法不合适，换另一种说法才合适。这里所说"直觉地"不是出于什么本能，而是已经养成的语文习惯在那里起作用。正因为语文的使用是一种习惯，所以一旦养成一种坏习惯，例如某一个字老念错，某一个字老写错，改来也不容易，注意的时候就对，一不注意就又错了。**归结一句话，语文的使用是一种技能，一种习惯，只有通过正确的模仿和反复的实践才能养成。**

从这个基本认识出发，分别谈谈讲解、练习、示范在语文教学中的作用。讲解是语文教学中重要的一环。教师们无不要求自己把讲解工作做好，很多家长也都拿讲课的好坏来衡量教师的优劣，而好坏又往往以多寡为标准，讲得越多就是讲得越好。在我看来，现在的问题，至少以白话课文而论，不是讲得太少，而是讲得太多。难字难句需要解释。课文的组织层次或是中心思想，如果不很明显，也需要讲一下。作者是怎么个人，这篇课文有没有什么背景，如果课本上没有说明，也需要说几句。这些讲解是必要的，超过这个限度就是多余的。过去几年把语文课讲成政治课或文学理论课的风气很盛，现在有的已经纠正了，有的正在纠正中，这是好的。少讲点政治，少讲点文学理论，多讲点语文知识，应该博得赞许。然而这里面仍然有一个分寸问题，要讲得不多不少，要讲得切合实际。讲得太多，占用的时间太多，一则没有充分时间让学生多练习，二则不知不觉造成学生的错误认识，以为上语文课是为了学会讲语文，不是为了学会用语文。所说切合实际，比如讲句子结构，是为了有时候遇到很长很复杂的句子，不点明它的结构会误解它的意思。如果没有必要分析结构的时候也要分析分析，甚至只因为某种句子结构的分析在语法学家中间还有不同意见，就故意拿出来分析分析，旁征博引，借以表示自己的博学，这就是一种错误的做法。

讲解和练习都是为了教好学好语文，很难分主次。但是如果要追问两者之间的关系，恐怕只能说是讲为练服务，不能说是练为讲服务。这也跟数学课一样，教师讲得好，对于学生做习题有很大帮助，可是如果学生只听讲不做习题，还是不可能把数学学好。学生的语文课学好没有，要看他阅读的能力如何，写作的能力如何，而阅读能力和写作能力必得多练习才能提高。现在在语文课里的练习有三个缺点：一是少，二是偏，三是死。练习少，因为时间被讲解侵占了，上面已经说过。何谓偏？偏是偏重作文，忽略用词、造句的基本练习，忽略阅读的综合练习。课本中每一课课文后面也都附有一些练习题，这些练习题出得好不好是另一问题，教学的时候不重视这种练习却是相当普遍的现象。一般是敷敷衍衍，草草了事，个别教师还视为"盲肠"，实行切除。至于阅读练习，现在中学课本里编进了一些"阅读课文"，实际教学时如何处理我不知道，很可能是变成了"备用课"，有时间就跟别的课文一样的讲一遍，没有时间就"你们自己看看吧！"我认为这种阅读课文要好好运用：不讲，但是要提问，要讨论，要测验。指定课外读物，也不可放任自流，得同样提问、讨论、测验。现在学生在课外看的书并不少，但是往往是不求甚解。要克服这种缺点，非教师认真指导和检查不可。①重视作文，这件事本身是好的，可是要知道，如果只有作文而没有别种练习来配合，作文的水平也是不容易提高的。何谓死？是说练习大都着重试验学生是否把念过讲过的东西记住了（练为讲服务），不太注意学生能否创造性地运用（讲为练服务）。比如，问学生一个词或成语怎么讲，就不如要求他在句子里用一下；要他分析一个已经讲过的句子，就不如要他分析一个没有讲过的句子，更不如要他改换句法，例如把一句话拆成两三句或者把两三句话合成一句。改写，各种方式的改写，各种范围的改写，实在是作文的最好的准备。学生应该把念过讲过的东西记住，这是不成问题的，但是我们不仅要求他记住，还要求他能运用，能动脑筋。他能动脑筋，就是我们的大功告成了。如果只是记住而不能运用，仍然是为山九仞，功亏一篑。

　　（节选自《关于语文教学的两点基本认识》，全文原载《文字改革》1963 年 4 月，题目为编者所加）

谈谈教与学的关系

　　教，是教师这一面；学，是学生这一面。在教课当中，教师要起主导作用，这个没有错；学生学习要有主动性，这也没有错。教师的主导作用跟学生的主动性怎么结合？要偏于哪一方面就不妥当了。回忆我当中学生的时候，有一次，我们的英语老师生病了，请了一位代课老师。他第一堂课在黑板上写几个字：左边写个"被动"，右边写个"主动"，当中画一个箭头，表示要从被动到主动。他说：我知道你们平时上课，就是老师讲，你们听。我要把你们的学习方法改变一下，让你们主动。他的具体的做法我就不细说了。这一件事情在我的脑子里印象很深，几十年了也没有忘记。我觉得我们学生的学习有毛病（不光是语文课，别的课也如此），只会死记硬背，教师也是鼓励学生死记硬背。我当小学生的时候，有一课是"新书一册，先生讲，学生听"。（这是很早很早的课本，恐怕在座的同志没有几位见过这个课本。）"新书一册，先生讲，学生听"，小学生一、二年级也许只能如此。慢慢的

---

① 课外读物可以制定整本的书，这是这个办法的优点，但是学校里不可能置备很多复本，一班学生要轮流阅读，不容易进行全班讨论和测验。我觉得可以把课本里的阅读课文抽出来，跟课外读物（精选）合起来印成一本（篇幅约为精读课文的三到五倍）。这样，对于进行阅读教学也许更方便些。

从小学到中学，到大学，不能老是"先生讲，学生听"啊，这样恐怕效果不会好。要逐渐培养学生主动学习的能力，不要老等人家给，要学会自己去拿。我发现，我们这个习惯很深。我去年招了几个研究生，他们也提出来："先生，您给我们讲点什么吧！"我说我实在没有多少可讲，三言两语就讲完了，主要靠你们自己看书，发现问题，咱们来讨论，互相启发。我现在给他们搞了个讨论班。第一次上课的时候我就说："你们得准备。这一次就预定下一次讨论什么问题，回去各人准备。到时候大家发言，互相辩论也可以，互相启发也可以。你们都不讲话的时候，我也不讲话，那我们这一堂课就算结束。"那只能如此，你不这样子，他老是"先生讲，学生听"，还得了吗！苏灵扬同志在这里，是不是你们教育学会也讨论讨论学生的学习方法，死记硬背的方法要改变。这个问题是个很大的问题，应该把它看得很严重。因为我们知道，我们要有知识，这是不错的，更重要的是要有智慧。你光有知识，你不会用那些知识，那也是枉然。那样的知识没有用，是死的。你有智慧，你就能运用这些知识。

所谓智慧，好像这东西很高超，其实不然。智慧就是能动脑筋，你会动脑筋，所有的知识都能供你使唤；你不会动脑筋，那些知识不为你所用，不是你的东西。我们各门学科都有一些基本的知识要记住。基本的公式、规律要记住，这是不错的；但是，不是所有的七零八碎的繁琐的东西都要记住。书上都写着在那里，到时候你去查一查就行了。没有谁把对数表都记住，对数表印好在那里，到时候你去翻一翻就行了。但是怎么用这个对数表要学会。语文要记忆，要有点背诵工夫，但是这也应当是主动的。你觉得这一段文章好，美，觉得这些词句有用，你就把它读熟记牢，这是主动。如果你并不感觉兴趣，只是奉命背诵，那就是被动。

教师培养学生，主要是教会他动脑筋，这是根本，这是教师给学生的最宝贵的礼物。就是给他一把钥匙，他拿了这个钥匙能够自己开箱子、开门，到处去找东西。你不给他这个钥匙，那有多少宝贝他也没有法子拿到手。

有的教师讲课能讲得眉飞色舞，能让学生听得津津有味，这当然是好事。但是过后还得仔细想一想，到底这一堂课给学生一些什么东西。如果学生确实有收获，那是好上加好。如果学生没有得到多少实惠，那就只是看了一场表演。古人有两句诗，"鸳鸯绣取从君看，不把金针度与人。"一个绣工，一个神绣，绣的东西好，我这个鸳鸯绣好了以后，可以让你看，可是怎么绣的不教给你。当然我不是说这个老师有这样的意思，他决不会有自己留一手的意思，不是的。但是他不知道重要的不在于讲得有趣，而在于使学生得到一把钥匙。这么教恐怕也是不容易，但是应该朝这个方向努力，让自己的学生个个都能动脑筋，能够自己解决问题。现在国外在研究人工智能，就是教机器人，第一步是让机器人能够照你的话做事情。你叫他去拿什么东西，它就去拿什么东西。现在又在研究第二步，教机器人动脑筋，如果第一次做错了，第二次不会再错，就是从错误中得到经验。那些机器还要把它教得会动脑筋，那我们教的是人哪，那是比机器人更高一级的，我们一定要教会他动脑筋。

（1979年12月25日在中学语文教学研究会成立大会上的发言。原载《语文学习》1980年第1期。本文系节选，题目为编者所加）

把以教师讲为主变成以学生学为主

下面谈谈教学法的问题。如果光有好的教材而没有好的教学法，那教材也不能发挥作用。关于教学法，一些做过教改试验的教师有共同的经验，归结起来有几点。**最重要的一点是调动学生的主动性、积极性，把以教师讲为主变成以学生学为主。**

一般都很强调预习。学生在教师讲之前先要预习，字词要自己查字典，段落要自己分，等等。有的教师要学生在课堂上预习。有的教师对课后练习不打分，课前预习要打分，学生很重视预习。还有一点是强调课堂讨论，可以讨论语文方面，也可以讨论思想内容。讨论不同于机械地提问，而是讨论为什么要这样写而不是那样写，为什么要先讲这件事、后讲那件事，等等。

还有一个共同的做法是重视课外阅读。开展课外阅读，对提高学生的语文能力非常重要，一定要给予足够的重视。同志们可以回忆自己的学习过程，得之于老师课堂上讲的占多少，得之于自己课外阅读的占多少。我回想自己大概是三七开吧，也就是说，百分之七十是得之于课外阅读。课外阅读对语文课来说，决不是可有可无的。教师对学生的课外阅读不能放任自流，要加以适当指导，例如什么书值得看，什么书不值得看，这本书有什么长处，那本书有什么缺点，等等。多少指导一下，学生得到的帮助就很大。还有一条经验也是共同的，就是多写，大作文、小作文、笔记、周记、日记等等都可以，教师看一部分，做点讲评指导。

上面介绍了一些好的经验，但目前比较多的教师的教学方法不理想，不够好。浙江的情况同各地类似，并不特殊。听说高考对中学教学影响很大，有的地方有所谓两个365，意思是：一，要争取高考总分达到365分；二，365天，天天都要学。学校一般都要放假，他就是一天也不放，弄到教育局命令放，才放了一天，这样就太厉害了！再有一个是强调死记硬背，相当普遍，各地都如此，不强调的只是少数。听说有一所学校，教师要毕业班学生背4000个词语，可是今年高考填空题一个也没用上，这真是防不胜防！有的学校搜罗了各地的试卷给学生做。有一个学校搜集了49种试卷让学生考，一次考一种。49种都考了，大概以为这样高考就可以得高分了。我看也不一定，题海战术不一定能打胜仗。还有一个口号，叫做"先生苦教，学生苦学"。都是苦，那怎么行？我们做事要感到有乐趣，如果不是精神愉快而是愁眉苦脸地在那儿教，愁眉苦脸地在那儿学，效果决不会好，情绪不对嘛！宋朝的朱熹有"四时读书乐"四首诗，讲春天读书怎么快乐，夏天读书又怎么快乐，四季读书都快乐。读书应当有点乐趣，光讲苦不好。

有的教师说，我们不高谈阔论什么理论，我们就是个"实"字，扎扎实实。扎扎实实当然很好，可是不能把死记硬背也看做"实"。要看你对"实"字怎么理解，实得聪明还是实得笨。对"实"，我们要肯定，但还要加个字，要"活"，要实而不死，实而能活，这样效果就很好。怎么能做到这点，那就要看教师的本领了。有的教师把课教活了，学生感兴趣，效果就好，有的教师不善于启发，只会让学生死记硬背，学了不能用。去年我在上海参加中学语文教学研究会，讲到现在外国在那里研究人工智能，具体讲，就是要找出一种办法能命令机器做事情，回答问话，要把机器教得能像人一样地理解人的话，把机器变成人，现在还只有初步的成效，正在朝这个方向努力。可是现在我们有的教师却把人教成机器，适得其反。

有个比方很好，就是**要把学生教得像海绵一样，放在水里就吸收水，放到酒里就吸收酒，因为它到处是空隙，往哪儿都能吸收**。这种学生哪怕在学校里学到的知识不是很多，但是他有吸收知识的能力，将来能时时吸收，前途无量。假如我们不是把学生教成一块海绵，而是教成一块橡皮，放到哪儿它也吸收不进去，你在橡皮外面涂上一层东西也无非就是那样，它还会慢慢地往下掉。我们一定要把学生培养成为能够自己随时随地吸收知识的那种人。这个比喻还是不够好，光有很多知识也还是不够，还要把知识化成能力，就是能活用。这就叫做能取得主动权，而且是一辈子取得主动权。决不能把学生弄成一块橡皮，或者一块木头。这恐怕是我们教学方面的一个大问题，也不光是语文课，也不光是中学，从小学一直到大学都存在这个问题。我们总得朝这个方向努力，就是**把学生教活，教成有吸取能力的人**。

（节选自《关于中学语文教学问题》1980 年 11 月 24 日在浙江省语言学会、杭州大学中文系、杭州市教育局联合举办的报告会上的讲话，标题是编者所加）

教学思想和教学方法的改革

——在叶圣陶语文教育思想讨论会上的书面发言

我因为有别的会，不能来参加讨论，很遗憾。关于叶老的语文教育思想，我在《叶圣陶语文教育论集》的序言里归纳为主要两点，一点是要认识语文是工具，一点是要引导学生自己学习。叶老讲语文教育，越到后来越强调这第二点。1962 年叶老写了一首诗《语文教学十二韵》，里边有这么几句：

为教纵详密，亦仅一隅陈，贵能令三反，触处自引伸。

1977 年又应《人民教育》编辑部之请，写了一首论语文教育的诗，里边说：

所贵乎教者，自力之锻炼。诱导与启发，讲义并示范，其道
固多端，终的乃一贯，譬引儿学步，独行所切盼。

叶老又把这个道理归纳为一句非常精辟的话，就是大家常常引用的"教是为了不教"。

论起来，这"教是为了不教"的道理，不但适用于语文教学，也适用于一切知识和技能的教学。什么叫做教育？教育就是诱发学习者的积极的、主动的努力，这几乎是所有教育家的一致意见。但是现实并非如此，填鸭式的教学法仍然占上风，我们不妨说，在教学问题上，可以有两种目的，适用两种方法，产生两种效果。一种教学的目的是要学生获得现成的知识，越多越好。与此相适应的教学方法就是教师多讲，学生死记，考试就是考你记得多少，能否一字不误。结果是学生脑子里装满了很多现成的知识，但是不会运用这些知识去解决遇到的问题，更不会闯出路子来取得新的知识。另一种教学法是相信学生有自己学习的能力（三岁的孩子就已经学会了很多事情），教学的目的就是让学生尽量发挥自学的能力、方法就是为他的

学习提供条件，包括图书、仪器和种种实物，也包括教师的诱导、启发、讲解和检查。这种教学的效果是学生能够利用学到的知识分析问题，解决问题，但是在死记硬背上大概要输给前一种教学法教出来的学生。这两种教学法的分析，在一定程度上可以跟工业生产和农业生产的分别相比。工业生产是用人为的手段把原料改变为成品，原料是听凭处理的对象。农业生产则是依靠作物自己发育生长的能力，仅仅为它的顺利成长提供最好的条件。

填鸭式的教学法、死记硬背的教学法在中国的盛行，是有它的历史根源的，是可以理解的。但是它的缺点也是明显的。很可惜的是这种填鸭式的教学法，虽然经常受到批评，可是至今仍然占有很大的优势。不但是小学、中学是填鸭式教学法占优势，甚至大学也是填鸭式教学法占优势。填鸭式教学法能够迷惑人的地方在于它能让学生滔滔不绝的背给你听，而诱导式教学法教出来的学生在这上头往往甘拜下风。中国大学的优等毕业生跟欧美大学的同等学生比较，考试成绩可以胜过他们，解决问题的能力往往不如；在毕业考试的时间可以胜过他们，毕业10年以后往往落下一大截，这里边虽然也有别的因素，但是学习方法的不同是主要的原因。我们说，要比较不同的教学法的优劣，不能看学年考试、毕业考试、升学考试的分数，要看学生离开学校10年、20年以后的成就。这个道理我们要多做宣传，要拿出具体的事例来做宣传。要引导广大教师下决心进行教学改革，但是首选要说服主管教育的同志，校长们和局长们，不要用机械式试题来鼓励填鸭式教学法。

（1982年11月，《语文教学通讯》《语文战线》和上海教育学院中文系发起召开了叶圣陶语文教育思想讨论会，这是吕先生在会上的书面发言）

语文教学要变被动为主动

——写在《语文学习》创刊五周年之际

现在的中学语文教学，除个别学校、个别班级，总的说来是不能令人满意的。这个话有什么根据？有。多数中学毕业生对于语文工具不能运用自如，有的学生差得很远，这是无可否认的事实。为什么是这样？其中有人的因素，但是更重要的是教学指导思想。阅读课也好，作文课也好，都流行一套程式。教师按照这套程式去教，学生按照这套程式去学，都不必动脑筋。上阅读课，基本上是"先生讲，学生听"，又叫"满堂灌"。妙在学生让历任教师灌惯了，你不灌他还不高兴。段落大意，中心思想，习题答案，全得由教师写在黑板上，让学生照抄。教师不写，学生不答应。教学的目的，在学生方面是把教师讲的记住，把教师写的抄下来，在教师方面是督促学生把这些项目做好。作文课的情况也差不多，例行公事三部曲：一、教师命题，二、学生写，三、教师批改。学生是无可奈何的写，教师是无可奈何的改。总之，学生的学是被动的，教师的教也是被动的，都是为了"完成任务"。要问为什么这么教，为什么这么学，说不出多少道理。既然是被动的事情，自然说不出个所以然。

且慢，有教师同志说话了。他说："请问，不这么教又怎么教？"

我的回答：总的原则是变被动为主动，学生要主动地学，教师要主动地教。怎么主动地学？首先，要大量阅读，有精读，有略读（二者的界限也不必划得太清），一学期读它80到100万字不为多（这里边当然包括语文课本）。很多词语的意义和用法，只有通过多次会面才学得真切，记得牢靠；才不会翻来复去老使唤那几百个词语，要不就生造、堆砌。种种章句结构，种种内容安排，也只有通过大量阅读才能见多识广，"取之左右逢其源"。可是大量阅读必然会遇到不认识的字、词，不了解的事物，需要查词典和其他工具书、参考书。这些工具书也是要通过多次使用才会熟悉它们的范围和体例，才会知道哪部书有什么用处，遇到什么问题要查什么书。大量阅读是好事，但是学校要有充分的图书设备，更重要的是要有教师做好辅导工作，否则学生很容易读些不值得读的书，或者把好书泛泛过目，总之是造成浪费。教师要考虑学生将来生活和工作中的需要，给他们介绍各种读物，不限于文学作品，要跟他们讨论问题，当然也要帮助他们排除语文方面的障碍。作文也要变被动为主动，教师要想办法引起学生作文的动机，并且指导他搜集材料并加以剪裁组织。说实话，学生主动学习，教师的工作不是减轻了，而是加重了。

那位教师同志又要说话了。他说："这样教有两大不合适。第一，不遵守教学大纲，也可以说是超大纲。第二，不针对高考，影响学生的升学。"

我的回答：教学大纲只是提出教学目标，至于教学步骤，只是提供参考，教师可以根据情况作具体安排。怎么叫做"超大纲"，很难说。再说，"超大纲"如果产生效益，岂不是件好事？不管怎么说，起草教学大纲的目的决不是要用它做紧箍咒。

倒是应付高考，确实像是个问题。现在的语文教学，特别是毕业班的语文教学，一切以迎接高考为指归。作文则集中精力猜题并准备宿稿。虽然这几年的作文题多数是避熟就生，但是避者自避，猜者自猜。语文知识测验则广泛搜集题目，多多益善，让学生死记硬背。整个景象叫人想起科举时代考八股文，熟记朱注，熟读新科闱墨的日子。废除科举快 100 年了，居然"流风余韵"还依稀可见！

这样的语文教学，即使应付高考能奏效，对提高语文能力却不是康庄大道，而况应付高考也势必奏效呢？还不如我行我素，按上面所说以培养学生自学能力为主的原则进行教学。如果能够做到主动学，广泛学，在高考卷子上"丢分"也不会多，不会影响录取，而语文实力远为雄厚，一生受用。要知道人是要生活和工作好几十年的，高考只是一个插曲而已。

还有一说，高考命题也应当有所改进。现在标榜命题不出教学大纲的范围，其实教学大纲是很抽象的，如果大纲就意味着课本，在别的学科也许合适，在语文课未必合适。课本以选文为主，谁能说只有这二三百篇文章可以体现大纲的要求呢？命题以课本为依据，出发点是机会均等，比较公平，不能说没有道理。可是从另外一个角度看，又似乎不完全公平，因为有的学生在课本以外学到很多东西，却无法在考试中表现出来。我赞成在考题里边加少量"超大纲"的题，让有能力的学生得点"加分"。

归总一句话，教学的目的首先是培养自学能力，让每个学生的学习潜力都能够充分发挥出来。语文是这样，别的学科也是这样。光有"正步走！一、二、三、四！立正！稍息！"训练供检阅的队伍则可，训练能打仗的部队则不够。

《语文学习》在全国中学语文教师中很有影响，在它创刊五周年之际，我祝它茁壮成长，并希望《语文学习》在语文教学变被动为主动的改革中能多做贡献。

（原载《语文学习》1984 年第 7 期）

第四节　课程教学原则和方法：既是科学，也是艺术

品读提示

语文教学效率提高，涉及方方面面的问题，不限于教学法一端。但教学法无疑又是其中十分重要的一环。语文教学方法林林总总，必须明确**"在各种各样的教学法之上有一个指导原则——因势利导。"**[1] 而且，"因势利导""定法不是法"和"关键在于一个'活'字"，都是教学方法选用的指导性原则，是掣肘教学方法发挥良

---

[1] 《语文教学中的指导原则》，《吕叔湘全集》第十一卷，辽宁教育出版社 2002 年，第 169 页。

好效益的"总开关"。

诸如"模式"和"方法"等等，都是前人教学经验和智慧的总结和概括。我们当然要认真学习，积极借鉴，为我所用。但是，语文教学现场运用时，考虑时空和条件差异不足的情况大量存在，"失之毫厘，谬以千里"的情况屡见不鲜。因此，吕叔湘先生呼吁"定法不是法"，他具体阐解为：**不是让人做事不讲方法，方法是要讲的，但是不要把它讲死了，要把它讲活了。什么叫作讲活了？就是要一方面坚持原则，一方面又能适应当前情况。**

语文教学既是一门科学，也是一种艺术，是吕叔湘先生关于语文教学原则和方法的集中体现。

所谓语文教学是一门"科学"，是指语文教学的内容与教学原理必须符合学生学习语文的基本规律，体现教学内容、原理与教学目的的一致性。所谓语文教学又是一种"艺术"，是指教师根据学生差异、教材内容不同，综合考察相关"变量"后设计的有利于学生接受的实施方案，以保证学生顺利达到教学目标所规定的知识积累和能力提升的要求。

自然，语文教学必须遵循科学规律。规律性的东西是可以重复的、再现的，通过不断地重复、再现，达到掌握规律、形成能力的目标。吕叔湘将形成语文能力喻之为打乒乓球，必须不断实践，在一次次重复中获得提高。"知与行"规律启示我们，认识上的知晓（"知"），必须通过"行"才能形成语文能力。语文训练就像练习乒乓球，上旋球、下旋球的要诀，五分钟就可以明白，但是要自如地运用，三五年也不一定能掌握得娴熟。

同时，语文教学也要注重艺术性。不讲艺术性就不能达到预期效果。反复训练，不等于机械训练。艺术强调个性化，艺术性强调的是创造性。在学生训练中，教师运用循循善诱的手段和方法，这就在教学中注入了艺术性。这样做就既是遵循训练规律来进行教学，又采用学生喜闻乐见的方式和手段进行训练，训练的效果就会明显。简言之，就是因人而异、因时而异、因文而异，进行有针对性的教学。这就是教学艺术性的体现。

语文教学"科学"和"艺术"的关系是相辅相成的，正如一枚硬币的两面，是一个整体。不能一说科学性，就死做；一说艺术性，就只注意"活"而不考虑教学目标。语文教学的科学性和艺术性，在整个教学活动中是很难割裂的。或许在不同的环节上，可能更侧重一个方面，强调一个方面，而在强调这方面的时候，必须注意不能排斥另一个方面。必要的重复不是简单的重复，重复需要艺术的手段。每次重复，学生都能有新的收获和提高，乐此不疲，情趣盎然。

吕叔湘先生对语文教学"科学"与"艺术"的阐述，在《关键在于一个"活"字》中加以重申。

今天，语文教育理论和教学方法都呈现出"国产"与"进口"并存的生动情景。重温吕先生"语文教学既是一门科学，也是一种艺术"的观点是具有指导意义的。"外来"的和尚有真经，而本土的大师专家的言论读来更亲切、实用，值得我们认真研究和继承。

语文教学中的指导原则

语文教学的研究对象不外乎教材和教学法。教学法中有许多问题，在本刊里边将会展开讨论，我只想提出一点，那就是：**在各种各样的教学法之上有一个指导原则——因势利导。**

讲因势利导，首先要"审势"。要记住学生原有的基础。对基础好的学生是一种教法，对基础差的学生是另一种教法。要了解学生当前的精神状态。热心学习是一种情况，精神散漫是另一种情况，教法要适应不同的情况。

审势的"势"也包括课文。课文是难还是易，是有趣还是枯燥，要不同对待。

讲"利导"就有个导向何方的问题。不同年级，不同阶段，教学目的有所不同，至少是重点有所不同。教学法就要为这个目的服务。心中有一个方向，就不会把语文课教成政治课、故事课、文学史课或文学理论课。

如果可以借用军事用语的话，具体的教学法是战术问题，因势利导是战略方针。

（原载《汉语学习》1980 年第 1 期）

定法不是法

定远同志把他所编定的《中学语文教学论集》的篇目拿给我看，要我给这本书写个序。这一百多篇文章，什么问题都谈了，我还有什么可以说的呢？只好泛泛的说几句话，也就顾不上切题不切题了。

我想从一个故事说起。有一位日本朋友来中国旅游，非常欣赏中国菜的美味。

回去之后派人来学习怎样做中国菜，用个本子记下：用什么材料，什么作料，怎么洗，怎么切，怎么蒸、炒、煎、煮，每道工序几分钟，全都记得仔仔细细，清清楚楚。回去如法炮制，做好之后一尝，满不是原来的味道。

难道这位日本朋友错了吗？应该说是也错也没错。中国有句老话叫做"定法不是法"。这句话的意思不是让人做事不讲方法，方法是要讲的，但是不要把它讲死了，要把它讲活了。**什么叫做讲活了？就是要一方面坚持原则，一方面又能适应当前情况。**

拿教学这件事情来说，什么是当前的情况呢？首先是学生的情况，其中包括学生现有的基础，各人的家庭情况，班级的大小，前任教师的教学情况，现在班上的学习风气，包括同学中间互相帮助还是互不关心，等等。其次还有社会上的学风，比如，是强调背诵书本还是讲求实际应用，是否比赛高分数，是否追求升学率等。熟悉教学原则不难，难在从现有的情况出发，想方设法贯彻教学原则，不管这些情况多么不利，仍然能够使它朝着对教学有利的方向转变。只有能够做到这一步，才算是把教学法讲活了。

唐朝的史学家刘知几说，一位高明的历史学家要有三方面的修养：史才，史学，史识。我想，一位高明的教师也应当有才、学、识这三方面的修养。**掌握教学方法并且能够运用自如，这可以算有"识"。**除此之外，还得有"学"，那就是说，对本门学科有比较全面的知识。哪一种学问都可以说是无穷尽的，谁也不可能完全知道，但要是能够遇到不懂的东西，知道到哪里去查考，也就好了。临时抱佛脚，确实有时候难免，但是必须预先知道佛在哪里。

有"学"有"识"，还得有才。什么是教师的才呢？有两个才：一个口才，一个笔才。口才不一定是口若悬河，滔滔不绝，或者绘声绘影，如说评书。主要是条理清楚，主次分明，长于启发，长于总结。至于笔才，那就不仅要善于示范，还要善于批改。

说了半天，好像说的还是一般的教学法。除了"笔才"这一点，并没有针对语文教学说话，正是应了起头所说，是不怎么切题的。这是因为有这个集子里的众多论文可供研讨，同时，如果我这较为广泛的意见可以让别的学科的教师同志参考，那也未尝不是一件好事。

（原载《语文学习》1983 年第 2 期，原题为《中学语文教学论集》序）

关键在于一个"活"字

在十几年来的中学语文教学改革中，出现了许多成功的教学法。这些教学法在实践中的效果不尽相同。这并不是由于这些教学法本身有多大高低差别，而是在于教师会不会活用。**关键在于一个"活"。如果不会活用，任何教学法都会变成一堆公式。**

我也曾经参观过这种那种教学法的示范，看得出来是经过排演的，效果并不好。真正掌握一种教学法的教师，他是会随机应变的，他的教室里是生气勃勃的。你叫他换一种教学法，他也会根据实际情况，取其所长，舍其所短，同样取得成功。

总而言之，成功的教师之所以成功，是因为他把课教活了。**如果说一种教学法是一把钥匙，那么，在各种教学法上还有一把总钥匙，它的名字叫作"活"。**

（1984年在全国中学语文教学研究会第五届年会上的书面发言）

语文教师的心里话

本书编者要我拿《我和语文教学》做题目写点心得，这是将我的军。因为我只有教中学英语的经验，没有教中学汉语的经验，怎么能随便说话呢？凑巧早几天有位语文教师对我诉苦，现在就我回忆所及，用他的口气写下来，向有经验的教师同志讨教，向家长同志和主管教育的同志呼吁。

"关于语文教学，叶老和您都有许多高明的见解，我完全信服，可是在我们那里行不通。现在语文教学中抄风很盛。近几年，各种版本的《教学参考资料》《教案选》到处流传。这对于手头空空如也的农村教师是有帮助，可是盲目照搬又必然影响教学的质量。作为负责的教师，根据他的教学对象的实际情况，做出一课的最佳教学设计，写成教案，当然比照抄现成教案好，可也比照抄现成教案难。可是学校领导、教育局领导，他们来检查的时候，不看你的教案的内容，只点你教案的字数，字数越多越好，字数少的他把你的名字记下来，作为批评的对象。

"至于课堂上的讲解，最受欢迎的仍然是满堂灌。学生被以前的老师灌惯了，如果遇到一位新老师不搞满堂灌，学生还不答应。中心思想，段落大意，习题答案，要求老师都写在黑板上让他们抄。在老师这方面呢，很多老师也乐于满堂灌，反正有《教学参考资料》，不费劲。有些语文教师，不是不想改变'一言堂'的状况，可是力不从心，不知道该怎么打发这四十五分钟。有的教师说：'少讲其实比多讲难哪！'这倒是句真心话。

　　"再说作文教学，您看了早两天《光明日报》上那篇《命题作文的危机》没有？您没看？好，我念一段您听！'有一些教师实行"对路训练"……所谓"对路训练"，就是眼睛死盯着招生考试的作文试题，绞尽脑汁以猎取高分。在平时，往往是命题之后先念一篇"范文"，再据此提出要求，名曰"启发"，实则示意学生照此办理，鼓励抄袭。临考，或提供各种"典型材料"，或抄录若干精辟语句，或示以篇章大略，或代拟全文中心，甚至猜题押题，大讲考场秘诀。还有些学校，连作文题也要对外保密，其意不在藏拙，而是把它当作"锦囊妙计"，唯恐别人"利益均沾"。因此一个班五十多篇作文像一个模子印出来的情形是常有的。你不搞'对路训练'吗？家长不答应，为了他的儿子女儿要进大学；校长不答应，为的要提高或保持他的学校的升学率。为了预防高考作文题出在你押题的范围之外，还预先准备若干'挂钩'，像《红楼梦》里刘姥姥进荣国府，不管怎么转弯抹角，这门亲算是认定了！当然，这又涉及阅卷评分的问题。确实也还有些阅卷老师认为'当然有点文不对题，可是词句通顺，也还没有几个错别字，该给个及格分数。'

　　"我们语文教师不是不愿意搞语文教学改革，但是要给我们创造条件，给我们时间、空间——对，空间——参考书——不是配合课本的参考资料。特别重要的是学生的支持，家长的支持，校领导和局领导的支持。要得到这种种条件是何等的难哪！"

　　听完了他的话，我很惭愧，无言以对。

（原载《我和语文教学》，人民教育出版社 1985 年）

语文教学既是一门科学，也是一种艺术

同志们：

　　很抱歉，由于身体不太好，没能来参加大会，主持大会的同志希望我能对到会的同志说几句话，我就试试吧，说得不对的地方请指教。

　　自从本会成立以来，很多学校、很多老师在语文教学方面，进行了改革，取得很大成绩。新的教学方法，这个法，那个法，出来很多，都有理论根据，有实际效

果，这是非常可喜的。我今天打算讲讲事情的另一方面，就是教学的艺术，我常常对人讲，语文教学既是一门科学、也是一种艺术。有了很好的教学法，如果不会运用，也是白搭。**把教学法运用得很好，取得很理想的效果，需要有很好的技巧，也就是要掌握教学的艺术。**

比如，各种先进的教学法都反对灌输式，强调启发式，可是如何运用好启发式，这里边大有学问，是一种艺术。启发式包含两个主要方式：一个方式是教师提问，学生回答；另一个方式是学生发问，教师回答。这两种方式，如果不善于运用，都会产生不好的后果。教师提问，学生回答，有时候会答非所问，引起同学的议论，把问题引入歧途。学生发问也往往会问的不在点子上，教师既不能置之不理，又不能为此浪费时间，耽误教学的进程。所以教师提问一定要做到能发能收，运用自如；学生发问离题，教师要能够因势利导，纳入正轨。

这只是举例而已，还有种种情况，例如有的学生不用心听，不知道在想什么，有的学生搞小动作，等等，都要善于处理。各种情况说不尽，各种经验也很难传授，靠教师自己修炼。**一般把这叫做教学经验，其实就是教课的艺术。**回忆我自己在小学、中学经过的语文教师也有六七位，教学效果大有高低，很多老教师教课效果不错，可是要他讲理论，他说不出多少。这种"教学经验"能不能总结总结呢？不妨试试。

今天就讲这一点意思，算做对教学法研究的补充吧！

（1987年12月10日在全国中学语文教学研究会第四届年会上的书面发言）

第五节　阅读的教与学："阅读本事"的训练

品读提示

现代科学的高度发展，日益要求人们全面地锻炼自己阅读能力的双翼——"精读"和"泛读"。

早在20世纪20年代，吕叔湘就读东南大学时的陆志韦先生就曾经提醒有精读习惯的人要常常注意泛读的方法（速读）。吕先生不仅细致地讲完了这个故事，而且还解读了这个故事的意思：**看文章不一定都要一个字一个字地看。**我们有个习惯，看书从第一个字看起，一直看到末了一个字，一个字不落。有的书应该这样看，有的书不必这样看，应该很快地翻过去，把它的内容吸收进去。这个要有训练。

国外语言教学中重视快速阅读由来已久，与之相应，我国的外语教学中也一直将"泛读"与"精读"置于旗鼓相当的地位。然而，从我国阅读教学的总体来看，语文教学中"精读"的"一统天下"迄今仍然固若金汤。

阅读教学十分重要，一向被喻之为语文教学的半壁江山。按照这个说法推导，学生的阅读能力应该不错，至少也是不成问题。事实却并非如此。

考察学生阅读能力不足的原因，当然不止一端。但是，可以十分肯定地说，语文教育界对"阅读本身也是应该培养的一种能力"认识的不足，是其中重要的原因。虽然近年来从国外反馈回来的、不少中国留学生快速阅读能力"短板"明显的信息在持续扩散，但是并未引起我国语文教育工作者足够的重视。至少引起广泛重视十分有限。因此，吕叔湘先生在 40 年前所说的"阅读本事"，至今仍然具有极强的针对性：**你一定得在有限的时间里头，把大量的需要读的书都读了。这就得有一个本事，这个本事要训练。这就是说阅读本身也是一种需要培养的能力。**

今天，重温吕叔湘几十年前"略读、快读能力也要培养"的话语，更感喟其教诲的前瞻性和深刻程度。针对目前"精读"重视有余、"泛读"严重不足的现状，语文全国统编教材主编温儒敏先生呼吁要开展"海量阅读"，并且在所主编的教材中也渗透了加强"泛读"的意识。他的这种观点，也与官方的调子一致，如上一轮课改中，规定了不同阶段学生的阅读总量；在我国义务教育语文新课标中，再次明确了阅读数量的具体指标：语文教学除完成既定的教学任务外，义务教育"九年课外阅读总量应在 400 万字以上。"

我们不否认"精读"和"泛读"对立的一面，但同时要看到两者统一、相辅相成的一面。显而易见，要取得良好的"精读"效益，缺乏"泛读"的支撑，难免失之于褊狭，理解的深刻性自然偏弱。这是**因为客观事物非常复杂，变化无穷无尽，而语音有限，语汇有限，语法手段有限。以有限反映无穷，必然具有抽象性和多义性。**熟练掌握和运用"泛读"，可以帮助学生了解复杂的客观事物，对于"精读"的正向意义是显豁的。

同时，"精读"方法的熟练掌握和有效迁移，对"泛读"也会产生良好的正效应。当然，也要警惕过分夸大统一，否则，抹杀两者的特殊性，极容易走向它的反面。毕竟，两者不能相互替代，有各自的内涵和外延。

吕叔湘倡导阅读教学要特别关注"泛读"，同时对"精读"也十分钟情。《咬文嚼字》一文，对"嚼字"不厌其烦，是很好的佐证。只是因为大家都十分关注"精读"，而关注"泛读"不够，所以吕叔湘先生才大声疾呼之。

由于文言文是阅读教学的重点和难点，因此吕叔湘先生十分关注文言文教学。早在20世纪40年代，吕氏在参与《开明文言读本》编辑时，就系统研究过文言文及其教学问题，并形成了一篇三万字的"导言"，放在第一册的开头，就文言的各方面述说，使读者在学习文言之前先有个明确的了解。本书摘取前面的一部分，这是《什么叫文言》。

20世纪60年代，其《关于语文教学的两点基本认识》一文中，再一次明确指出**从事汉语文教学就必须认清汉语各种形式——普通话和方言、现代汉语和古代汉语——的分别和它们的相互关系**。而且《谈语言的学习和教学》一文，主要谈的也是"现代汉语问题"和"文言文问题"。

无论是《关于语文教学的两点基本认识》，还是《谈语言的学习和教学》，在谈到"文言文问题"时，都强调要弄清楚两个问题："一，文言是什么性质的文字；二，为什么要学习文言。"两文参读，对我们加深文言教学问题的认识和启发大有助益。

关于阅读及其教与学的问题

一、大量阅读是好事

怎么主动的学？首先，要大量阅读，有精读，有略读（二者的界限也不必划得太清），一学期读它80万到100万字不为多（这里边当然包括语文课本）。很多词语的意义和用法，只有通过多次会面才学得真切，记得牢靠；才不会翻来覆去老使唤那几百个词语，要不就生造、堆砌。种种章句结构，种种内容安排，也只有通过大量阅读才能见多识广，"取之左右逢其源"。可是大量阅读必然会遇到不认识的字、词，不了解的事物，需要查词典和其他工具书、参考书。这些工具书也是要通过多次使用才会熟悉它们的范围和体例，才会知道哪部书有什么用处，遇到什么问题要查什么书。大量阅读是好事，但是学校要有充分的图书设备，更重要的是要有教师做好辅导工作，否则学生很容易读些不值得读的书，或者把好书泛泛过目，总之是造成浪费。教师要考虑学生将来生活和工作中的需要，给他们介绍各种读物，不限于文学作品，要跟他们讨论问题，当然也要帮助他们排除语文方面的障碍。

（节选自《语文教学要变被动为主动》，原载《语文学习》1984年第七期）

二、阅读本身也是一种需要培养的能力

我是想，阅读本身是不是也是应该培养的一种能力。我记得我当学生的时候，在陆志韦先生班上上过课，陆先生教我们心理学，有时候也讲到别的事情。有一天，他问我们："你们每天看报用多少时间？"我们说这可说不好，有时候有事情，报就不看了，有时候没有事情，就看上很多时间。他说：应该每天看20分钟的报，要在20分钟里头把这个报里头的全部内容都看进去。我们说这个不容易呀！他说：是啊，不容易就得学呀！你不看报不行，要花很多时间也不行，你得在20分钟里把一天的主要新闻乃至重要广告都看到。**我说这个故事，我的意思是说看文章不一定都要一个字、一个字的看。我们有个习惯，看书从第一个字看起，一直看到末了一个字，一个字不落。有的书应该这样看，有的书不必这样看，应该很快地翻过去，把它的内容吸收进去。这个要有训练。**我们在生活当中，需要看很多东西。你都是一字、一字地看，那你没有这么多时间。结果你有好些应该看的东西没有时间看。这个能力的培养恐怕是有需要的。我听说一个情况，这两年我们派了不少留学生到外国去，有些学生外语不太好，听课有困难。但是也有人外语很好，听课没有困难。可是他遇到另外一个困难，看书看不过来。外国的那些大学里头，特别是当研究生的，老师给你讲那么一次以后，开一个很长的书单子给你，30本，50本，要你看。一门课是这样，两门课加倍，三门课三倍。如果一个字、一个字看下去，这个速度，一个学期只能看个三本、五本。**那些老大厚的一本一本的东西，你一定得在有限的时间里头，把大量的需要读的书都读了。这就得有一个本事，这个本事要训练。这就是说阅读本身也是一种需要培养的能力。**

（节录自《关于中学语文教学的种种问题》1979年12月25日在中学语文教学研究会成立大会上的发言。原载《语文学习》1980年第1期。小标题为编者所加）

三、略读、快读能力也要培养

阅读问题，现在一般强调的是精读、背诵，好像很多老师都强调这个背书。有的文章，或是全篇，或是当中的几段，要求同学会背。好像阅读就是这么一个问题。其实不然，这个精读背诵有需要，但是略读、快读能力也要培养。因为生活上需要。比如说，每天看报，能不能看报也像念《岳阳楼记》那样子地一句一句念，念得会背？没有这个需要，也不可能。一张报纸，一个版面1万字，一张报四个版

面就 4 万字，去掉广告也有 3 万字吧，你怎么背呀？你背不了啊，你也没有需要要背啊。你要快！有人看报也跟念书一样，一个字一个字看，而且嘴里还念念有词。那你一张报看多少时候啊？半天，你不干活呀？你还有别的工作没有啊？要能在很短的时间之内把这个报拿来，这么一翻那么一翻，今天大概有几件大事情，有重要的看一看内容，其余的不想看内容，就看一个标题。一份《人民日报》八个版要能够用半小时把它的重要内容都看了，知道今天有些什么大事情，跟我有关系的又有几件事情，这**快读也得要学习，也得要教**。但现在很多语文老师是不管，这方面我不管，我管的是《岳阳楼记》，念熟了背。这个很片面。

（节录自《关于语文工作的一些感想》，原载《镇江师专学报》1986 年第 3 期。小标题为编者所加）

四、课外阅读也是一个很重要的环节

此外还有一个课外阅读的问题，我觉得也是很重要的，现在有的学生语文水平比较高，能写一篇通顺的文章，要向他怎么学的，他多半说我主要不是从课堂里老师那里学来的，在课堂里听老师讲，作文老师批改，我也得益，但我主要的是靠课外的阅读，看书看得多。你要调查你的学生，十岁的小孩，看过的小说有 20 本 30 本是很多的。不要以为小孩儿不会看书，小孩儿看书的本领大得很，他不认识的字跳过去，看意思，无形中吸收进去。有些字一回生，二回熟，头回不懂，第二回又碰到了，第三回又遇到了，多见几面就认识了。就像我们认人一样的，一个人见过一面，人家一介绍，尤其是许多人同时介绍，张三、李四、王五，那时候不认识，经过几次接触后，就一个一个的慢慢认识了，这个不准。所以，小孩往往使许多老师都觉得奇怪：你这个话是哪儿听来的？是看小说看来的。所以，课外阅读是很重要的。现在是自流状态，小孩看不看课外的书，看什么书，怎么看，都是不闻不问。但是，既然这个对于语文的提高有帮助，就应该抓它一下，给他一定的指导，告诉他哪些书看了容易得益，哪些书看了不容易得益，哪些书不值得看，哪些书要好好的看。对他有点指导，他的阅读可以更加提高效率。这也是一个很重要的环节。

（节录自《中小学语文教学问题》1978 年 4 月 22 日在江苏师范学院的讲话。原载《江苏师范学院学报》1978 年第 2 期。小标题为编者所加）

五、把课外阅读抓起来，对课内的教学有很大帮助

谈谈课内和课外的关系。语文课跟别的课有点不同，学生随时随地都有学语文的机会。逛马路，马路旁边的广告牌，买东西，附带的说明书，到处都可以学习语文。特别是看小说，那是更普通了。不看小说的学生恐怕很少的，问题是看什么，怎么看。对待这件事情，我们可以采取不同的态度，或者是加以指导，或者是任其自流，差别很大。你指导，可以告诉他哪些书是值得看的，哪些书不值得看，看书应该怎么个看法，注意哪些。有了适当的指导，他就更容易得益。假如放任呢？那就可能收到的效果很差。不值得看的，他在那里看；很好的书，他也草草了事看过去，没把当中的好东西看进去，没有取其精华，去其糟粕。所以课外阅读的指导很重要。还有，学生里面是一部分喜欢看书，一部分有时看，有时不看，还有一部分学生就是不喜欢看书，喜欢踢球，喜欢干别的，不喜欢看书。要是我们把课外阅读抓起来，就能够把喜欢看书的学生由少数扩充到多数。这对课内的教学有很大帮助。可以在学校里面组织一个专供学生用的图书馆，跟老师用的分开。有条件的，还可以一个班一个年级组织一个小图书馆，这种小图书馆可以让学生管理，让他学会管书，学会借书、还书这一套规矩。现在有些同志已经做了多年工作了，但是没有一个好习惯，把图书馆的书当自己的书一样，钢笔、红蓝铅笔在上面画。像这种事情就可以在中学的小图书馆里训练训练，培养他们使用公共图书的良好习惯，学会管理图书的本事。

（节录自《关于中学语文教学的种种问题》1979 年 12 月 25 日在中学语文教学研究会成立大会上的发言。原载《语文学习》1980 年第 1 期。小标题为编者所加）

谈语言的学习和教学

一、现代汉语问题

今天要谈的主要是有关现代汉语的学习和教学的问题，附带谈谈有关文言文和外国语的问题。学习语言的一般过程是模仿→变化→创造。儿童学语言的第一步是模仿。在语言教学中要注意模仿的重要性。学习语言不是学一套知识，而是学一种技能。大人说"给我一杯茶"，小孩子跟着说"给我一杯茶"，是模仿。说"给我一块糖"，就是加以变化。把已经熟悉的语言材料加以新的组织，也属于变化，例如"把它吃了"和"吃得干干净净"组织成"把它吃得干干净净"。这些都是三四岁的儿童就能做到的。可惜关于我国儿童的语言发展情况，还缺少系统的调查材料。创造一般说是大人的事情。旧材料的新用法是创造，例如"端正"，一向是形容词，有一个人说"端正端正态度"，把它当动词用。语言是发展变化的，每个变化的开始总是有人创造。有人创造了，大家跟着说，就固定下来。还有一种是完全新的，新的字眼，新的说法。许多词语和语法找不到历史上的根源，例如北京话的"棒"，只有几十年的时间，就是新造的。新造的语言现象很多，比如每个学校的学生中间可能都流行着一些特有的话。大多数没有能传播到广大群众中去就消失了。

学语言可分几个阶段：（1）学前阶段，（2）小学初中阶段，（3）十五六岁以后。学前阶段主要是学习口语，第二阶段主要是学习书面语，第三阶段是提高阶段。

语言各部分的学习和掌握不是完全平行的。语音：一般两周岁左右就掌握母语全部语音。三岁还不能掌握的是个别的。这是最早完成学习的部分。而且语音习惯逐渐固定。到一定年龄之后要养成新的语音习惯就不很容易了。根据这个情况，推广普通话，一定要从小学。方言地区的人学普通话，中国人学外国语，要开始得早，最好在十三四岁以前。语法：学前阶段实际上已经掌握了基本语法。这以后，语法方面仍然有发展，主要是学习复杂的句子，长句子。小学生说话，句子比较短，初中以后句子就复杂了，关联词语多了，偏于书面的语法现象也学会了。大体上说，第二阶段基本上解决了语法问题。语汇：学前阶段已经掌握了基本语汇，包括少数抽象的词。但是在整个语汇中这是很小的一部分。由小学而中学，语汇在不断增加，到中学以后以至成人，语汇还在不断扩大，应用能力在不断提高。人们一辈子都在不断增加语汇。语音、语法、语汇学习和掌握的情况不同。因此，语音没有多大个人的差别。北京儿童说北京话，语音差不多全一样。语法有一些个人差别，但是基本相同。在语汇方面，个人差别可以很大，数量和质量都是如此。有人语汇丰富，用词正确，有人语汇贫乏，用词错误很多。

除了以上三者，还有文字。文字是书面语的工具，书面语代表口语，同时对口语起促进作用，使语言更丰富。文化高的民族总是有文字的。没有文字的语言，一般说来是比较不丰富的。特别是抽象思维需要文字帮助。儿童进学校，主要是要把语言书面化：能把口语写成文字，能把文字说成口语。识字教学是小学一入学就遇到的最重要的问题，如何使学生识字是个大问题。我国用汉字，识字问题很大。用拼音文字的国家儿童学文字就容易些。

有人很会说话，很会写文章，可以说是语言修养工夫好，也就是驾驭语言的能力强。语言这东西，可以说是又简单，又复杂。简单，因为七八岁的儿童已经初步掌握了；复杂，因为可能几十年还掌握不好。语言修养可以分理解和表达两方面。语言的复杂是由于它的抽象性和多义性，这是它本身固有的，是去不掉的。**因为客观事物非常复杂，变化无穷无尽，而语音有限，语汇有限，语法手段有限。以有限反映无穷，必然具有抽象性和多义性。**例如"书"这个词，可以指一本具体的书，可以指一本内容相同而版本不同的书，可以指不同形式的书。说"教书"，这个"书"意义又扩大了，教音乐、体育也是教书。一个"书"包括许多意思，在不同情况下用它不同的意义，口径对不好就理解错误。抽象的词的意思更要多，如"思想""关系""处理""调整""好""有""是""给""对于"等都是，阅读时要在词语所可能代表的各种意义中找到它在句子中的特定意义，才能正确理解。"这是一本好书"，"他是个好人"，"天气好"，"年成好"，"话说得好"，"说几句好话"，"好话说尽"，"好，明天跟你算账！"红楼梦里林黛玉说"宝玉你好"。意思都不同。一个"好"就有许多意思。词典上说，"好"是使人满意。至于怎样使人满意，客观事物有许多复杂情况。理解词句应该透过抽象的语汇还原到实际情况，是不容易的。运用得正确，更不是容易的事儿。有的文章没有把道理说清楚，叫人不能很好地理解。有的文字不容易理解，是因为道理复杂，需要仔细研究。如《论语》的第一句，"学而时习之，不亦说乎"，《老子》的第一句，"道可道，非常道"，陶渊明的"读书不求甚解"，欧阳修的"醉翁之意不在酒"，这些话到底是什么意思？文学的欣赏是很不简单的事情，不能仅从字面上做简单的理解。学习语言不应当满足于学会了一般的语音语法语汇，而应当进一步提高修养，特别是提高抽象思维的能力，分析理解的能力。要动脑筋思考，光靠一本词典和一本语法书是解决不了问题的。驾驭语言的能力，从一般人到文学家、思想家，差别很大，真是不可以道里计！

　　学校里的语文教学，第一步是识字教学。英语国家说，小学是学三个 R（读、写、算），这个话基本上是不错的。进一步是语汇教学。据调查，一般都重视不够，教法也有问题。有的教师让学生给词下定义，我看这是劳而无功的事情，许多看来简单的词很难下定义。另外有人主张只讲词义，不讲字义，这也是片面的。汉语词汇的基本单位还是一个一个的单字。应该把现代汉语中最有活力的两千来个字（估计不超过此数）给学生讲清楚。不能把汉字只看成符号，像对待外国语的字母那样。语法教学，看教什么，怎样教。有人着重讲词的分类，罗列许多定义，讲句子成分，分析句子必得补齐各种成分。也有人特别注意虚词，让学生理解虚词的用法，并通过练习让学生实际掌握虚词和有关的格式。我同意后一种教法。应当好好教虚词，汉语的虚词跟造句格式联系着，是格式的标志。光讲还不够，要多练习才能掌握。这两种教法实际上是把语法看作知识还是技能的问题，背条条用处不大，应该进行技能的训练。

作文教学一向是最难处理的问题。教师批改下功夫很大，学生不看，等于白花力气。应该改变改变方式。我在小学的时候，老师给我们当面批改，边改边说，得益很大。

另一个问题，学校语文教学由于重视书面语（这是完全应该的），几乎完全忽视口语的教学（这是不应该的）。有的学生只说几分钟话，就杂乱无章。语文课上可以用一部分时间练习说话，叙述一件事情，或说明一个道理，加以指导。

谈到语言教学的研究，我觉得有许多基本工作没有做，刊物上发表过许多类似教案之类，那是纯技术性的东西。比如关于词的出现频率的研究就很重要。西方国家特别是美国几十年前就有人做这种统计。这种材料对编教科书编词典都很有用处。我们现在编小学课本就只能靠主观想象。要编小学生用的字典词典，收哪些字和词也只能凭"估计"。又如进小学的儿童一般掌握哪些词语，也值得调查。这对教学和编教材也有用处。语法方面也可以做一些类似的调查统计。此外识字、词语、语法等具体教学法，当然也还是需要进行研究的。

二、文言文问题

关于文言文教学问题，首先应当明确目的是什么，才可以定指标和办法。目的不外三个：一是培养阅读文言的能力，使学生能自由阅读历代文献，做学习和研究的工具；二是接受文学遗产；三是了解现代文中的文言成分。我觉得现在的目的不明确。如果只是为了了解现代文中的文言成分，没有必要读许多文章，只要调查统计一番，出些成语词典一类的书就可以。如果要培养阅读文言的能力，那就不是轻而易举的事情。人民教育出版社的课本的例言里说是"阅读浅近文言"，"浅近"二字很难说，古典作品除了书经、诗经、楚辞等特别难懂的而外，可以说都是一般文言，要在这里面分别浅近与高深是很困难的。在充分掌握了现代汉语的基础上，学习文言，达到能阅读一般文言的程度，我估计至少得学习五六百课时，差不多要占去高中阶段的全部语文课的教学时间，课外作业时间还不算。还要有具有较好的文言修养的教师和合适的教学方法。现行的教材编法和课时安排都还不能符合要求。教材中文言文和白话文是穿插着排列的。学习文言应有一定的系统，最近王力教授等编的古代汉语课本就是有系统的。至于课时，当然中学大学都要负担，但是大学里课程多，中学应该多负担一些。可是高中课程也不轻，也难拿出更多的时间来。

这样，目的和手段之间有距离。同时，有没有必要要求每个中学生都能阅读文言呢？这也还值得研究。关于接受文学遗产，有全面接受和有选择地接受两种，要全面接受，则不但一般诗文，连诗经、楚辞也应该能读，当然需要更多的学习时间。要是只选读一部分作品，读多少算多少，现在的办法还勉强可行。

文言与白话的异同问题。有人认为文言和白话差别不大，我认为不是的，差别很大，不很简单，语音差别很大。用现代语音读《论语》，孔夫子就听不懂。我们可以撇开语音，但不能完全撇开。韵文，甚至一些散文，都有音律问题。语法上也有差别，虚词用法差别就不小。文言白话最大的差别还在语汇方面。《人民教育》登过一篇文章，里面统计一部分教材里的语汇，结论是大部分与现代语汇相同，不同的不多。我怕这是为假象所误。语汇差别可以分为几类：一，完全相同；二，部分相同（如古汉语单用，现代不单用，如"弃甲曳兵"的"弃"）；三，现代还用，但是意思不同（如"弃甲曳兵而走"的"走"）；四，现代完全不用（如"曳"）。我没有做过大量统计，根据刚才说过的《古代汉语》课本里的小词典的部分语汇来看，60个字142个意义，其中这四类的比例是13：50：57：22，把一、二类都算是相同，也只占44%，三、四类合计却有56%。文言文教学要特别注意第三类，即似同而不同，如果不注意讲清，最容易出错。例如有一个学生讲"数年而卒"是"当了几年兵"。文言文断句也是不容易的，我看了一些新印的唐宋人笔记，就有不少断句错误，这还是懂文言的人点的。现在青年同志念古文，常常说没有标点读不下来。但是如果要等别人给标点好了再读，有许多资料就不能利用。工具书的使用也是个问题，也不容易。

三、外国语问题

为了社会主义建设，学习外国语是很需要的。无论是要学习或是批判外国的东西，都得掌握外语这个工具。中国人学习西方语言有特别的困难。我们学欧洲语言比欧洲人相互学习难好几倍，这并不是夸大。因为欧洲许多语言结构基本上相同，又有许多国际词差别很少。汉语与欧洲语结构完全不同，国际词又大部分不是汉语词。英国人学俄语，一两年就可以应用，我们学俄语，至少得四五年才管用，有时候因为学习方法不对头，学了四五年也不管用。

对学习外语提几点意见：第一要开始得早。曾经看见过联合国教科文组织的统计材料。36个国家中有27国开始学外语的年龄是十一至十三岁。养成良好发音习惯，应该在十四岁之前，不然总会有口音。记忆语汇也是如此，小孩子记忆力强。

十五六岁起学外语，困难就增加了。简单的教材他厌烦，复杂的教材他接受不了。学校里教学外语的时间，10 年的 2 国，9 年的 2 国，8 年的 6 国，7 年的 4 国，6 年的 10 国，5 年的 5 国，4 年的 5 国，3 年的 1 国，2 年的 1 国。美国学校教学外语，开始晚，时间短，成绩最不好。最近情况有些改变。我国学生学外语较难，因此学习时间不能少于六年。学习外语与教师关系很大，教师的胜任与否，收到的教学效果的差别非常大。民主德国规定学过 10 年外语的才可以当外语教师。我们虽然办不到，也还是得注意教师的水平。我觉得外语要学就应该学到有用，学不到一定程度不如不学。目前外语教学由于师资等条件不足，有一系列的问题。学习外语，个人差别很大，多少年来的经验证明是如此。外语似乎可以作为选修科，学一两年看看，学得不好的就可以不学。但是学科学技术离不了外语，如何处理？学哪几种外语也应当通盘考虑。第一外语是否限于俄语和英语？是不是也可以考虑有少数中学教法语、德语、日语？亚非语言的学习也很重要，但中学里不必考虑。

（1962 年 3 月 22 日在北京景山学校的讲话。原载《文字改革》1962 年 12 月）

什么叫文言

开明书店将要出一部"开明文言读本"（同时还有一部"开明新编高级国文读本"那是专选语体的），由朱自清、吕叔湘、叶圣陶三位编辑，全书六册，八月间可以出两册。在第一册的开头，有一篇三万字的"导言"，就文言的各方面述说，使读者在学习之前先有个明确的了解。我们以为这也值得给本志的读者看看，可是全载太长，就摘取前面的一部分登在这里。这篇导言由吕先生执笔，所以只题吕先生的姓名。

一、文言的性质

一篇文章，是用语体写的还是用文言写的，大致一看就能分别，虽然不是没有在界线上的例子。文言和语体的区别，若是我们要找一个简单的标准，可以说：能用耳朵听得懂的是语体，非用眼睛看不能懂的是文言。

文言到底是什么东西？有人说文言就是古代口语的记录，有人说只是一种人为的笔语，是历代文人的集体努力的产物。这两种说法可以说是都对都不对，因为"文言"这个名称包括许多不同时代和不同式样的文章。在时间上，从甲骨文字到现在有三千多年；在风格上，有极其典雅奥僻的，也有非常浅近通俗的。世界上没有，也不可能有，完全没有口语做根底的笔语。文言不会完全是人为的东西。可是文言也不大像曾经是某一时代的口语的如实的记录，如现代的剧作家和小说家的若干篇章之为现代口语的如实的记录。

在各式各样的文言之中，我们可以提出一种来称之为"正统文言"，这就是见之于晚周两汉的哲学家和历史家的著作以及唐宋以来摹仿他们的所谓古文家的文章的。这一路的文言在当初大概跟口语相去不太远，还在听得懂的范围之内。可是口语是不断地在变化的，一个人的一生几十年里头也许觉察不出，可是经过三五百年，积小变为大变，这前后两个时代的人说的话就会到了不能互相了解的程度。笔语呢，假如是大体上跟着口语走的，那么也会变得很厉害。可是如果后一代的人竭力摹仿前一代的文章，那么也许变得很少，虽然绝对不变是办不到的，正统文言就是这样形成的。

除了正统文言，我们一方面有比它更古奥、更富有方言色彩的甲骨文、金文和尚书里边的文章，又有比它后起的，更多一番雕琢，离开同时代的口语更远的辞赋、骈文之类。另一方面也有或多或少的容纳口语成分的通俗文言，如一部分书信、官文书、笔记小说、翻译文章之类。唐朝以后又渐渐的有更接近口语的文体出现，如有些诗和词，许多和尚和道学家的语录。到了宋朝的平话小说，那简直就是语体了。元明以来的戏曲，曲文本身是一种文言和语体混杂的很特别的文体，可是说白部分是相当纯粹的语体。这些个语体文章一向不受文学家的重视，只当作一种游戏笔墨，一直到了三十年前的新文学运动起来才由附庸变为大国，逐渐替代了文言作为一般应用的文体。

为什么别的民族很少有类似我们的"文言"呢？原来文言的形成并非完全，甚至并非主要地，由于中国读书人的崇古心理，而另有一个物质的基础——汉字。假如用的是标音的文字，笔语就不能不跟着口语走。汉字有一个特点，各时代的人可以按各时代的读音去读同一个字。譬如耳朵，古代人管它叫的 ńzi，现代人管它叫 erh-to，倘若就照这个样子写成字，现代的人学习古代的文字是相当困难的。可是当初写成个"耳"字，尽管古代人读 ńzi，现代人却不妨读 erh，让它代表口语里的 erh-to，那么现代人学习古代的文字就并不太难了。当然，写成"耳朵"，现代人更容易明白。可是人是有惰性的，多写一个字多一分麻烦（而且当初也许曾经有过 to 这个字究竟该怎么写的问题），一个"耳"字能对付也就算了。"耳"这个字是难易适得其中的例子。一方面有用"目"代表 ngan 或 yen 的例子，古今全无联系，可是另一方面也有"牛""马""鱼"等等古今完全相通的例子。有了汉字这种物质基础，再加上人类固有的惰性（崇古也无非是惰性的一面），于是产生了"文言"。可是文言在应用上的困难是随着口语的变动而逐渐增加的。尤其是到了现在，我们的生活在剧烈的变化之中，新事物和新观念层出不穷，那打算以不变应万变的文言确实应付不了了，我们也就不得不改用语体了。

语言的变动有三个方面：语音，词汇，文法。我们就依着这个次序说明文言和现代语中间的差异。

二、语音

我们在上面已经说过，语音尽管在那里变，这个变动大体上是不表现在文字上的。现在诵读文言，实际上是用的现代的字音，甚至不妨说是用的各人的方音（许多平常说国语的人读古书是用方音的）。所以除了研究中国音韵学的人，大家不去理会，也不必去理会一个字的古音怎么样。可是在诵读文艺作品的时候，多少有点影响。

第一是韵脚。因为语音的变动，原来同韵的字现在会不同韵。例如：

水国秋风夜，殊非远别时。长安如梦里，何日是归期？（李白）

"时"和"期"现在显然不同韵。我们既不能勉强一般读者用古音去读这两个字（而且通篇不用古音，独独韵脚用古音，也不像话），更不能像有些冬烘先生所主张的那样用今音去凑合，把"时"字读的像"席"，或是把"期"字读的像"池"，只有不押韵就不押韵得了。

其次是入声的问题。现在国语和北方官话区方言都没有入声，古代的入声字都分派到平、上、去声里去了，这有时候也影响到韵脚。例如：

千山鸟飞绝；万径人踪灭。孤舟蓑笠翁，独钓寒江雪。（柳宗元）

这首诗里"绝""灭""雪"三个入声字押韵。现在国语里"绝"读阳平，"灭"读去声，"雪"读上声，没有两个字的声调相同了。

这个入声韵的问题牵涉到的范围还小。从前人又把上、去、入三声总括为仄声，跟平声对立起来。这个平仄对立的原则，不但是诗词里的声律的基础，并且应用在骈文里，应用在散文里也常常出现的骈句里。一个入声字若是凑巧现在读上声或去声，那还在仄声的范围之内，没有多大关系；若是不巧而读平声，那就影响这些诗文的声律了。

要辨识现在的阴、阳、上、去声的字里哪些是原来的入声字，没有简单的规则可以供我们应用，只有遇到犯疑的字就查字典。这是一重困难。还有，知道哪些字是入声了，怎么样去读它呢？又是一个问题。要恢复它们的古音是太麻烦而且不必要的。我们建议把它读得像去声而极短，短到足以跟去声分别，这样也就可以对付了。

对于母语是吴语、闽语、粤语的人，以及母语虽然属于官话区而确实有入声的方言的人，这个问题是不存在的。

三、词汇

文言的语词跟现代语的语词比较起来，有相同的，有不同的，也有部分相同的，也许最后的一种最多。文言里的语词大多数是单音词，现代语里大多数是复音词，尤其是双音词。这些双音词往往包含文言里的同义的单音词，例如"耳朵"里包含"耳"。

比较文言和现代语前词汇，我们可以分这么几类：

（一）文言语词跟现代语语词相同。

（甲）单音词。

人　手　心　笔　墨　书　铜　铁　盐　牛　马　羊
有　来　收　放　嫁　娶　爱　怨　吐　笑　抱　扫
大　小　长　短　方　圆　正　直　轻　重　冷　热

（乙）多音词。

蟋蟀　蝴蝶　天文　地理　国家　制度　规则　婚姻
山水　选择　发挥　主张　调和　商量　欣赏　经营
聪明　正直　凄凉　萧条　寂寞　逍遥　滑稽

（二）文言语词跟现代语语词的形式相同，但意义已变。

（甲）单音词。

（古）（今）　　（古）（今）
走：　跑　　　　走：　行
去：　离开　　　去：　往
回：　拐弯　　　回：　返
说：　劝说　　　说：　言

捉:	握	捉:	捕
兵:	兵器	兵:	士卒
贼:	叛逆	贼:	盗
江:	长江	江	（通名）
河:	黄河	河	（通名）
股:	腿	股	（单位词）
乐:	快活	乐:	笑
严:	利害	严:	密
快:	称心	快:	疾
吃:	结巴	吃:	食

这儿的最后一例实在是两个语词，只是偶然用了同一个字形。最后第二例也许是两个语词。另外那些个就显然只是一个语词，古义和今义之间明明有关系，可是已经相去甚远了。

这是比较得界限分明的例子。此外还有些语词，现代的意义古代已经有，但不是主要的意义，后者现代已经完全不用。如：

（古代的主要意义） （古代的次要意义现代的唯一意义）

偷：苟且 窃：盗

慢：不加礼貌 徐：不疾

还有些语词，现代的意义比古代的大。如"嘴"字，古代写"觜"，只指鸟嘴，现在用于一切动物的嘴。如"红"字，古代只指浅红色，现在用于一切红色。"哭"，古时候只指有声音的，没有声音的叫"泣"，现在不管有没有声音都叫"哭"。"想"，古时候只是"想念""惦着"的意思，现在变了一般的想，和古代的"思"相当。

跟这个相反，有些语词的现代意义比古代的范围缩小了。如"汤"，古代指热水，现代只指里面有菜的。又有些语词的主要意义已经改用别的语词，可是引申的意义倒还保存着。如"口"的主要意义已经改用"嘴"，可是"出口""入口""井口""瓶口"都还是"口"。"面"的主要意义已经让"脸"字替代了，可是"面子""地面""桌面""门面"里头还是用"面"字。（"脸"本来只指"目下颊上"那一小块，所以从"脸"字这方面看，又是意义扩大，跟"嘴"字一样。）

以上所说的古义的"古"，今义的"今"，都只是个大概的说法。严格说，古义应该给它一个死亡的时代，今义应该给它一个诞生的时代。这就有待于一部比现有的各种字典更完备的汉语词典了。

（乙）多音词。

（古）		（今）
国语：	书名	现代中国标准语
数学：	阴阳变化之学	算学
交通：	交际，勾结	客货和邮电往来
书记：	图书	缮写员
口号：	旧诗诗题	嘴里叫出来的标语
口舌：	言语	争论
中心：	心里	正中
大意：	大概的意思	疏忽
消息：	生灭，盛衰	音讯，新闻
时髦：	一时的英才	一时的崇尚
影戏：	影子戏，皮人儿戏	电影

（三）文言语词跟现代语语词部分相同。

（甲）文言单音词包含在现代多音词里边。

鼻子孙子鸭子橘子带子珠子银子

猫儿盆儿口儿根儿绳儿名儿事儿

舌头指头拳头石头木头前头外头

老鼠老虎老鹰老道

耳朵眉毛胸脯肩膀膝盖翅膀月亮云彩

螺蛳蝗虫国家窗户睡觉欺负

头发嘴唇巴掌蚂蚁螃蟹跳蚤兄弟毛病

干净热闹讨厌可怜相信呵欠

以上是文言的一个单音词跟现代语的一个多音词相当。现代语里添上去的一个字，有些是本来没有意义的，如"巴掌"的"巴"；大多是本来有它自己的意义，可是在这里不用这个意义，如"老鼠"的"老"，"相信"的"相"；至少是不增加那主要的字的意义，如"头发"的"头"，"眉毛"的"毛"；甚至必不可保留本来的意义，如"窗户"的"户"，"兄弟"的"兄"。

（乙）文言多音词跟现代多音词有一部分相同。

（古）（今）　　（古）（今）

夫妇：夫妻　　白日：白天

姊妹：姐妹　　蚱蜢：蚂蚱

兄弟：弟兄（成素同，次序变）

这一类情形不很多，大率文言的那一个在现代也还可以用。

（丙）合两个文言单音词成一个现代多音词。

身体头脑皮肤妇女泥土墙壁技术行为

思想语言树木官长单独美丽恶劣空虚

悲哀骄傲懒惰危险吉利困难省俭孝顺

追逐更改生产制造分析觉悟依赖增加

考试死亡忍耐观察伯伯叔叔舅舅姑姑

轻轻渐渐足足

这一类语词里有些也可以用在文言里边，至少是现代的通俗文言里边，所以这一类跟（一）的（乙）项那一类例子不容易分清界限。

（四）文言语词跟现代语语词全不相同。

（甲）都是单音词。

（古）（今）　　（古）（今）

目：眼　　足：脚

冠：帽　　履：鞋

食：吃　　饮：喝

击：打　　引：拉

甘：甜　　辛：辣

这一类的例子太多了。前面（二）的（甲）项所引的例子，有好些个分开来看，都可以归入这一类，如"走：跑""行：走"。

（乙）都是多音词。

（古）（今）　　（古）（今）

蚯蚓：曲蟮　　苜蓿：金花菜

侏儒：矮子　　肩舆：轿子

怂恿：鼓动　　纵容：放任

义父：干爹　　　后母：晚娘

汤饼：面条儿　　蒸饼：馍馍，馒头

（丙）文言单音词，现代语多音词。

（古）（今）		（古）（今）	
妾：	姨太太	婢：	丫头
日：	太阳	犊：	小牛
雉：	野鸡	蛙：	田鸡
廉：	便宜	富：	有钱
耕：	种地	汲：	打水
弈：	下棋	博：	赌钱
忆：	想起	举：	提起
遣：	打发	罢：	取消
弛：	放松	敛：	收缩

除了以上所举各类以外，还有文言所特有的语词，现代语里没有语词跟它相当的，如"冕""笏""骖""骈""魑魅""魍魉"等等。跟这相对，又有现代语所特有，文言里没有语词跟它相当的，如"糊涂""马虎""尴尬""张罗""鼓捣""磨蹭""索性"等等。

关于词汇，我们应该注意的是文言跟现代语不同的那些个，尤其是表面相同而实在不同的，那些古今一致的是无须我们去费心的。

四、文法

文言的文法大体上跟现代语的文法相去不远，值得说说的有底下这三点。

（一）语词的变性和活用。现代语里的语词有时也能改变词性，但不及文言里常见。

动词和形容词用如名词。例如：

吾见师之出而不见其入也。

夫心之精微，口不能言也；言之微妙，书不能文也。

宁武子……其知可及也，其愚不可及也。

摧枯拉朽，乘坚策肥，欺贫爱富，骄上凌下。

名词用来作状语。例如：

豕人立而啼。

入则心非，出则巷议。

匈奴之性，兽聚而鸟散。

星罗棋布；土崩瓦解；乌合，星散；瓜分，蚕食。

名词变动词。例如：

衣冠而见之。

老父曰："履我。"

喜怒不形于色。

以其兄之子妻之。

但观之，慎勿声。

形容词变动词。例如：

苦其身，勤其力。

相公厚我厚我。

敬鬼神而远之。

形容词和名词变动词，有"以……为"意。例如：

滕公奇其言，壮其貌，释而不斩。

登东山而小鲁，登泰山而小天下。

渔人甚异之。

孟尝君客我。

不远千里而来。

名词、形容词和一般动词变成有"致使"意的动词。例如：

适燕者北其辕，适越者南其楫。

小子，鸣鼓而攻之，可也。

正其衣冠，端其瞻视。

进不满千钱，坐之堂下。

赵孟所贵者赵孟所贱之

（二）句子各部分的次序。

句子的格局是文法最保守的部分，所以文言里句子各部分的次序，跟现代语比较起来，并没有多大的不同。重要的差别只有底下这几点：

用疑问代词作宾语，放在动词之前。例如：

吾谁欺？欺天乎？

何为则民服？

子何恃而往？

泰山其颓，则吾将安仰？

否定句里用代词作宾语，放在动词之前。例如：

时不我待。

尔毋我诈，我毋尔虞。

岂不尔思，子不我即。

不患莫己知，患无以知也。

盖有之矣，我未之见也。

每自比于管仲、乐毅，时人莫之许也。

楚君之惠，未之敢忘。

倒装的宾语跟动词中间有"之"或"是"字。例如：

吾斯之未能信。

君人者将祸是务去。

非夫人之为恸而谁为？

且吴社稷是卜，岂为一人？

这一类句子又往往在前面有"唯"字。"唯……是……"构成一个熟语，现在还残留在"唯你是问"这句话里。

不知稼穑之艰难，不闻小人之劳，唯耽乐之从，

除君之患，唯力是视。

父母唯其疾之忧。

率师以来，唯敌是求。

"以"字的宾语常常放在前头。例如：

礼以行之，逊以出之，信以成之。

其有不合者，仰而思之，夜以继日。

若晋君朝以入，则婢子夕以死；夕以入，则朝以死。

唯君裁之。

复合连词"是以"也就是用的这个格式。

一般的宾语倒装，或是为了加重，或是为了宾语太长，现代语也常常应用这个格式，如"这里的事情，你不用管，"但是在文言里常常在动词之后补一个代词。

例如：

> 俎豆之事，则尝闻之矣；军旅之事，未之学也。
>
> 死马且买之千金，况生马乎。
>
> 晋侯在外十九年矣。险阻艰难，备尝之矣；民之情伪，尽知之矣。
>
> 是疾也，江南之人常常有之。

"以……"和"于……"往往跟现代语里的"拿……""在……"的位置不同。

例如：

> 与以钱，不受。（拿钱给他。）
>
> 遇之于涂。（在路上遇见他。）
>
> 喻之以理，动之以情。（拿道理说给他听，拿感情打动他。）
>
> 杂植竹木于庭。（在院子里种了些树和竹子。）
>
> 一人脱衣，双手捧之，而承以首。（拿脑袋顶着。）
>
> 努力于此，毕生不懈。（在这件事情上努力。）

可是跟现代语里位置相同的也很多。例如：

> 吾不能拱手以天下与人。（把天下给别人。）
>
> 其术不传于外。（不流传到外边。）
>
> 以一指探鼻孔，轩渠自得。（拿一个指头掏鼻孔。）
>
> 于心终不忘。（心里一直忘不了。）
>
> 久之，能以足音辨人。（能凭脚步声音辨别是谁走过。）
>
> 非所当于道路问也。（在路上问。）
>
> 寓书于其友。（写信给他的朋友。）

（三）句子各部分的省略。

主语的省略，文言和现代语同样的常见。也许比现代语里更多，因为文言少一个可以用作主语的第三身代词——"之"和"其"不用作主语，"彼"字语气太重——所以不是重复上文的名词就是省去不说。尤其应该留意的是不止一个主语被省略的时候。例如：

> 郤子至，请伐齐，晋侯不许。〔　〕请以其私属，〔　〕又不许。
>
> 〔　〕射其左，〔　〕越于车下，〔　〕射其右，〔　〕毙于车中。
>
> 陈太丘与友期行，期日中。〔　〕过中不至，太丘舍去，〔　〕去后〔　〕

乃至。

宾语的省略。最常见的几种格局是：第一个动词之后的宾语，兼作第二个动词的主语的：

> 寡人有弟不能和协，而使〔　〕糊其口于四方。
>
> 夏蚊成雷，私拟〔　〕作群鹤舞空。
>
> 勿令〔　〕入山，山中虎狼恶。
>
> 乃公推〔　〕为乡长。
>
> 日出，乃遣〔　〕入塾。
>
> 三保以〔　〕为难，却其言不用。
>
> 今而后吾将再病，教〔　〕何处呼汝耶？

"以"字后头的宾语：

> 古之为关也，将以〔　〕御暴，今之为关也，将以〔　〕为暴。
>
> 贫者自南海还，以〔　〕告富者。
>
> 以四事相规，聊以〔　〕答诸生之意。
>
> 以〔　〕攻则取，以〔　〕守则固，以〔　〕战则胜。

"与"字后头的宾语：

> 见外犬在道甚众，走欲与〔　〕为戏。
>
> 客不得已，与〔　〕偕行。
>
> 可与〔　〕言而不与〔　〕言，失人；不可与〔　〕言而与〔　〕言，失言。

"为"字后头的宾语：

> 先生不羞，乃有意欲为〔　〕收责于薛乎？
>
> 余思粥，担者即为〔　〕买米煮之。
>
> 即解貂覆生，为〔　〕掩户。
>
> 我死，幸为〔　〕转达。

"从"字后头的宾语：

> 八龄失母，寝食与父共，从〔　〕受国文，未尝就外傅。
>
> 时过其家，间从〔　〕乞果树。

"于"字后头省宾语的例子不见，拿"焉"字来代"于之"，宾语后头跟着"以……"或"于……"的时候：

余告〔　〕以故，众咸叹服。

其畜牛也，卧〔　〕以青丝帐，食〔　〕白米饭。

乃合父老子弟，刑牲而盟，授〔　〕以器，申〔　〕以约，课〔　〕以耰锄，齐〔　〕步伐，导〔　〕和睦。

取大鼎于宋，纳〔　〕于太庙。

家贫无书则假〔　〕于藏书之家而观之。

其他的例子：

求〔　〕则得之，舍〔　〕则失之。

张建封美其才，引〔　〕以为客。

为之，则难者亦易矣；不为〔　〕，则易者亦难矣。

褚公名字已显而位微，人多未〔　〕识。

何者？功多，秦不能尽封〔　〕，因以法诛之。

主人恐其扰，不敢见〔　〕。

熙宁中高丽入贡，所经州县，悉要地图。所至皆造〔　〕送〔　〕。

主语和宾语之外，"以"和"于"这两个介词也常常省去。省"以"字的例：

陈人使妇人饮之〔以〕酒。

〔以〕目逆而送之，曰："美丽艳。"

客闻之，请买其方〔以〕百金。

群臣后应者，臣请〔以〕剑斩之。

省"于"字的例：

予自束发，读书〔于〕轩中。

饮〔于〕旅馆中，解金置〔于〕案头。

或失足〔于〕田中，或倾身〔于〕岸下。

秦始皇大怒，大索〔于〕天下。

最后，我们还常常遇见省主语的"曰"字以及连"曰"字省去的例子：

孟子曰："许子必种粟而后食乎？"

〔陈相〕曰："然。"

"许子必识布而后衣乎？"

曰："否。许子衣褐。"

"许子冠乎？"

曰："冠。"……

"曰"字相当于现代的"说"。我们叙述两个人的对话，不得不交代清楚，这句话是谁说的，那句话是谁说的，所以旧小说里一定不厌烦地左一个"某某道"，右一个"某某道"。现在有了标点符号，各人说的话前后用引号标明，自然不至于相混，所以我们可以省去一部分"某某说"。谁知二千年前的古人已经有这种办法。可是古书是没有标点的，两个人的话连写在一起，完全要靠文义来分别。一不留心便会弄错，读古书的时候要十分当心。

（原载《中学生》1948 年 202 – 203 期）

咬文嚼字

有时候，我听到有人说：'你们这些人就是会咬文嚼字'。听这话的口气，咬文嚼字是件坏事情。可是咱们既然要学习语文，就免不了要咬文嚼字。据我看，咬文嚼字有时候十分必要。

'咬文'我还不大会讲。这个'文'到底是文章的'文'呢？还是'说文解字'的那个'文'？又怎么咬它一口？'嚼字'我觉得好讲。一个字是要细细地咀嚼，嚼一嚼是什么味道。那就是说，一个字眼，用在什么地方合适，用在什么地方就不对头？在一句里头的某一处，有几个字眼供你选择的时候，选哪一个？学习语文，这个工夫少不了。

我怎么想到这个题目呢？是在春节前，我们那个单位搞联欢晚会，要我出节目。我既不会唱歌，也不会跳舞，我说，我出这么个节目吧，做几条诗谜让大家猜猜。诗谜这玩艺儿，现在有许多同志恐怕没有见过。就是用从前人的一句诗，挖掉一个字，打上一个圈，旁边写上五个字，让大家猜。举一个例。有一句诗，七个字，头上三个字，中间画个圈，后头三个字，就是'鹦鹉梦○江上草'。打圈的地方，原来有一个字，我再给他配四个字，一共五个字'回、留、销、残、醒'。那么这句诗，是'鹦鹉梦回江上草'呢？还是'鹦鹉梦留江上草'呢？还是……请大家猜一猜。现在我不宣布是哪一个字，学员同志们不妨去动动脑筋，看看到底是哪一个字。你得把上头三个字同下头三个字连起来想，当中用哪一个字最好。

从前人做诗，常常一句诗里，因为有一个字用得非常好，以后就流传下来。比如说，王安石的'两山排闼送青来'，他是改了好几次，才改成这个'送'字的。又如宋祁词里边的'红杏枝头春意闹'，这个'闹'字，也用得特别好，因此出了名。比如咱们到了一个地方，看到了一个场面，是说它'伟大'呢，还是说它'雄壮'？是说它'宏伟'呢，还是说它'壮丽'？这些字眼不少，那你就挑吧！咱们写文章，常常碰到这样的问题。有了上下文，要挑一个字眼，用这个字眼觉得不合适，就换一个，换一个又换一个，这就是咬文嚼字。这是咬文嚼字的一面。

咬文嚼字还有另外一面，就是拿到一个字细细地研究一下，这个字到底是什么意思？哪些地方可以用？这样地来研究也是一个方式。说到这里，我想推荐一篇文章请大家看着。《语文学习》创刊号上有一篇《深和浅》，是朱文叔先生写的。文章不很长，研究'深'、'浅'两个字。这样的文章，对我们学习语文很有帮助。这本杂志现在不好找，是否在《语文学习讲座》上翻印一次，让学员同志欣赏欣赏，看怎么样学习词汇。'深'和'浅'是很普通的两个字，可在这里边有很多意思可以说，朱先生讲得很透彻。

学习词汇，最好的工具当然是字典、词典。可是现在用字典、词典的习惯好像不大普遍，有些人懒得翻字典。不过事情也有两方面：一方面，不爱翻字典的习惯并不好，另一方面，现在的字典、词典，也的确不大解决问题。我想举一个例子。有一个字眼：'作用'。这个'作用'怎么解释？《辞海》里的解释是'谓由本体之力而兴作功用也'，不怎么贴切。《国语辞典》（现在改名《汉语词典》）的解释是'动作之力，谓出本体发出，能左右人与物者'，把'作用'解释成为一种'力'，比《辞海》的解释更差了。初版的《新华字典》解释为'由本体发出，能左右人或物的一种力量'，是沿用《国语辞典》的注解。把'作用'解释成'力量'是不行的。比如'起作用'能说是'起力量'吗？'化学作用'能说是'化学力量'吗？修订版的《新华字典》改成'功能，使事物发生变化的力量'。还是力量。我们语言研究所编《现代汉语词典》的时候，参考了这些字典、词典，觉得这样解释不行。'作用'有几个意思：（1）当动词，意思是对事物产生影响，例如说'外界事物"作用"于我们的感觉器官，在我们的头脑中形成形象'。（2）对事物产生某种影响的活动，例如'消化作用'，就是把吃的东西消化掉，这样一种活动叫消化作用。又如'同化作用''发酵作用''光合作用'。（3）对事物所产生的影响，就是已经产生了的影响，不是活动，例如'发挥作用''起作用''副作用''积极作用'。（4）'作用'等于'用意'，例如'他刚才说的话是有作用的'。想到的有这四个意思，可能还有别的意思。我举这个例子，是说明有些字眼，细细琢磨，意思是复杂的，不是那么简单。假如一口咽下去，那么也很简单，如果嚼一嚼，就能嚼出一些东西来。

现在再来嚼一个字，嚼一个'垫'字。

这个'垫'字，到底是什么意思？哪些地方可以用？我先把例子都念了，然后再从这些例子中概括出它到底是什么意思。比如，这个桌子矮了，把桌子垫高些；这张桌子放得不稳，在这边垫点儿什么；补衣服在反面垫一块布再补，就结实了；养猪要垫猪圈；院子里不平，用土垫垫平；鞋大了可以垫上个鞋垫；熨衣服在上面垫块布；搁箱子，底下垫几块砖；给孩子垫一块尿布。有这么许多地方可以用垫。垫到底是什么意思，一开始觉得很简单，就是在底下垫个东西。现在一看，不但底下可以垫，上头也可以垫。作用也不一样；有的是不平叫它平，有的是不稳叫他稳，有的是叫它别受潮，有的是叫他别受伤，这样看，垫的意思很不简单，用处很大。还有，比如说，你买东西没有钱，我说，我给你垫一垫。这个垫，同桌子底下垫砖头大概有关系，但这个意思怎么转过来的，值得研究。还有，演戏的时候，正戏没开场，前面垫一出小戏也叫垫。那就不是垫在上头，垫在下面，是当中有个空当垫一垫。垫字有这么多用法，能不能归纳出一个共同的意思，还是说要分出几项，很可以研究，这是咬文嚼字的又一例。

（在中华函授学校语文学习讲座第四期〈1964年春季〉开学式上的讲话，原载《语文学习讲座丛书》〈一〉，1980）

第六节　写作的教与学：言之有物，顺理成章

品读提示

写作的教与学是一个既古老又富有新意的语文教育重要课题，就文化传递的意义而论，为了让人们学会正确而有效的文字表达，写作教学历来在语文教育中占有显著的地位。

就写作教学而言，一般围绕"教师命题""学生作文"和"教师批改"三个问题而展开。吕氏在《作文教学臆说》《作文教学问题》《谈谈作文问题》三篇文章中

已经将存在的上述三类问题、改进的策略等都说得全面而透彻了。虽然一线的语文教师也有自己的很多好办法、好经验，但是看到这里肯定不"解渴"，而且仍然心存困惑。对此，吕叔湘先生急老师所急、想老师所想，并且坦言：**现在的教法既然吃力而不讨好，就该打破框框，另外想想办法。一味地加强劳动强度是解决不了问题的。**

吕叔湘先生在思考和解决语文教学问题时，总是能举重若轻，化繁为简。因为他反复提倡和践行"**每逢在种种具体问题上遇到困难，长期不得解决的时候，如果能够退一步在根本问题上重新思索一番，往往会使头脑更加清醒，更容易找到解决问题的途径。**"①

循着这个思路，我们来读《说"达"》《本色与明净》《言之有物，顺理成章》三篇文章，也许比较容易解决上述长期困扰一线语文教师的问题。吕叔湘先生将写作及其教与学这一复杂的课题，从写作机理上进行探讨，切分成三个子课题（变量）——"内容""层次""词句"进行观察，并且分别加以阐述，又统一于"通'达'"的研究之中。

毋庸讳言，就"内容""层次""词句"三个变量中的任何一个变量的掌握和控制，都是十分困难和复杂的，更不用说将三个变量同时综合和统一于一篇文章之中了。"三老"之一的吕叔湘先生，谈起来却是那样得游刃有余，既透彻又明了。

他在《说"达"》中指出，所谓"达"，包括两方面的内容：一是"所达"，一是"能达"。简而言之，就是："**要能对所要表达的事物有深入的认识，还要能够用恰当的言语把这个认识表达出来。**"②就"深入的认识"而言，认识事物的"真""实"其实是十分困难的。吕氏结合自己的实践指出"**多数情况是说不清楚由于认识不清楚。**"由此可见，除了"认识不易"之外，还掣肘"说清楚"，其制约表达之深刻程度可以想见。就"恰当的言语"而言，该文虽然未及展开，但是显而易见，"表达认识"绝不是"好词""好句""好段"那么简单，其中有复杂的机理。

《本色与明净》一文，站在学生的视角加以解读，强调写作教学中的"内容"方面要求"本色"："就是要写自己所看见的，写自己所知道的，写自己的思想和感受。"；写作教学中的"语言"方面要求"明净"："'明'是明白，'净'是干净。"

① 《关于语文教学的两点基本认识》，《吕叔湘全集》第十一卷，辽宁教育出版社2002年，第15页。
② 《吕叔湘论语文教育》，山东教育出版社1987年，第123页。

《言之有物，顺理成章》一文，则在前述两文的基础上再进一步，除了"内容"和"词句"两方面外，还引入了一个新的概念"层次"问题，并且将写作教与学做了三个维度的切分：第一是内容，要言之有物；第二是层次，要顺理成章；第三才是词句，要词句明净。既弥补了《说"达"》一文中对"词句"问题阐述的俭省，又拓展了联结"内容"与"词句"两者之间的"层次"——介乎两者之间的写作者和阅读者之间的"思维导图"。

《学文杂感》中侧重说到的文章修改问题，以及《文风问题之一》中主要述及的"词句"问题（储备好词、成语之类），就写作教学中所涉及的相关问题做了专门阐述和生发。

至于《介绍〈应用文写作知识〉》中说到的应用文跟文艺文的三点"不一样"，则有助于我们在应用文写作教学中沟通学生已有的知识结构。

说"达"

近来翻阅苏东坡的文集，看到他在给别人的信里谈到写文章，一再引用《论语》里的一句话："辞达而已矣。"他说："辞至于达，足矣，不可以有加矣。"（《答王庠书》）什么叫作"达"，他对此有解释，他说："物固有是理，患不知之。知之，患不能达之于口与手。辞者，达是而已矣"（《答俞括书》）。他又说："夫言止于达意，即疑若不文。是大不然。求物之妙，如系风捕影。使是物了然于心者，盖千万人而不一遇也，而况能使事物了然于口与手者乎？是之谓辞达。辞至于能达，则文不可胜用矣"（《与谢民师书》）。你看他，把一个"达"字说得那么难。

按苏东坡的意思，"达"有两个方面：一是"所达"，就是他所说的事物固有之"理"；一是"能达"，就是"辞"。也可以说是这里有两个问题：**要能对所要表达的事物有深入的认识，还要能够用恰当的言语把这个认识表达出来。**苏东坡所说的"固有之理"或"物之妙"，用现在的话来说就是事物的本相，事物的真实性。文艺理论里的"写真实"含有不回避真实的意思，涉及文艺创作的方向问题，如果撇开这一层意思，那么，写真实是适用于一切文章的写作的。

是认识事物的真实难，还是把这个认识说清楚写清楚难呢？照苏东坡的说法，"使事物了然于心者，盖千万人而不一遇也，而况能使是物了然于口与手者乎？"，似乎表达比认识更难。其实不然。"了然于心"是"了然于口与手"的前提，认识不深入，不真切，怎么能表达得好呢？即使你有本领把你的认识不折不扣地说出来或写出来，仍然免不了是粗糙的，肤浅的。**写文章的人都有一个经验：写着写着写不下去了，追根究底还是由于没有想清楚，也就是对事物的真情实况没有认识清楚。**比如两个形容词决定不了用哪一个，并不是这两个词本身有什么难于取舍，而是决断不下哪一个词更符合事物的真实。这是最简单的例子，比这复杂得多的问题有的是。相反的情形有没有呢？当然也有，要不怎么会有"非言可喻"，"可以意会，难以言传"，甚至"言语道断"这类话呢？然而这毕竟是少数情况，**多数情况是说不清楚由于认识不清楚。**总而言之，认识事物的真实的确是谈何容易。

说到"真实"，我不避拆字的嫌疑，还想把这两个字分开来讲。"真"是真情，是本质，"实"是实况，是外貌；实是真的基础，真是实的提高。真比实更重要，可是离开实也很难得到真。画像有貌似与神似之分，貌似是实，神似是真。顾恺之给人画像，最后在脸颊上给人添上三根寒毛，这个人立刻就活起来。然而要是他没有先把脸形画得差不多，光有那三根寒毛也活不起来的。超现实主义者要在实外求真，多数人接受不了。

把这个道理应用到写文章上来，写一个人不仅是要写他的音容笑貌，写他如何工作，如何娱乐，更要紧的是要写出他的内心世界。倒不一定要通过大段的"意识流"的分析，却往往在一两句话、一两件小事情上流露出来，抓住这个，一个人就写活了。古人之中，司马迁最擅长这一手，后世的史传文章连篇累牍，很少能比得上《史记》里的二三千字甚至几百个字。我们记住一些小说中有名的人物，也无一不是首先想到他的某一两件事或某一两句话。同样，写一件事情，光写出前前后后的若干情节是不够的，要能把这些情节的内在联系交代清楚。写风景，也不能光写山是如何得青，水是如何得绿，要能写出它所以能叫人流连忘返的奥妙。因而写人就需要直接或间接地跟他交朋友；写事就要周咨博访，去伪存真，写景最好是住在那里一段时间，经历些个风晨雨夕，寒往暑来，一句话，得在认识上下一番功夫。光靠字斟句酌是不解决问题的。

议论文字是不是也适用这个道理呢？是不是只要持有正确的论点，或者叫做站对了正确的立场，文章的好坏全凭一支笔呢？恐怕也不能这样说。因为首先要知道这个论点是否正确，而这是要自己去辨别，不是可以请别人，不论是古人或今人，代做主张的。议论文字比别种文字更难写，不但是要对所议论的事物有足够的认识，还要对与此有关的事物有足够的认识，弄清楚这些事物相互间的错综复杂的关系，并且作出价值判断，才能决定赞成什么，反对什么。到了最后阶段，把自己得到这样一种认识的一切依据条分缕析地说给别人，使他不得不信服，这也比写别种文字更难。但是关键仍然在于取得对事物的真实即真理的认识。否则纵使你有如簧之舌，生花之笔，也只能蛊惑于一时，不能欺人于长久。不信，请看罗思鼎与梁效！

所以，写文章不仅仅是一个写的问题，这里边还有一个追求真理服从真理的问题。凡是认识不清，或者不肯、不敢认识清楚，或者不肯、不敢照所认识的去写，都是不会写出好文章来的。

（原载《语文战线》1980 年第 8 期）

本色和明净

北京出版社的同志因为我曾经给《高中学生作文评改》写过一篇序，要我也在这本《初中学生作文评改》前边写几句话。我只看了一部分内容，只能一般地谈点感想，可能很不切题。

初中同学正在少年时期，写文章应该有少年时期的特色，没有小学同学的稚气，也不像高中同学的成熟。我们期待他们的文章有什么特色呢？我想提两点：一是本色，二是明净。

本色主要是就内容方面说，就是要写自己所看见的，写自己所知道的，写自己的思想和感受。不要存着一份心，说我"应当"看见什么什么呀，我"应当"知道什么什么呀，我"应当"有这样这样的思想感情呀，就照这个去写。如果这样去写，就不免要弄虚作假，或者套用别人的文章，或者搜索现成的材料。这样写出来的文章就不是本色了。

成年人写文章，根据题目的性质，有时候必须多方搜集材料，加以分析和提炼，但在少年时期，应当把锻炼自己的观察和思考的能力作为基本功。有了这个基本功，将来就能驾驭那些材料，做它的主人而不做它的奴隶。

明净是就语言方面说，"明"是明白，"净"是干净。写文章应该基本上是怎么说就怎么写，但是有人盲目追求"漂亮"，滥用成语，或者用些自己也不很了解的形容词，或者造些曲曲弯弯的句子，反而把自己的意思弄模糊了。另外一种容易犯的毛病是罗嗦重复，说上许多没有多大用处的话。**写文章也跟用兵一样，不在于多**

而在于精。应该牢记鲁迅先生的教导："竭力将可有可无的字、句、段删去，毫不可惜。"

有人要说，以初中同学的作文而论，你说的缺点都不典型，容易出现这些缺点的是高中同学的作文。我承认，同时我要提醒：这些缺点往往在初中的后期就会露头，如果不及早制止，让它成为习惯，纠正就费事了。所以我把本色和明净这两点提出来，让本书的少年读者用来检查自己的写作。

1982.1.6

言之有物，顺理成章

—— 在沈阳中学作文教学讨论会上的讲话

同志们！

今天，我到这儿来跟这么多教师同志见面，感到非常高兴。我记得二十年前曾经有机会到沈阳跟一部分中学教师见过面，不知道今天在座的还有没有那一回见面的。那是六三年的事了。不过，我想大多数同志在今天还是第一次见面的。

长江后浪推前浪，一辈新人换旧人。人呢，多数换了，咱们的事业还是滚滚向前，一天比一天兴旺。

今天这个会是作文教学讨论会，我对这个问题没有准备，是说不出很多话的。偶然想起一件事，是一个反面的例子。去年在《北京晚报》上有一个小争论。这就是有一种书叫《作文词典》，名字类似和性质大致相同的书大概有好几种。有的同志就在《北京晚报》上写文章说这东西对学生作文没有好处，有害处，有的同志却说有好处，有帮助，是有争论的。我不知道同志们看没看到《作文词典》《描写词典》之类的书。这类书就是把一些现成的从别的作品中摘下来的长短范文放在里头，实际上是提供学生抄写。有的学生拿到题目，赶快把《作文词典》之类的书打开，查找有没有可利用的材料，有了，便往自己的作文里抄。这不可能对学生的作文有什么帮助，有什么好处。我是反对的。

我想，作文有三个方面：第一要有话说，要有内容。你没有话说，空空洞洞，言之无物，词句再美也不好。人教社在刘国正同志的主持下，曾经到部分地区做过调查，搜集了几篇作文，拿一部分给我看。我发现最大的毛病是言之无物，没内容，说些空话。这种毛病在中学生里头还是比较严重的。所以，要言之有物，有内容。第二方面呢，就是顺理成章。一篇文章该从什么地方说起，然后怎么一步一步地说完，要有一个非常合理的、非常具有说服力的层次。这是很重要的。第三方面是词句问题。句子通顺，甚而是漂亮的，用的字眼恰当，在我看这是第三部分。现在有些学生作文，就在这第三部分上面下功夫，在把句子选得漂亮些，字眼用得好些上面下功夫。不过，他们有时理解错了，以为用词华美，把有些文言词藻、有些成语用进去，就觉得漂亮，这是不正确的。不管怎样，词句问题是第三部分，按次序更要排在第三。现在同学们把它颠倒了，只讲词句，不考虑内容和层次。

对作文，我就只有这几句话可说，再多就说不出来了。

（原载《沈阳教学通讯》1984年第3期）

作文教学臆说

作文难，作文教学更难。

第一难难在出题目。作文的首要条件是要有话可说，出题目的首要条件是要让作文者有话可说。

有的题目出得太死。例如《向同学借书的信》，作文者没有借书的意思怎么办？又如《牵牛花》，作文者没有见过牵牛花怎么写？

有的题目出得太活，例如《一件小事》《啊，月亮！》，作文者又想这样写，又想那样写，老拿不定主意，一晃半个钟头过去了。甚至写了一半又抹掉了重来，最后草草交卷。

有的题目出得太深，例如《论人道主义》《时代的旋律》，这种题目中学生对付不了。

有的题目出得太浅了。例如《我的小妹妹》，可以让初中学生写，不宜让高中学生写，他已经不感兴趣。

当然，不能一概而论，对这个学生不合适的题目，对那个学生也许没什么不合适，甚至可能很合适。

第二难难在辅导，或者叫启发。有的老师把题目写在黑板上就万事大吉。有的老师口述大意，起承转合，一应俱全。这两个极端都不是好办法。出完题目之后要做些适当的提示，例如这个题目有哪几个方面，或者关于这个题目什么地方有材料，等等。原则是不能包办代替。有些题目不需要辅导，自然不必多此一举。

第三难难在评改。家长要求精批细改，校领导要求精批细改。这种要求不实际。一则老师的时间和精力不够（一位教师带两个班，两星期作文一次，每星期得改五十本）。二则如果改得不多，学生还看看；如果真正精批细改，他看都不看，"烦死了！"跟别的工作相同，改作文也要讲效益，你改了，他不看，效益等于零。因此只能有选择地改，改得有针对性：不同的学生，在不同时期，有不同的主要缺点。

有些教师采用典型评改的办法，一次挑选三五本仔细批改，上课评讲。有些教师组织学生互相评改或者小组共同评改，这都是好办法，可以交替使用。

我只有作文经验，没有教作文的经验。通过各种渠道了解到一些情况，加以自己当学生时候的感受，写出上面的意见，不知道是否说到点子上，所以题为"臆说"。

（原载《人民教育》1984 年第 7 期）

作文教学问题

作文教学是语文教师最头疼的问题。家长、校长乃至社会舆论，都要求教师"精批细改"，教师也努力"精批细改"，可是作文本子多，时间不够，尽管天天开夜车，仍然是不够"精"，不够"细"。在学生方面，作文本发下来之后，认真琢磨批改道理的毕竟是少数，多数是只看看总批和分数，批改的地方越多越懒得看（这种心情也是可以理解的），这样，教师的辛勤劳动也就收不到应有的效果了。怎么办？恐怕得更全面些来看问题。现在的一般过程是（一）教师命题，（二）学生作文，（三）教师批改。是不是还可以在这中间插进一些别的活动呢？比如说，学生作文有一种相当普遍的毛病是内容空洞。针对这个情况，教师可以在命题之后谈些"题中应有之义"，给学生一点启发，或者让学生们大家谈谈。有些题目还可以告诉学生怎样去自己搜集材料。还有一种毛病是内容杂乱。针对这种情况，可以让学生多做些光写大纲的练习。讲到写作本身，当然以各人各写为主，但是也可以安排几次分组集体写作。批改当然是教师的任务，但是也可以有时候选一篇印发给全班，试试集体评改（"当局者迷，旁观者清"的情况是有的）。教师的批改，除了错别字是学生一看就知道以外，别的就不一定都是一看就明白为什么要改，为什么要这样改，最好是能够当面讲讲。一班学生常在五十上下，不可能个个都讲，只能挑选几篇作典型。好在学生作文的毛病很多是共同的，讲一两篇也就能使全班得益。这样做，当然得在那几篇上多花点工夫，不过其余各篇就可以比较从简，总算起来还可能少用些时间。有写得好的，或者是全篇，或者是一段两段，也可以拿来在班上讲讲。此外，结合语言训练，还可以练习口头作文，一小时也能轮到三五个学生。结合语言训练来教作文还有一个好处：使学生认识到作文和说话不是互不相干的两回事，免得拿起笔杆来就要摆架势，就要用些"高深"的字眼，造些"复杂"的句子，甚至说些云里来雾里去，连自己都莫名其妙的话。**总之，现在的教法既然吃力而不讨好，就该打破框框，另外想想办法。一味地加强劳动强度是解决不了问题的。**

用什么标准评定作文的优点缺点，也是一个值得研究的问题。同一篇作文在不同的教师手上可以得到高下悬殊的评价。同样的一句或一段，可能有的教师认为有"诗情画意"，有的教师却认为是"涂脂抹粉"；另一句或一段，可能有的教师认为是"气势磅礴"，有的教师却认为是"装腔作势"。有些教师特别讨厌错别字，也有些教师特别重视思想正确，种种不一。我觉得中学和小学对作文的要求应该各有重点。小学里应该重视写字和造句，对于内容的要求不要提得太高。到了中学特别是高中阶段，词句问题应该已经不成大问题了，对于作文可以首先要求它有实实在在的内容，少搬公式，少说废话；要求内容安排得好，有条理，有层次，不颠倒错乱，不乱用"因此"或"但是"等等，也就是说，要有逻辑性。然后才是词句问题，要求用词恰当，句子通顺而不呆板。最后看它有没有错别字，以及写字是否清楚端正。现在有一种过分突出错别字问题的倾向，可是从全局的观点来衡量一篇文章，不得不承认错别字毕竟是个次要问题。

（节选自《关于语文教问题》，原载《人民日报》1964年2月17日）

谈谈作文问题

作文，一般是命题作文，出个题目让学生作。这是种很重要的方法。当然除此之外，还有别的方法。命题作文应该注意什么呢？题目要出得好，题日出得不好，学生就只好抄书抄报。所谓题目出得不好，就是学生生活里头没有，他无话可说，写不出来。题目要出得学生生活里头有。对于这个，我们小时候苦头吃得很大，吃够了。我到现在还记得，我在中学时，老师出了一个题目《导淮议》，那时淮河不像现在没治理好，泛滥成灾，所以要导淮入海。为了这个江苏省还办了一所河海工程学校，专门培养导淮人才。在那个军阀时代，尽管有这个学校，培养了一些人，但没有能把淮河治理好，这主要是当时政治上的极端腐败，这个事情中学生哪里知道呢？尤其是江南的学生，他的脚没有迈过长江一步，苏北的情况毫不了解，出来个《导淮议》，我们就束手无策。怎么导呢？不知道怎么导啊！这作文怎么写得出来呢？而且抄书抄报也没有地方抄，真是苦极了。可现在好啦，现在我们出个题目，那学生就有办法了，就把《人民日报》《新华日报》都找来，然后去抄。中学生，小学生，一个少年，或者一个儿童，对题目脑子里朦朦胧胧懂得一点，但是叫他说，却说不清楚，他就只好抄书抄报了。题目要出得合适，要就他具备的条件来出。他在家庭里头，有家庭生活，有家里的人，父母兄弟姐妹，亲戚朋友，在学校里有同学、老师。社会上又有他容易看得懂的东西，容易理解的事情，在那个范围里给他出题目，他有话可说。我们叫他做作文，无非是看看他会不会把脑子里有的东西很好地组织起来，很清楚地表达出来，让他练习做一点，不是让他变戏法，不是在帽子底下，one，two，three，噭，一只鸽子飞出来了，学生他没有这个本事啊，不能勉强他。还有一个办法呢，就是给他创造条件，带他到一个地方参观，譬如说带他上动物园，或者上火车站，或者去看一场表演。事先就告诉他，这是要做作文的，要上作文本的。有些事情他平常不注意，比如说，可能好几次乘火车都经过火车站，平常他不注意，这次为了做作文，预先告诉他，那他到火车站就注意了。那火车站的建筑是怎么一个情况，有天桥，有地道，有人在买票，在什么地方买票，怎么买票，怎么检票，怎么入站，火车到了以后怎么样，火车开怎么样，火车要开之前放汽笛，叫几声，还有人挥旗。这一类事情他平常看到不注意，因为作文的关系他就注意了，注意了回来他就能写出来。

命题作文之外，有没有别的练习呢？那是很多的。我们作文不一定限于命题作文。命题作文是比较高级的，是比较需要多动脑筋的。但是，另外也可以布置一些不需要这样做的练习，如改写。假如念故事，短篇小说也可以，让学生把它改编成一个短的剧本，或者念了一个剧本，让学生改编成小说，改写成故事。还有缩写，这一段比较长，有一千两千字，让他压缩成五百字或者三百字，把里头主要内容用自己的话说一遍，也是一个办法。也可以用听写，这种听写可不像外语课的dictation一样，听一个字写一个字，听两个字写两个字。老师讲一件事或者一个故事，讲一样东西，老师讲的时候不许他写，让他脑子里记住，讲完以后把它有条有理地写出来，也是一种练习。或者给他一些材料，这材料是乱的，譬如若干句话不按逻辑的顺序，词句也不一定都很通顺，就把东西交给他，让他整理出来，把句子弄通顺，前后次序安排得合理，这也是一种练习。只要老师动动脑筋，就可以想出很多练习来。这种练习，好处是同学有现成的材料，无须由自己去找内容，内容摆在这里了，让你找一个最好的方式把它表达出来。

　　作文的评改，这是个大问题。现在的办法大概跟我小时候上学的办法一样，一个老师教一班，有五十个同学，那么作文一次五十篇，都交到老师那里，老师每篇都要改，改完以后发给学生自己去看。现在还是提倡精批细改，家长也要求老师精批细改。也不算算老师一天有多少小时。老师一天二十四个小时，和别人一样，当中要有睡觉的时间，吃饭的时间，休息的时间，还有做一点家务的时间，譬如洗衣服，做饭等等，剩下来还有多少时间？却要求他每星期作文五十本都要精批细改，那老师到哪里去找这些时间呢？而且这样精批细改，同学拿到了是不是认真地看，从头一句看到末了一句，说我这地方老师给我改了两个字，让我琢磨琢磨他所以要改的原因，噢，我懂了——就这样一句一句仔仔细细看下去，是不是如此呢？我看十个学生里头顶多有一个才这样用心看。据我猜想，大部分学生拿到作文后，先看给我评了几分，然后看后头批语，四个字还是八个字，怎么批，完了，抽屉里一放，算了。老师的精批细改完全埋没了，叫做徒劳无功。家长提要求，他的心情，用一句常用的话，叫做他的心情我们是很能理解的，但他对于实际问题是不了解的。他那么要求，他的儿子不那么要求，他的儿子拿到以后，看一个分数就放开了，放到一边了。这个办法，因为是无效劳动，所以要改。我们要现实主义，这件事情发挥作用，当然应该花力气去做。如果不发挥作用，做了就等于没有做。我和有些老师交换过意见，我主张挑那么几篇，有写得好的，有中等的，有写得差的，有代表性的作文，挑几篇精批细改，其余的大致看一看，把主要的问题给他写那么两三句在那里就算了。然后这个作文不是发完就算了，要专门用一节两节课，把精批细改的文章在课堂里评讲。先念一段，然后说我是怎么改的。如有条件，把原来的作文油印出来，每个学生拿一份，听老师讲，他的毛病在什么地方。从整个讲，毛病在什么地方，这一段问题在哪里，这一句有什么不好，这个字为什么是用错了，细细评讲。这篇文章的作者当然得益，其他同学也同样得益，因为大致毛病差不多。讲的时候不一定改的都讲，讲两篇三篇，时间够就几篇都讲一下。这就有一个问题，说老师老是改他的文章，为什么不改我的呢？当然，老师应该出以公心。假如每个学期作文十次，每次改五本，那么，正好轮着每个人改一次，大家没有话说。我说这样试验试验看，可能效果会好一些。此外还有许多问题，因为时间的限制，我就三言两语提一提，不仔细谈了。

（节选自《中小学语文教学问题》，原载《江苏师范学院学报》1978 年第 2 期）

学文杂感

写和改

好文章是改出来的。古今中外有名作家修改文稿的故事很多，我不想重复引述。我的看法是：下笔成文者有之，改而改坏者也有之，但都是少数。多数情形，甚至可以说是大多数情形，是改好了的。

不要写好就改。放它十天半个月，让它冷却，再拿起来修改。当时修改，除改正脱误外不容易有重要的修改，因为思路未变。也不要隔得太久，一年半载，因为到那时，原来的想法已经忘了，会另有想法，写成另外的样子，跟原作是两回事了。

晚改不如早改

写好之后，反复修改，反复查对资料，非常必要。付印之后可以在校样上改，但是受版面限制，不能称心地改。到了发表之后发现错误或措辞不妥，当然还可以"勘误"，那可就麻烦了，有的编者非常不愿意登勘误（家丑不可外扬）。即使可以勘误，也不能在文句上作较大的修改。

谁流汗？

作者不流汗就要读者流汗。作者只一人，读者千千万。为多数人的方便牺牲一个人的方便是应该的，这也是一种民主。

自学与从师

自学与从师其实是一回事，五十步与百步。不善学者，有人举一而自己不反三，等于没有老师。善学者没有人举一自己也能反三，自己是老师。看别人的文章就能悟出作文之道。如何开头，如何结尾，前后照应，口气软硬，何处要整齐，何处要变化，全都可以从别人的文章里学来。

有人要拜名师，名师是吕洞宾，他的手一指，你的文章就好了。没有这样的事。他只能指出一条路，路还是要你自己走。指路牌有的是，新华书店里的作文指导书还少吗？你怀疑这些书是否有用？我说：都有用，也都没有用，看你会不会用。主要是看好文章，不要囫囵吞枣，要细细咀嚼，自然会嚼出道理来。

（原载《中学语文教学》1983 年第 9 期）

文风问题之一

最近由于一个偶然的机会，看到几篇竞赛得奖的中学生作文。且把其中有代表性的几个段落抄在下面。

（1）"快来看呀！这棵小树上的蚂蚁真好玩！"听到平平的招呼，我们几个玩藏猫猫的小伙伴一齐向那边跑去，大家伸长脖子借着明亮的月光一看，啊，真有意思。只见那小树干上成群结队的蚂蚁有的往上爬，有的往下走，真像一支繁忙的运输队，看样子还满有秩序呢，真有意思！"截住它们！截住它们！"身后不知谁喊了声。"对，看看这些小蚂蚁怎么办！"我们几个人应和着。于是，有人拿来一块硬纸，在中间剪了个窟窿，围在小树干上。可是这些聪明的小蚂蚁竟顺着硬纸的上下面跑了过去，还是没有截住它们的去路。

（2）我的家庭有四个成员：爸爸，妈妈，妹妹，还有一个——不用说就是我了。

我特别喜欢爸爸。他高高的个子，谈吐举止常常惹人发笑，但当他对什么不满意的时候，我又有点怕他。

妈妈搞地震研究工作，一天到晚总是那么忙，忙得几乎顾不上我们。

妹妹只有八岁。我和她既是姐妹，又是冤家。当我管她的时候，她总是："你管得着吗？"说罢还常常送给我一个白眼。要不是妈妈在旁边，我非给她两下子不可。

你瞧，这就是我的家庭，一个又有快乐又有"斗争"的家庭。

（3）你见到过山路吗？有时，它在绿树丛的掩映下断断续续；有时，一片浮云飘来，这本来就若隐若现的山间小径便干脆消失于其间了；还有时，那巍峨险峻的高山，根本没有一条路可以通向它的顶点，而一旦有勇敢的攀登者历尽艰辛，登上这高山之巅，那么他就可以尽情地领略那万千气象，无限风光。

书山，难道不也是这样的吗？书山是知识之山，智慧之山。向往书山之心，恐怕人皆有之。但是，有些人仅仅是"高山仰止"而畏山却步；有些人虽一时兴起，在山崖险路之上洒落过一些汗水，但终因荆棘满山，险石环生，半途而废，甚至在高峰前面"功亏一篑"。只有那些不畏艰险，披荆斩棘，攀藤跃石的勇士，才能登上光辉的顶点。

（4）青春哪，该怎样度过？"人最宝贵的是生命，生命属于我们只有一次"，而在这仅仅一次的生命中，迸发着火花的青春时代更是短暂，更为宝贵。该怎样度过，该怎样度过呢？

我不愿干"少壮不努力，老大徒伤悲"的蠢事，做"金玉其外，败絮其中"的庸人，我讨厌整天无所事事，只顾自己小家庭的可怜虫。

我要学习雷锋……

我要学董存瑞……

我要学×××、×××。他们在"为祖国而学"的巨大动力推动下，付出了艰苦的劳动和心血，凭着他们坚韧不拔的革命毅力，顽强刻苦的学习精神，攻克了科学道路上的一道道关卡，创造出"惊人的结果"。他们是中国青年的骄傲，是我们的榜样，他们的青春是绚丽多彩的。

（1）和（2）是初中学生写的，（3）和（4）是高中学生写的。从一个角度看，（3）（4）比（1）（2）更华丽，更有气派；从另一个角度看，（1）（2）比（3）（4）更纯朴，更自然。（1）（2）的作者说的全是自己的话，（3）（4）的作者就有不少地方套用现成话语，也就是所谓辞藻。我这里所说的辞藻，不限于描写事物状貌的形容词，也包括发议论的"精彩"词语。多用套语不是写文章的正经路子；相反，很容易把写作的人引到邪路上去。这四篇作文体裁不同，作者不同，评选的人不同，不能用来说明什么发展趋势。可是如果我们像作家塑造人物取材于许多个模特儿一样，把这四篇作文设想为同一个少年在前后四五年的时间里陆续写出来的，那就有点叫人担心了。

听说中学老师乃至小学老师之中有些人，指导学生作文，首先要他们"储备"精彩的词语，用个本子抄下来，甚至直截了当叫他们熟读成语词典。有些编辑同志好像也非常欣赏这一路文章，因而他们编的刊物里可以常常遇到这种样品。下面是近来随便摘录下来的两段。

（5）扮演总理的演员用精湛的表演再现了总理在江青的要挟面前临危善战，坚持原则的风貌，揭示了总理在世事艰难、病势沉重的日子里胸有成竹，回肠荡气的内心世界，令人难忘。扮演朱委员长的演员较好地掌握了朱老总的耿直厚道，忠心为党，疾恶如仇的性格特征，表现了一个炉火纯青的老一辈无产阶级革命家对江青毫不容情地撕皮剥骨的驳斥的崇高形象。

（6）书中描写的场景规模大、人物多，斗争错综复杂，情节生动，使人目不暇接，饶有兴味。但作者写来却很从容，有条不紊。作者还不断变幻自己的笔墨，时而大开大阖，时而细致入微；时而金戈铁马，时而晓风残月；时而紧张到密不透风，时而诗意地抒情，令人心旷神怡。

早几年还曾经看到过一本讲成语的书稿，作者鼓吹多用成语不遗余力，特别推荐下面这段新闻报道作为范本，说是如何如何的好，是了不起的"佳作"。

（7）丹东三面环山，一面临水，山光水色，引人入胜。西哈努克亲王和夫人，英萨利特使和其他柬埔寨贵宾们小憩之后，登上锦江山顶的锦江亭，凭栏远眺，俯瞰全景。山上佳木葱茏，江里春水溶溶，远近屋宇栉比，舟车往返频繁，呈现出一片生气勃勃的景象。西哈努克亲王意兴盎然，谈笑风生，不时拿起望远镜浏览景象，赞扬丹东市的建设成就。

读者同志，您欣赏不欣赏这一段"佳作"？我是非常抱歉，一点不能欣赏。

成语之类的东西，当然有用，可是要用得恰到好处。什么叫恰到好处？有两层意思。第一，要在非用不可的时候才用，用了确实使整段文字因此生色，像顾恺之给人画像，在面颊上画上三根寒毛，立刻生动起来。用得不恰当，正好得到相反的效果。第二，不能接二连三地用。海参鱼翅是美味，吃多了也要腻味。拿穿衣服来比方，衣料的质地好，颜色花纹好，裁得好，穿起来自然好看，然后似有意似无意地在什么地方绣上一朵花，或者加上一道花边，也可能增加一点美感。可如果搞成满身锦绣，那就只好到京剧舞台上去当一品夫人了。上面（5）（6）（7）都不同程度地犯了这两种毛病，细心的读者不难辨别。

为什么一定要用许多陈陈相因的套语（甚至因无知而窜改）来写文章，不能用自己的话来描写一个场面或者抒发一种意见呢？古往今来的好文字没有不是靠白描取胜的。华丽的文章也有好的，不能一概而论，但是比来比去总是比不上白描的神品。"白描难哪！"这倒是一句内行话。然而天底下哪一件事情不难呢？连吃饭睡觉这样的事情要把它做得恰到好处还不容易呢。现在不是提倡迎着困难上吗？问题在于老师们、编辑们喜欢什么，提倡什么。

跋：需要解释一下题目里边的"之一"。我用的是"一"的基数意义，不是序数意义。我没有接下去写"之二""之三"的打算。为什么我不用"一个文风问题"做题目呢？因为这里边的"一个"的作用有点近于装饰品（例如"这是一个文风问题"跟"这是文风问题"就没有多大分别），不能表示这只是众多文风问题里边的一个的意思。因此我把"一个"改为"之一"，放在后头。可是如果有好心的同志愿意，像接力赛跑那样，接下去写"之二""之三"，那我是举双手赞成的。是为跋。

（原载《语文学习》1980 年 2 月号）

介绍《应用文写作知识》

摆在我面前的是一本《应用文写作知识》。

什么是应用文？文艺作品以外的文字都是应用文。应用文跟文艺文有三点不一样。

首先，文艺文可写可不写。你想写而又有可写，那就写吧。你不想写，或者没什么可写，你就不写，没有谁逼着你非写不可（当然，这是说，你不是名作家）。

应用文可不同，让你写就得写。比如说，开会让你做记录，你能不记吗？你参加了一个调查组，让你写调查报告，你能不写吗？这是第一点不同。

其次是读者。文艺作品写出来了，谁看，不知道。也许除某一刊物的编辑之外没第二个人看过。也许印在刊物上．有很多读者，可是你也不知道是谁、谁、谁，当然也就不知道是不是合乎他们的要求。应用文就不同了，读者是谁，一清二楚。会议记录是给参加会议的人以及跟会议内容有关的人看的。调查报告首先是给领导看的，也可能扩大到一定范围，但仍然是可以预见的。这是第二点不同。

又其次是内容和形式。文艺作品的内容可以由作者决定，他爱写什么写什么（当然要考虑社会效果），形式也可以由作者选择，他喜欢写小说就写小说，喜欢写诗就写诗。应用文跟这不一样。要你起草一个计划，你不能把它写成个总结。要你拟一个公函，你不能把它写成一封私信。内容也是规定了的，你不能写得不全，更不能把规定以外的东西写进去。

这样看来，写文艺文有很大的自由，写应用文受种种限制。可也正是由于这种差别，写文艺文似易而实难，写应用文似难而实易。指导写小说写新诗的书似乎不多见，有也不见得真管用，可是应用文的写作指导就有人写，而且写好了还真管用。比如这本《应用文写作知识》我看就很不错。

这本书的实用性很强。当然不是不讲理论。比如其中《应用文写作的基本要求》，提出"实""准""简"三原则，话不多，只三千字左右，可是写应用文的指导原则都在这里了。然而，这本书之可贵还在于它议论少而实例多。第一篇谈写信，出自王力教授的手笔，完全从实际出发，而且无微不至，读者要能照办，准错不了。韩少华同志谈写日记，举了不同类型的例子七条。宁致远同志谈写公文，举的几个例子都是实有其事，可供参考。纪希晨同志谈怎样写新闻，虽然例子不多，可是从头到尾都是经验之谈，给未来的新闻记者上了一堂最好的入门课。还有金铁宽同志谈怎样写简报，引了一篇写得也还可以的简报，指出其中的缺点，加以修改，把七百多字压缩成四百多字。这种写法，对于读者最为实惠。

总之，我推荐这本书给还缺少写应用文经验的青年读者，不管他现在在什么工作岗位上，因为应用文是谁也免不了要写写的。

（原载上海《青年报》1984年4月6日和《书林》杂志1984年第二期）

[作者附志]

　　这篇短文是《书林》杂志约我写的。我因为光就这本书本身写，没有太多的话可说，不妨借此机会谈谈应用文和文艺文的不同性质以及写作难易的比较，倒还有点意思。编者收到稿子以后，认为前半篇似乎不很切题，就把它转给上海《青年报》，只采用了后半篇。这样分开刊载之后，给人的印象，至少是给我的印象，是前半篇有点含意未申，不知道目的何在，而后半篇是纯粹就事论事，相当干巴。因此我把它还原成为一篇，寄给《中学语文教学》重新印出来。一则这本《应用文写作知识》确实还值得再介绍一下，二则也借此向教人写文章的老师们讨教，像这样的写法是可取啊是不可取？

第七章　吕叔湘传述

吕叔湘（1904—1998），江苏丹阳人，语言学家、语文教育家、翻译家，语言学科学部委员（院士）。他从事语文教学和研究60余年，学贯中西，博大精深，撰述宏富，专著和编译近20种，论文100多篇，内容涉及一般语言学、汉语研究、词典编纂、文字改革、语文教学等广泛领域，为中国语言学、语文教育做出了卓越贡献，被誉为"人民的语言学家"，被尊为语文教育"三老"之一。

吕叔湘历任中国（社会）科学院语言研究所所长、名誉所长，中国语言学会会长、全国中学语文教学研究会理事长，曾获得香港中文大学荣誉文学博士学位。

吕叔湘幼年即接受私塾教育，9岁进入新式学堂学习，14岁以优异成绩考取江苏省立第五中学（常州中学），18岁进入东南大学学习英语，22岁开始中学英文教学和科研近10年，翻译了三部人类学著作。曾经留学英国两年，主修图书馆学。1938年回国后，辗转昆明、成都等地从事语言教学、语言研究、翻译工作等，出版《中国文法要略》《中国人学英文》等重要著作，编著语文教材和读物。1946年返回南京，先在金陵大学任教，后到上海加盟开明书店。1950年，到清华大学中文系任教。1951年初，接受撰著《语法修辞讲话》任务，后在《人民日报》刊载，在社会语文建设方面产生重要影响。1952年高校院系调整时，由中国科学院语言研究所和人民教育出版社合聘。约两年后，开始专任语言研究所研究员，兼人民教育出版社副总编辑。长期担任《中国语文》编委、主编。1954年7月被任命为语言研究所副所长、代理所长，1963年10月为所长，后任名誉所长。1954年11月起担任中国文字改革委员会委员。1956年开始主持《现代汉语词典》编纂，直至1960年底出版试印本。1961年6月被评为语言学科学部委员。1962年9月撰写、次年发表《关于语文教学的两点基本认识》，奠定了其在语文教学方面的地位。1978年《当前语文教学中两个迫切问题》发表后反响强烈，有"一声惊雷"之喻。1979年被选为全国中学语文教学研究会首任会长。随后或撰文、或参会、或讲话、或题词，以不同形式，指导、鼓励和推动全国语文教学实践和语文教改，为开创新时期语文教学的新局面做出了不可磨灭的贡献。

　　本传述侧重于语文教学的视角，分五个阶段来回顾和描述语文教育家吕叔湘的一生：学习语言（1908—1926）、教授语言（1926—1936）、研究语言（1938—1949）、研究语文（1950—1966）、领导语文（1978—1998），兼述其语文教育著述及历史影响等。

第一节　学习语言：国学基础和现代新学相融之根底

　　清光绪三十年十一月十八日（1904年12月24日），吕叔湘出生于江苏省丹阳县城新桥西街柴家弄的商人之家。

　　父亲吕东如，读过私塾，从小开始学做生意，先在商店里当学徒、做伙计，后自己独立门户经营，闯荡商海，凭着自己的勤恳、精明，家境逐渐殷实起来，在两三万人口的丹阳城里，算得上是小康之家。同时，他还营造了一种安分守己、瞻前顾后、无大野心、立身行事、有所为有所不为的家风。

　　母亲钱氏，虽然识字较少，读书不多，但是聪明、能干，主持家政，把家庭内部的事务处理得井然有序。她贤良淑德，上孝老人，下携儿孙，善睦邻里，只要力所能及，一般都是有求必应，因此在丹阳城里有极好的口碑。钱氏对孩子宽厚、仁慈，只要孩子不大喊大叫、东颠西窜，就不去管。

一、欢愉而自由的学堂生活

　　吕叔湘4岁（1908年）入私塾学习，先念了《三字经》《百家姓》《千家诗》，又念了《大学》《中庸》《论语》，以及半部《孟子》，还接触过《五经》之一的《左传》。私塾学习生活让他有了传统语文教育的体验，得到了传统语文教育重视小学教学的良好熏陶。如，整齐押韵、朗朗上口的《三字经》《百家姓》《千家诗》，这种"集中识字"为提前阅读打下了基础；接触"蒙求"类韵语读物，如训诫类的《弟子规》《昔时贤文》、轶闻掌故类的《幼学琼林》《龙文鞭影》、历史知识类的《鉴略》、各科知识类的《名物蒙求》，利于打开知识视野；属对训练，初步体悟汉语汉文特点、科学性强的综合语文基础训练；背诵四书五经原典，虽遭后世诟病，但就方法而言，熟读背诵对于语文学习却颇多可取之处。

　　吕叔湘入私塾后，用毛笔书写，不废时日，从"集中识字"阶段的描红、脱格，到"巩固与拓展识字"阶段的中楷临摹，为日后用"恭楷"（标准的、工整的楷书）书写打下了坚实基础。

9岁（1913年）时吕叔湘转入新式小学学习，先在私立文中小学读三年级，一年之后转学到公立东岳庙初等小学读四年级。当时的初等小学校设修身、国文、算术、英文、游戏、体操等科目。学校设在东岳庙的一个跨院里，三间殿堂两间作教室，一间是教员休息室。院子里有两棵梧桐树，还养着一只羊。学生一共不到三十人，清静得很。吕叔湘功课轻松，闲下来就开始看"闲书"（课外书），如章回体小说《镜花缘》，因为故事性强，很容易引起孩子的阅读兴趣。10岁（1914年冬）初小毕业。因为新学堂始业时间的变化，先上了半年"补习班"。

11岁那年（1915年）秋天，吕叔湘以第一名考取丹阳县（今丹阳市）唯一的高小——白云街小学。这是该县最早的一所高等小学，坐落在县城白云街中段，即丹阳实验小学现址。学校虽然没有多少先进设备，但教师水平较高，教学认真，管理极严。吕叔湘入学那年，学校增开了英语课。校长杨鸿范是位忠厚的长者，教全校三个年级的算术，布置习题作业十分认真。作业本上绝对不准添除涂改。如果写错，全部重写，这样就养成学生不写错字的好习惯。

班级只有二十几个同学，遇到批改作文时，国文教师张海宗就将学生分成几拨，三五个同学一拨，就拿他们三五个人的作文给他们看，把这个同学找到面前来，指着他：你看，你这一句话，这样说合适不合适？跟前头、后头连不连得上？当面指出以后，然后给他改一改。你看，这样子一改，就行了。所谓"耳提面命"，你来，我改给你看。然后再换一拨。吕叔湘和其他五六个学生被一起叫去，因此可以同时听到五六篇作业的评改。

由于学业不紧张，吕叔湘在高小读了大量的"闲书"。阅读数量是"三年里边看了不下百儿八十种"。阅读速度惊人：四卷本的三五天读完一部，大部头的十天半月一部。尽管那时的中小学有图书馆的很少，但同学中间互通有无，交换着看。吕叔湘当时阅读的"闲书"，大致有这么几类：一类是历史演义，一类是武侠小说，还有一类是才子佳人小说。这些故事性强的书，很合这个年龄孩子胃口。

吕叔湘回忆自己读"闲书"时，感受特别深的一点是中小学生的阅读实在有加以指导的必要。课外书中既有精华，也有糟粕，如果有教师跟学生谈谈说说，比让他们去瞎碰瞎撞要好得多。

高小学习修身、国文、算术、中华历史、地理、博物、理化、图画、手工、体操（兼游戏）等科目。吕叔湘晚年还记得小学里"结拜十弟兄"的趣事。那时候社会上有结拜兄弟的风气，吕叔湘就读的那个小学里有些同学也想搞结拜，为了凑足十弟兄，把他也拉了进去，除了他是一年级的，其余都是三年级大师哥。直到晚年，吕叔湘还能清晰地记得起其中的几位。

14 岁那年（1918 年），吕叔湘高小毕业。民国学制规定的义务教育是 4 年，初等小学毕业。当时的高小毕业，是高学历了。吕叔湘面临是升学，还是就业的选择。按父亲的意思，要吕叔湘去一个商店当学徒，就是"学生意"。吕叔湘的高小老师认为，像他这样的每学期都考第一名的学生不升学非常可惜，就让人捎话给吕父，让他升学。吕父当时的身体和生意都不错，也就同意了。

二、踏实而高远的中学底色

当时丹阳没有中学，高小毕业生升学，有的去镇江的六中，有的去常州的五中。1918 年暑期，吕叔湘和同学夏翔顺利考入江苏省立第五中学（常州中学）。

历史上，常州的教育事业就很发达。由于它在相当长的时期内是"府"的所在地，行政地位远高于周边其他地区，所以常州可设"府学"，其所辖各县只能设"县学"。1908 年沪宁铁路建成通车，西连南京，东至上海，经济的繁荣，带来了教育的繁盛，人才的涌现。

吕叔湘入学时，学校由童斐（字伯章）执掌校务。童斐已经任教该校 12 年，担任校长 6 年。童斐中过秀才、举人，曾任宜兴周铁竺西学堂校长。他文学功底深厚，学识渊博，才华横溢，能诗善文，工书法，昆曲造诣很深。1907 年受聘担任常州府中学堂国文教员。1913 年，前任屠元博赴京担任国会议员辞职离校，童斐继任校长。童斐长校后，继往开来，保留和延续了屠元博创办学校以来的诸多好传统、好做法，又不断创新，使学校校务蒸蒸日上，成绩斐然。

童斐担任校长后，就制定了校训："存诚、能贱"，并制成两块匾额，悬挂在大礼堂的墙壁上。每当新生入学，童校长第一件事，便是讲解校训：存诚，就是做任何事情，包括读书求学，待人接物，都要诚心诚意，而不能虚情假意。能贱，就是不要以为进了五中，就自认高贵，仿佛处处高人一等，而不屑做一些平常的琐屑之事。要看得起普通人，要习惯自己做一切平凡的事。

吕叔湘一生谨记"存诚，能贱"之校训，直至晚年仍记忆犹新。1987 年 11 月常州中学 80 周年校庆，吕叔湘应邀为母校题词，他写下了校训对他一生的影响：1918 年我进常州中学，童伯章校长为我们新生讲校训，两句话，四个字，一曰存诚，一曰能贱。我铭记在心，一生受用。吕叔湘一生的治学，也很好地诠释了这四字校训。

当时常州中学只有男生，没有女生；民初也改清末学制五年为四年。吕叔湘是第十五级，1918 年入学，1922 年毕业；一级有甲乙两组，吕叔湘在十五级乙组。一组的定额（按：班额）是 40 名。十五级乙组到毕业时只剩下 34 名。吕叔湘与江阴人刘北茂（1903—1981）是同班同学，那时候他的名字是刘寿慈。吕叔湘的高小同学夏翔（1903—1991）在十五级甲组。周有光是第十六级，比吕叔湘低一级；他1918 年开始在常州中学读了一年预科。

常州中学是瞿秋白、张太雷、钱穆、刘半农、刘天华等的母校。尤其是刘氏三兄弟，吕叔湘从刘北茂的口中获知，刘半农 1907 年考入常州府中学堂学习，成绩优异；1917 年夏，被北京大学校长蔡元培破格聘为北大预科国文教授，并参与《新青年》杂志的编辑工作，积极投身文学革命，反对文言文，提倡白话文。刘天华1909—1911 年就读常州府中学堂，求学时参加校中军乐队，学习吹军号及军笛，开始接触西洋铜管乐；1916 年，被常州中学聘为音乐教员，并在该校组织了丝竹部和军乐部两支乐队。刘天华教授吕叔湘乐理课，吕叔湘考试还得了一个挺高的分数。

当时管理很严。常州中学是寄宿学校，哪怕你家在学校隔壁，也得住校。每天早晨有舍监来检查内务（当然没有人敢睡懒觉），每天晚上熄灯之后有舍监来巡视，看有没有人讲话或是点蜡烛看书。星期天放假半天，一大早就校门大开，可是十二点进饭厅以前要排队点名（平日进饭厅也要按班级排队，只是不点名），点名不到的要到舍监室去说明理由。这种半军队式的管理制度是清朝末年兴办"洋学堂"的时候就有的。每逢周末，只允许家在常州的学生离校，周六回家，周日返校；而外地学生必须留在校内，不能外出，只有遇到连续两三天以上的较长假期才可以回家。家在外地的学生很多，星期天留宿学校的人依然不少，大家都在学校里边，倒也不觉寂寞。

吕叔湘除交学校费用（包括膳费）外，每月只有两块银元零用钱，必得精打细算。当时绝大多数同学都是很俭朴的，即使家里有钱也不敢在校内乱花。实在也没有地方乱花，学校没有小卖部，只在每天上午第一、二节课中间多休息五分钟（为十五分钟），让特约的一家烧饼铺进来卖烧饼。那时候，不是下雨天看不见有人穿皮鞋，自来水笔全校没有几支。抽香烟的学生也没几个，都只能到操场角落里去偷偷地抽，也没有瘾。打扑克之类的事情没听说过。允许在自习的时间以外下棋。吕叔湘回忆这四年住校生活很有好处：首先是学会料理自己的生活；其次是学会怎样量入为出花钱。

常州中学当时也就三五百学生，学生少、程度好、学习自觉，加上日常管理严格，在这样的环境和氛围下，不用功的学生倒是难找。现在类似的重点中学也不鲜见，学生自学意识和能力非常强，自学内容已远远超过就读年级的课程要求，有的甚至已自学大学一、二年级的课程，学生自然没有什么问题，也根本用不着老师的督促。

常州中学虽然很有名，但吕叔湘也感觉其放任的一面。吕叔湘回忆道：拿功课来说，国文四年里换了三位老师，只有一位吴老师讲得不错；数学也是三位老师（算术和代数一位、几何一位、三角一位）。英文，也是先后三位老师，一、二年级两位老师抓得紧，三、四年级一位老师不怎么样。除了国文课的作文得交给老师批改外，所有学科的作业，你交给老师，老师就看；你不交呢，他也就算了，很自由。不过，英文老师都比较认真，念过的东西，有些要求背诵。因为老师不要求交作业，所以不少同学也就不做练习了。

吕叔湘所说的这位吴老师，就是吴樵长（1877—1957），字山秀，武进人，工诗文，擅长楷书。出身书香世家，国学根底扎实，秀才出身，后又到著名的江阴南菁学院求学深造。1914年被礼聘至省立五中教授国文。那时候的国文教材都是文言文，上课时他解释这些文章时，就发挥他的思想，给学生留下了深刻的印象。他提倡白话文，可是当时白话文不进课堂，他就在课外教学生看白话文的东西，写白话文的文章，把五四运动的许多思想在国文课上灌输给学生。学生们都非常钦佩他。据周有光回忆：学校当时还开设了"名人演讲"课。有一个小组专门请名人来演讲，这个小组也请吴樵长来讲。吴樵长是本校教师，黑板上写好了"名人演讲"，他用粉笔把"名人演讲"改成"各人演讲"，谦逊中藏着幽默、俏皮。

吴樵长还善于吟诵。吟诵，是有节奏地诵读诗文，诗词文赋都是按照诗文内在的格律或节奏来吟诵。欣赏诗词文赋时，通过吟诵最能体会古典诗文的神气韵味。鲁迅在《从百草园到三味书屋》中有过寿镜吾先生吟诵的描摹。吟诵不仅是记忆的高效方法，本身就是对作品的反复揣摩，也是理解作品的自学方法。常州吟诵，除了普遍遵守平长仄短、依字行腔、文读、曼声长吟、摇头摆身等原则外，曲调与当地官话以及地方音乐联系紧密。据传，常州籍杰出的语言学家赵元任创作的歌曲《听雨》，就是他将常州地方吟诵古诗的音调加以扩展而成的。

在各种功课中，吕叔湘对国文和英语最感兴趣，有空喜欢在图书馆广泛阅读。

常州中学重视英语学习，且有两方面传统：一是名师执教；二是十分重视语言积累。吕叔湘的英文老师沈同洽，堪称名师。1938 年，曾与钱钟书、徐燕谋等知名学者执教国立师范学院外语系；1949 年后，任南京大学外语系教授。吕叔湘回忆：这位沈先生在每天教的课文中指定一段要求学生第二天背给他听，也就是十几行吧，吕叔湘和刘北茂等英语程度比较好的同学根本不把这当一回事，多数同学也都能背下来，当然上课时也有那么几位就是结结巴巴背不好。沈老师常说，你背书就像推小车过桥（指旧式的石级桥），格登！格登！因为这句话他常说，所以几十年以后吕叔湘仍然清晰记得。吕叔湘还回忆到，二年级以后的英语老师不那么严，可是吕叔湘他们几个爱好英语的还是挺认真地学。那时候中学用的教材难度不小：二年级是《泰西五十轶事》，三年级是《莎氏乐府本事》，四年级是欧文的《见闻杂记》。吕叔湘回忆：我们的英语进步算是比较快的，到四年级念欧文的《见闻杂记》居然念得进去。北茂和他还比赛过背书，背的是其中一个短篇，The Voyage（旅程）。1925 年吕叔湘和刘北茂在北京见面，刘北茂对他说：我现在能背 The Voyage，不光是顺着背，还能倒着背。意思是从末一句往前背，背到第一句倒背如流。

世界历史、世界地理、物理、化学、生物等课程，常州中学都是直接使用英文教材，老师也是使用英语教学。周有光先生回忆常州中学的教学情景：我们的英文教师都是教会学校毕业的，我们中学能用英文进行演讲比赛，英文不过关便不能毕业。周有光 1923 年参加上海圣约翰大学的入学考试，连续 6 天一共考 36 个小时，其中 30 个小时全是英文试题，要用英文解答，如果英文水平稍差一些，只怕连一个小时也混不下来，这从一个侧面描述了彼时常州中学的教学质量之一斑。

童斐提议创办了校刊，旨在使学校的教学既扎扎实实又充满生气。童校长在1914 年 3 月创刊的发刊词中明确说明了办刊目的，主要是让社会了解学生学业之进展，是刊有教室之课业，有学生自修时的笔录，有游艺之演习，总之，都是以学生为主体，所以学生们写稿非常踊跃。1917 届学生潘菽（1897—1988，我国现代心理学的重要奠基人，中科院心理学研究所所长）在校时便是校刊的热心撰稿者，曾在校刊上写过《近日国民提倡国货之热心渐减说》等文章。

校刊内容丰富，形式多样，图文并茂，出刊之后就受到广泛的欢迎，第一、第二期很快就销售一空。为了满足社会各界的需要，除由学校发行外，还在上海商务印书馆、上海中华书局、苏州玛瑙经房、无锡乐群书社、南京共和书局、杭州向经堂等 11 处设立分售处，可窥这份刊物在当时的影响之一斑。

常州中学体现"活泼"一面的还有，屠元博治校后设立了一个游艺部，相应开设游艺课，有音乐、绘画、摄影、篆刻、演说等内容，这项改革一直延续到民国时期。除了上午上三书课，每课五十分钟，下午基本上是游艺课。所谓游艺课，就是学生自己选课，假如你喜欢古典文学，可以选古文；喜欢书法，可以选书法；喜欢打拳，有两位老师教打拳，一位教北拳，一位教南拳；喜欢音乐，可以选音乐，音乐有国乐、外国音乐两门。吕叔湘回忆：刘天华在学校搞一个军乐队，每到 4 点钟，就在学校里一面演奏一面绕一个大圈子，听到军乐声，大家都休息了。游艺课不用考试的，考是没有必要的。这个课程学生有兴趣，会学得好的，用不着考。因为有时考得很好，不一定学得很好。活跃的校园气氛，必然促进学习的热情。大家读书很用功。老师并不是追着让你学，没有给你很大的负担。

其间，吕叔湘在常州亲身经历了当地的五四运动，影响了他一辈子。

1919 年，北京爆发了震惊中外的"五四"反帝爱国运动，迅速得到全国各地学生的声援和社会舆论的支持，常州也在其中。常州声援五四运动的活动持续了一个月，情况大致如此。

青年和学生从 1919 年 5 月 5 日上海运抵常州发行的报纸上得知运动的信息后，震惊不已。怀有强烈爱国思想的青年教师赵毅甫、常州中学以及县立师范学校的学生当晚就集中到县文庙（今工人文化宫）明伦堂开会，研究响应办法，组织成立统一行动的"三校联合会"，响应北京学生开展爱国运动。推选常州中学学生会会长蒋瑞霖任会长，县立女子师范学校（县立女师）学生会会长史良和县立师范学校（县立师范）学生会会长杨松涵任副会长。第二天，他们各自按分工分头行动，负责与常州各个学校、各个行业联络，鼓动呼吁全市民众联合起来开展声援行动。

1919 年 5 月 6 日，常州出版的《晨钟报》刊载了北京各校 2.5 万名学生致全国的公电："欧洲和会中，我国所提归还青岛问题，势将失败。5 月 9 日在即，凡我国民当有觉悟望于此日，一致举行国耻纪念会，以保危局。"5 月 9 日是 1915 年日本逼袁世凯承认丧权辱国的"二十一条"的国耻纪念日。每年的这一天，常州各界都要开展声讨活动。而这次运动，又是日本要将德国在山东的一切权利收归己有而引发，旧仇加新恨，除了激起常州人民对日本帝国主义更大的愤慨外，还有对腐朽、软弱的北洋政府镇压爱国学生的严重不满。觉醒了的常州学生联合通电北洋政府，谴责"执政诸公不该视民意而不顾，构监学生"，坚决要求政府以"民意为指归"。

到了 5 月 9 日，西瀛里、南大街等主要商贸集中地，纷纷挂起了用白布书写的"五月九日国耻纪念""抵制日货""归还青岛"等横幅标语。

学生的一系列宣传，极大地激发了常州人民的爱国热情和民族觉悟。一些对"抵制日货"不感兴趣的商人，在"学生流泪跪在商店门口，宣传劝说"的爱国精神感召下，也开始觉醒，纷纷加入爱国运动行列，雇人穿着印有"抵制日货""劝用国货"的背心上街游行。

1919 年 6 月 4 日，传来北京学生因为 3 日上街游行而遭反动当局逮捕及当局取缔一切爱国活动的消息，更激起了常州人民的愤怒。常州中学、县立女师和县立师范号召全市所有学校立即宣布罢课，同时推动全市工商界联合起来一起罢市。8 日，常州商学两界致电全国，从即日起，"全市不缴杂捐，农民不纳赋税"，声称"不达救国目的，不惩办卖国贼曹陆章"决不复业。人力车工人也加入罢工行列，"新商""招商"两轮船局停航，声援学生罢课、商人罢市活动；常州火车站 60 余名铁路工人在站长带领下，也加入了罢工行列，手执"不除国贼不通车"的白旗上街游行，将全市罢课、罢市、罢工、抵制日货的爱国运动推向了高潮。

北洋政府迫于全国人民的舆论压力，只得将抓捕的学生释放，并罢免曹汝霖、陆宗舆、章宗祥职务，以息众怒。1919 年 6 月 12 日，常州商学两界组织商团、童子军列队游行，散发传单，劝导商号开市，并大放爆竹，以庆贺胜利。全市各界七八千人聚集第一公园召开"民意胜利大会"。第二天，学校正常上课，工商业开门复业。吕叔湘与常州中学学生一起上街游行，周有光还是演讲鼓动者之一，他回忆：自己个子小，演讲时被听众拉到高处。

五四运动对当时的青年学生最直接的影响有三方面：一个是要搞白话文，一个是要爱国、反对帝国主义，一个是要进入精神文化现代化的深层领域。五四白话文运动，类似于西欧文艺复兴、启蒙运动以语文运动为先锋，从语文普及入手，开启民智。吕叔湘 20 世纪 50 年代撰述普及语文的《语法修辞讲话》，可以看作是其受五四运动影响的延续。他晚年曾说过：直到现在，五四思潮还在我的思想中起作用。五四运动给了吕叔湘追求学术的基本思想和强烈情感。

吕叔湘四年中学生活有四方面的收获：一是既打下了扎实的国学基础，又广泛地接触到了英文、数学、艺术等新学知识；二是受五四新文化运动思潮影响，吕叔湘选择了他终身从事的文科；三是"存诚，能贱"的四字校训成为吕叔湘治学生涯的最好诠释；四是寄宿制严格的管理制度使吕叔湘学会了料理自己的生活，逐步培养起了量入为出的简朴习惯。

三、通识而跨界的大学根基

吕叔湘 18 岁那年（1922 年）秋，完成中学学业，顺利考入东南大学。当时的东南大学，即后来中央大学、南京大学的前身，堪与北京大学比肩。1922—1926 年，吕叔湘在南京读了三年，在北京大学借读一年。

东南大学的前身是张之洞创办的"两江师范学堂"，民国初年更名为"南京高等师范学堂"。在吕叔湘入学前夕的 1921 年，时任校长的郭秉文经过努力，把师范学校改建为"东南大学"。郭秉文的办学方针是"通才与专才平衡，人文与科学平衡，师资与设备平衡，国内与国外平衡，学术与事功平衡"。他希望教出来的学生具有国士风范，能有钟山之崇高，玄武之恬静，大江之雄毅。

吕叔湘入学之时，东南大学正处于承前启后、继往开来的"一校两制"时期。在东南大学筹建时业已议定：南京高师自 1921 年开始不再招生，待南京高师学生全部毕业，高师即与东南大学合并。东南大学成立后，学校逐渐有意识地由"高师"向"大学"转轨，直至最终停办高师，彻底并入东南大学。南京高师、东南大学本是一家，只是由于实施"双轨制"，才出现了三四年时间的"两块牌子、一套班子"的事实。因此，南京高师并入东南大学，合二为一之后，整体实力大增，学科十分齐全。

吕叔湘进校时，校长郭秉文、副校长刘伯明、教务主任陶行知等一批留美学者基本完成了对南京高等师范学校的改组，东南大学完全模仿美国的大学，采用学分制，文理科一年级不分系，不管你主修哪一系，都得修读 30 个学分（文理科的课程分 5 组，每组都必须读 6 个学分。一般每门课程 3 个学分）。第二年正式分系，确定了就念这个系的课程，至少要修读 40 个学分。还要求有个副系，副系的课要念 20 个学分。此外，还有七八十个学分，念什么很自由，学校不再干涉。

那时，东南大学学科十分齐全，有 5 科 27 系之多。分设文理科、教育科、工科、农科、商科 5 科。这里的"科"相当于现在的"学院"，而不是系科。商科设在上海（东南大学附设〈上海〉商科大学），不在南京。因经费原因，工科于 1924 年停办，那是后话。

当时东南大学把文理科的课程分为五组：中文、外文一个组，历史、地理一个组，哲学、政治、经济一个组，数学、物理、化学一个组，生物、心理、教育一个组。这五个组的课至少要各选读 6 个学分，可以分在四年里选修，一般都尽早在头两年里修完。这样，即使你学的是中文或外文，你也得学点历史、地理，还得学点数学、物理、化学，学点生物、心理、教育，学点哲学、政治、经济。这是规定，不管你喜欢不喜欢，也不管你进哪个系，你都得学一点其他方面的课程。因此，吕叔湘虽然主要学外文，其他方面的课也都学了不少。

第二学年分系，吕叔湘主修西洋文学系。同班同学有浦江清，江苏省松江县（今属上海市）人，中学就读于江苏省立第三中学。同学中还有来自丹阳的同乡何金元、胡梦华、胡伯玄等。

西洋文学系与英语系是不同的两个系，西洋文学系的教授有吴宓和梅光迪；英语系系主任是张士一。吕叔湘回忆：两个系的教师彼此看不起，对学生不无影响。吕叔湘学生时代的兴趣在文学方面，对语言方面如语音、会话等并不十分重视。他因此就没有选英语语音学、英语会话、英语教学法这些课。后来到中学教英文，觉得很吃亏，需要语音、语法方面的知识，就边教边补。

大学期间，吕叔湘储备了扎实的英语语言文学的良好修养，广泛地涉猎了包括人类学、社会学、自然科学等诸多学科的知识，使他对语言教育的理论问题和实践认识能在多学科的视位上加以审视并全面把握。

东南大学是国立学校里最早实行学分制，以鼓励学生广泛涉猎的。吕叔湘在主修外国文学的同时，跟着化学家王璡、生物学家陈桢、地理学家竺可桢、心理学家陆志韦、文化史家柳翼谋等教授学习了多方面的知识。吕叔湘回忆起在东南大学的学习生活时说：由于大学里是这样学习的，我就什么都知道一点，变成一个杂家。……有点杂家底子，在专门研究其中某一门的时候，眼界就比较开阔，思想就比较活跃，不为无益。这一阶段与自然科学家的接触，使吕叔湘得到了比较良好的科学教育，培养了比较严密的科学思维，完善了吕叔湘的知识结构，他以后从事语言研究时往往视野比较开阔。

1925 年 5 月至 1926 年 8 月，吕叔湘借读北京大学一年。其时，鲁迅、李大钊、陈独秀、胡适、钱玄同、周作人、刘半农、沈尹默等一批新文化运动的主将都在北大任教。当时，北京城发生了两件大事，一是冯玉祥把溥仪赶出紫禁城，一是段祺瑞制造了三一八惨案。其中以反对复古主义为主要内容的"女师大风潮"为甚。

吕叔湘在北京的一年，一方面迅速地开阔了眼界，加深了对中国当时现实状况的认识，对于坚定他的文化救国思想有直接影响；另一方面，使吕叔湘有机会亲耳聆听到当时新文化运动主将们的声音，在心中进一步植入"科学"与"民主"思想。

　　大学四年，吕叔湘除了读书以外，还经历了两件重要的、影响终身的事情。一件是大二时（1924年夏）父亲去世，家庭经济支柱有所动摇，四弟被迫辍学去做生意，吕叔湘第一次思考和面对生计之虞，实实在在体验到了柴米油盐。这些对强化其平民和大众意识，以及之后不遗余力地从事语文教育的普及工作和大众化工作不无影响。另一件事，是吕叔湘进大学之后开始便与后来成为其夫人的程玉振通信。虽然他们属于包办婚姻，但是吕叔湘选择了"非对抗"的妥协和化解方式——设法会面或通信的方式，培养感情——无论是生活方面，还是学术方面，既反映了吕叔湘非激进的性格特点，也体现了吕叔湘务实的作风。

第二节　教授语言：语言教学实践十年浸润与学术准备

　　1926年，吕叔湘从东南大学毕业，开始了10年中学英语教学、研究及其翻译生活。他先后辗转任教于丹阳初级中学、苏州中学、安徽省立第五中学等校，兢兢业业教学的同时，投身语言教学规律的系统研究，还翻译了《人类学》《初民社会》《文明与野蛮》三部人类学著作。

一、教授英语文，致力于语言及其教学规律之研究

　　22岁（1926年）的吕叔湘回到家乡，到新创立的丹阳县初级中学（现吕叔湘中学前身）任英文教师。该校前一年刚刚由吕凤子、林立山、韩笔海和陈湘圃等人创办，校址在县城西门城隍庙后，陈湘圃（字兆蘅）任校长。创办之初，招收初一班一个，学生约40人，不收女生。当时只有两个班，校长陈湘圃自己教了一班英文，吕叔湘教学任务不足，陈湘圃让他教国文文法。吕叔湘以《马氏文通》为教材，开始钻研中国文法。

　　此时丹阳还有另外两所中学，一是私立正则女校，由吕凤子创办于1912年，1917年迁至白云街后增设中学部；一是私立吴塘初级中学，1923年秋由皇塘荆氏创办。正则女校校舍是三间废屋，学生仅9人，分设小学和妇女补习班。吕凤子取屈原的字"正则"为校名，寓意为弘扬2000多年前爱国诗人屈原的崇高气节。程玉振就是正则学校的学生。

　　吕叔湘除在丹阳县初级中学任教外，还在丹阳正则女校兼课，后来成为该校校

董之一。堂兄吕凤子长吕叔湘18岁，在吕叔湘懂事的时候，吕凤子已到外地工作，两人很少见面。在丹阳的这段时间里，吕叔湘上课前后，有时候去凤子大哥房子里随便谈谈，两人很快熟识起来。

一年后（1927年），校长陈湘圃改任省立徐州中学校长，继任的校长是何金元。半年后，何金元被地方势力逼得辞职，吕叔湘也跟着辞职到苏州中学去教党义（三民主义）。

1928年，丹阳县初级中学情况很不好，吕凤子等共商对策，把一向在杭州教书、跟丹阳教育界无关系的何其宽找回来担任校长，希望能缓和矛盾。何其宽校长又把吕叔湘请回来担任教务主任。吕叔湘因为教党义没意思，也就欣然同意。

何其宽办事认真，请教师不照顾地方势力，从外地请来三位好教师。一时间，教师阵容整齐，学校气象为之一新。可是这不符合某些地方势力的愿望，他们不断给何其宽制造困难，想方设法捣乱，何其宽感到棘手，只干了一个学期，又不得不辞职，回到杭州去教书，吕叔湘也跟着辞职。

东南大学同学胡梦华新任安徽第五中学（在凤阳）校长，请吕叔湘去"帮忙"。于是1929年上半年，吕叔湘来到安徽第五中学任教。这个学校刚闹过风潮，赶走了校长。胡梦华是国民党安徽省党部派去整顿这所学校的。可是，他不敢到学校（凤阳）去，待在省城遥控，派他的教导主任胡伯玄（丹阳人，东大同学）去坐镇。他请的教员是相当整齐的，可是学生不理这一套，谁爱上课就上，谁不爱上课就不上，过些时忽然一下子全不上课了，过些时又零零落落复课，而且常常谣传学生要闹事，有一次确实是关上校门，不让教员和学生进出。连胡伯玄也不敢留在校内了，跑到十八里外的临淮关去办公。就这样糊里糊涂过了一个学期，吕叔湘算了一下，他上课的日子只有五十多天。学生怎么样也不肯就范，结果是提前放假。

暑假后，吕叔湘仍然来到苏州中学，这回是任教英语。他在苏州中学，除教学外，与沈同洽、沈问梅、胡达人、汪毓周等人合编《高中英文选》，共三册，由中华书局出版，这套教科书曾被广泛采用。

苏州中学图书较多，吕叔湘在这里阅读了丹麦语言学家奥托·叶斯泊森（Otto Jespersen）的《语法哲学》，不久，叶氏的《英语语法要义》（Essential of English Grammar）出版，这两部书使吕叔湘大开眼界。他敏感地意识到，叶氏的方法比当时流行的《纳氏文法》理论简明，实用性强。吕叔湘立即将《英语语法要义》翻译成中文，交给正中书局（后因吕叔湘出国，加上战乱等，出版事宜没有下文）。

其间，吕叔湘从事英语教学、研究和翻译，加上吕叔湘在东南大学打下的西洋文学底子，他的英语和汉语运用能力更加纯熟。吕叔湘在中学除了教授英语外，还兼教国文文法，他接触和钻研了当时的汉语语法名著《马氏文通》，以及英语语法名著《语法哲学》《英语语法要义》，为以后走上语言学研究的道路打下了扎实的基础。

二、跨界人类学，致力于学术翻译和汉英语言锤炼

教课之余，吕叔湘还译书，前后译出《人类学》《初民社会》《文明与野蛮》三种，分别由商务印书馆和生活书店出版。

吕叔湘关注、研究和翻译人类学著作的时间长达十五六年。从 20 世纪 20 年代初期接触人类学开始，到 20 年代后期大量阅读和翻译人类学的著作，一直延续到 1936 年留学英国。甚至到了英国的牛津大学，还选学了三四个月的人类学课程。仅研究和翻译人类学的著作，前前后后就近十年。加上在东南大学接触人类学始，前后有十五六年之久。

吕叔湘接触人类学具有客观的有利条件。20 世纪二三十年代正是国外人类学著作大量译介进入中国的时候。18 世纪后期到 19 世纪初是人类学的快速发展时期，大量的人类学著作涌现，支派繁衍，学说纷陈。当时的中国受新文化运动的影响，很多西方的学术成果被介绍到中国来，人类学就是较早介绍进来的一门学科。吕叔湘正是在这样的背景下接触人类学，并且开始了早期人类学学习和研究的。同时，这也与吕叔湘的主观选择密不可分。他在《〈人类学〉译者题记》认为自己对"'人之研究'发生了兴趣"是在 1930 年前的两三年。1926 年亲见段祺瑞制造三一八惨案，1926 年下半年起他奔走丹阳、苏州、凤阳、苏州谋生的波折，1927 年剧烈动荡的中国社会现实等，若干当时中国发生的"倒退"之事，一时难以用进化论加以合理解释。经历过新文化运动洗礼的知识分子，选择非激进的方式，自然期望在新文化运动中找出路，很自然地回过头去在既有知识结构中找答案，人类学的翻译和研究显然有助于吕叔湘化解"眼前""困惑"。

吕叔湘对人类学进行过成熟思考和深入研究。一是三部译著都是当时人类学的代表作品，从一个侧面可知他对人类学学术前沿的了解和把握。二是他接触到了当时人类学的权威学者。除了翻译作品时的间接接触外，他还受到过人类学家的耳提面命，与人类学家面对面，体现了人类学方面的造诣。那是 1936 年 3 月末至 7 月

初，吕叔湘留学来到英国牛津大学，在等待秋天正式学习的间隙，选学人类学课程，师从 R.R.Marrett（马雷特）和 Balfour（巴尔弗）（前者为《人类学》的作者，牛津大学教授；后者是牛津大学人类学博物馆馆长，笔者注）。

这一时期（18 岁到 32 岁），是吕叔湘世界观形成和成熟的重要时期，他的世界观发生了一个重要的变化：从经典人类学的具有较强的进化论特点的人类学观点，开始转变成现代人类学具有多样化的视野，人类学研究惯用的"对比"和"比较"的方法论，影响到吕叔湘终身的研究和思维。吕叔湘往往能用比较冷静、客观的眼光来分析问题，在中英两种语言比较之中加深对汉语语法研究和语文教学诸多问题的认识。长期研究人类学的经历，使他认识问题往往比较客观、全面和辩证，较少主观、片面和偏狭。

人类学的准哲学思想对吕叔湘的影响反映在语言学研究、语文教育思想上，吕叔湘在研究汉语言学问题上不是简单地搬用西方的语言学理论，如对《马氏文通》等的研究采取了"扬弃"的观点，在 20 世纪三四十年代比较盛行的译介风潮中，能够坚守客观、辩证的思路，与吕叔湘这一时期的人类学研究不无关联。吕叔湘的语文教育思想中一贯的对外来语言成果必须加以消化、吸收后为我所用的观点，研究语文教育教学问题从来不是单因素的分析研究，而是多因素综合考量，这些都暗合了人类学多样化思维的精髓。吕叔湘语文教育思想的研究角色也有一个从早期研究中是"报道者"，到中期研究更多的是"分析者"，最后阶段侧重"调停者"的角色转变，其中暗合了人类学者研究角色的演进轨迹。

三、创新图书馆服务，助力学生语言实践基地应用

任职中学期间，吕叔湘还兼任过一个阶段的苏州中学图书馆主任工作。他积极创新图书馆服务形式，不遗余力地为学生课外语言运用和实践服务。

吕叔湘与图书馆的亲密接触和不解之缘，往前还可以追溯到 1931 年北平医学院图书馆，向后则可以延续到留学英国选学图书馆学专业，甚至在中国（社会）科学院语言研究所工作时被邀为图书馆建设出谋划策。

浦江清日记中记载，1928 年 3 月开始，吕叔湘与浦江清恢复了通信。吕叔湘从1928 年开始，首先翻译了第一部人类学著作《人类学》。浦江清身处文化中心的学术交往、学识进步，通过鸿雁从北平传来，触发了吕叔湘教学之余的憧憬。吕叔湘回忆道，尽管当时工作顺利，生活舒适，但并未感到完全满足，总觉得应该在学术

上有所成就。"我的意图浦江清先生是知道的。"浦江清对朋友称得起为人谋而忠，无论学问上、生活上，有事和他商量，他比自己的事情还热心。

1931年秋，浦江清"策划"了一次吕叔湘走近学术的北平之旅。是年暑假，浦江清来信说，傅斯年要找位懂点"国学"而又能写英文的参加《历史语言研究所集刊》的编辑工作，主要是给集刊里的文章撰写英文提要。浦江清推荐了吕叔湘，傅斯年说见面谈谈再定。于是吕叔湘就向苏州中学告假北上。到北平后才知道傅斯年出国去了，短期内回不来。恰好北平医学院院长徐诵明托浦江清找一位图书馆主任，吕叔湘就走马上任了。

北医图书馆是一幢二层小洋楼，所有有用的医学书全借在教授们手里，久假不归，馆里只剩些无用的旧书，也没有几架。倒是有一屋子中文旧书，经史子集都有。还有一部大字版的"宋四大书"之首的《册府元龟》。吕叔湘骑驴觅驴，利用空闲翻译第三本人类学著作《文明与野蛮》(Are We Civilized？)。一直到9月中旬，苏州中学几位要好的同事来信劝返，加之九一八事变发生，家里也来信催回。于是就在9月底回到苏州，吕叔湘匆匆结束了这次亲近学术之首旅。

也许是上述经历的缘故，苏州中学要吕叔湘任图书馆主任。吕叔湘将原来的一个旧式的藏书楼改造成一个新式的图书馆，很受学生欢迎。为使图书充分发挥作用，吕叔湘曾创编《图书馆书报介绍》，登在校刊上。每期五千字，栏目有"新到图书公告""新书介绍""本馆现备杂志一览""介绍与批评"。苏州中学校史稿记载很详细，说是吕叔湘不定期在校刊上刊出新书介绍八十八篇，短的一二百字，长的五六百字，有的只简述内容，有的还兼有评论。校史稿里边举来做例子的书有梁启超《要籍解题》、朱光潜《给青年的十二封信》、茅盾《子夜》、废名《莫须有先生传》，蒙文通《古史甄微》、陶希圣《西汉经济史》、黄凌霜《西洋知识发展史纲要》、柯昌颐《王安石评传》等，都摘录吕叔湘对各书的评介文字。直到1933年8月以后，吕叔湘因兼任副教导主任，才未能继续往下编。

1936年初，吕叔湘留学英国，在伦敦大学修读图书馆学专业两年。吕叔湘回忆：当时出于教育救国的思想，决定选学图书馆学专业，是因为觉得图书馆工作对发展祖国的文化事业作用很大，自己要为改进我国的图书馆工作而努力。

吕叔湘认识到图书馆事业的兴衰对于文化建设的重要作用，并且始终对图书馆事业的发展倾注心血。后来吕叔湘捐助丹阳市中学建设图书馆；1984年吕叔湘为纪念建国35周年，给《图书馆学通讯》的题词，都可以佐证吕叔湘对图书馆事业的认识和关注：图书馆是文化建设中重要一环。为了面向现代化，面向世界，面向未来，一定要把图书馆工作大大向前推进。由此及彼，他也深刻地认识到，语文教育的发展有赖于整个社会良好的文化建设环境，营造语文教育的良好外部环境，是提高语文教学效率的重要环节，因为"蓬生麻中，不扶自直"。

第三节　研究语言：扬帆汉语语法教学与学术研究新征程

1936—1948 年，吕叔湘开始了较长时间的汉语言研究和语文教学研究，并且在两个平台上都有斩获。

1936 年初，吕叔湘留学英国两年。1938 年初回国，在云南大学任教英语，兼教汉语语法，撰写了第一篇汉语语法论文。1940 年下半年，吕叔湘来到成都，先后在华西协合大学和金陵大学任研究员，出版了《中国文法要略》。同时，还编写了《笔记文选读》等，写出大量深入浅出、取材精当的语文教学文章。1946 年回到南京，继续在金陵大学任教，兼任中央大学中文系教授；又和朱自清、叶圣陶合作编写《开明文言读本》。1948 年去上海加盟开明书店编辑工作。

一、留学英伦，乡愁中不废语料积累及学术研究

1936 年初到 1938 年初，吕叔湘在英国留学两年。他不仅选学图书馆学专业，旁听了人类学的课程，还以《红楼梦》为语言材料开展汉语语法研究。

1935 年 7 月，吕叔湘考取江苏省公费留学英国，选学图书馆学。因为妻子程玉振已孕待产之故，推迟了当年的行程，继续在苏州中学教书。第二年春节过后启程。启程前，吕凤子欣然为他绘一幅画送行。

吕叔湘到达伦敦是三月末，离伦敦大学秋季开学还有半年。当时，苏州中学同事、前一年考取留学生的杨人缏放春假来伦敦，吕叔湘就跟随他一块来到牛津大学。吕叔湘在牛津选听了人类学讲座，讲课者是 R.R.Marrett 老先生，吕叔湘曾经翻译过他的一本小书，带了一本送他，他很高兴。可是他讲课是念讲稿，吕叔湘觉得没有什么听头。不过人类博物馆收藏相当丰富，馆长 Balfour 年纪也不小了，人极好，每星期讲两次，边讲边看实物，颇有收获。

吕叔湘在牛津三个月。因为没有正式功课，很轻松，也就很容易想家。吕叔湘开始想家，想妻子，想儿女，想朋友，想祖国，想和国内联系在一起的一切。有过留学经历或长时间外出的人都有类似体验，初到国外充满着好奇，但是新鲜感逐步

消退后，接踵而来的寂寞就会铺天盖地袭来，与吃外国餐、学业的压力相伴，三者交织在一起，真有点让人透不过气来。吕叔湘学过作诗，但是平时不作诗，可这时候忍不住要写几首，抒发自己的思乡之苦。

吕叔湘在牛津还结识了杨宪益，向达，钱钟书、杨绛夫妇，俞大纲、俞大缜姊妹，曾昭燏、曾宝荪等。向达是北京图书馆派去研究敦煌卷子并摄影的，到牛津是为大学中文藏书编目。向先生的外号向大人，是东南大学的高班同学，只是在校时不认识。

七月初牛津大学放暑假（Long vacation）。吕叔湘和杨人缏结伴去苏格兰旅游，在爱丁堡又有一位中国学生加入。夏天的苏格兰是很美的。异邦美丽的景致，不免增添游子的乡愁。

暑假后吕叔湘回到伦敦。吕叔湘回忆：9月开学，他选了三门课（科班学生要读五六门）：图书馆管理（地方图书馆、专业图书馆、地区和全国图书馆合作等等），参考书（英文的和欧洲各国重要的），分类编目。有很多空闲，经常到大英博物馆去看书。

吕叔湘 1936 年暑假后开始住在在 Gower St.，离学校和大英博物馆都很近。房费也便宜，住宿（包括 service）和早晚两餐，每星期两镑（官费是每月 20 镑）。一直到 1937 年 9 月。后来搬到伦敦西北郊的 South Hill Park，直到 12 月离开伦敦，去巴黎等船回国。

1936 年寒假，吕叔湘去外省几个城市参观它们的图书馆，有一天在报上看见蒋介石被张学良、杨虎城扣留的新闻，预感到国内的政治形势将有巨大变化。

七七事变时，吕叔湘刚刚考完。最初的抗战新闻在英国报纸上还不被重视，到了八一三之后上海打起来了，英国报纸也跟着热闹起来，好几家报社都派了特派记者作专题报道。

1937 年暑假一过，在伦敦的中国留学生都为反日宣传工作而奔忙起来。当时活动的领导人之一是留学生会领导人杨宪益。在伦敦的留学生也动起来了，搞报告会，搞"义卖"。在为抗战筹款的义卖会上，吕叔湘拿出两件东西，一件是吕凤子的画，一件是一方端砚，画没有卖掉，砚台第一天就让人买走了。

1937 年中秋节时，中日战争已经蔓延到上海，吕叔湘在国外过节很不是滋味，他那时身边有一本翻译的人类学著作《文明与野蛮》，拿出来送给向达，在扉页上题了一首七绝：文野原来未易言，神州今夕是何年！敦煌卷子红楼梦，一例逃禅剧可怜。

第三句指向达正在不列颠博物馆检阅所藏敦煌卷子，吕叔湘正在研究红楼梦语法，觉得这些事情对抗战毫无用处。

1937 年 10 月初，吕叔湘与转来伦敦的向达等人集资创办了油印八开中文《抗日时报》。社址设在中英协会，杨宪益任社长，流亡作家王礼锡任总编，陈广生任执行编辑。吕叔湘和向达主要负责刻蜡版、油印等。每天出一张报纸。主要抄译路透社等各国通讯社有关中国抗战的电讯，摘译英国各大报有关中国抗战的报道以及英国报刊对中日战争的评论，传递来自中国的抗战消息，也配合消息撰写短评，评述中日战争形势，报道英国人民和广大华侨的援华活动。工作时间是每天下午 3 时至 6 时，印量初期为 200 份，后来增至 1500 份。主要读者从最初的伦敦东区中国居民，到后来的在英国而又不太懂英文的华人，当时在伦敦、曼彻斯特、利物浦、朴次茅思等主要城市都有发行，产生了较好的反响。

1937 年 12 月 13 日，南京沦陷的消息传到伦敦，《抗日时报》的同人陷入巨大的悲愤之中，恨不能回国直接参加抗战，手刃敌人。这也加快了吕叔湘提前结束留学生活，立刻回国的步伐。

留学英国的体验，使吕叔湘对英语和汉语有了更深入、透彻的理解和把握。与此同时，吕叔湘之前接触《马氏文通》引发的对汉语研究的兴趣也持续发酵。特别是，吕叔湘 1936 年收到浦江清寄自清华大学的王力抽印本汉语语法研究著作，给吕叔湘的汉语语法研究兴趣注入了新的活力。吕叔湘在思乡之苦中，以《红楼梦》为汉语研究文本和素材，开始了较为扎实的汉语研究准备，实际上正在孕育第一篇汉语语法论文。

二、辗转昆明，开拓汉语语法教学和研究新领域

全面抗日战争开始，吕叔湘未等三年期满，提前于 1938 年初回国。吕叔湘与家人在长沙会合后，转道越南，5 月，吕叔湘一家终于抵达昆明。云南大学（云大）熊庆来校长予以热忱欢迎，吕叔湘开始在云南大学文史系任副教授，教英语。

当时的云大刚刚由省立改为国立。熊庆来担任校长后，网罗了一大批学者精英到云大任教。抗战期间专任教授最多时达到 187 人，兼任教授 40 多人。当时的云大有"小清华"之美誉。20 世纪 40 年代，云大已发展成为在国际上有影响的中国著名大学之一。1946 年，《简明不列颠百科全书》将云大列为中国 15 所世界著名大学之一。

　　吕叔湘任教的文史系，中文、外文、历史合成一个系。教师有楚图南、吴晗、徐嘉瑞、方国瑜、闻宥（系主任）、施蛰存、赵诏熊夫妇、由道等。施蛰存与浦江清是中学同学。施氏当时是知名作家、专业文艺工作者，1937年9月下旬，应国立云南大学校长熊庆来之聘而来。

　　吕叔湘当时一个人住在昆明（家人安置在晋宁乡下），先是住在云大教员宿舍，与施蛰存同住。后来搬出去住在文林巷一个院子里，仍然与施蛰存同住。吕叔湘正在研究早期白话中的一些语法问题。当时，西南联大有个刊物《今日评论》，编辑里边有沈从文（施蛰存朋友）。沈从文常常约施蛰存写稿。施氏有时候应付不过来，就要找其他人帮忙。施曾请吕叔湘写文章，但是吕叔湘说没什么可写的。某日，吕叔湘与施曾谈起过朱自清发表在《今日评论》中的文章《新语言》，觉得每个句子必须有个主词的讲法有可讨论的余地。同时，又有李嘉言的一篇文章附和这个说法。

　　吕叔湘曾经跟施蛰存谈到过这两篇文章，认为汉语里边不少没有主词的句子，将来也不会绝迹。施氏觉得吕叔湘的这个分析颇有道理，于是"逼"着他写成了《中国话里的主词及其他》。

　　该文发表之后，引起了一系列连锁反应。一时"成就"了一段学术佳话，埋下了之后吕朱合作的伏笔。

　　吕叔湘曾回忆道：我的文章登出来之后，忽然有一个谣言，说这是云大文史系某些人有意跟联大中文系过不去，集体写的，因为吕叔湘是个生面孔，所以用他的名字。这种造谣生事的风气在旧社会的知识分子中间是存在的。"吕朱争鸣"本来不可避免地将演化成一场学术闹剧，朱自清不仅避免了这场"中伤"，而且用他的谦虚点化成一个学术佳话。此不赘言。

　　二是促使吕叔湘进一步走上了深入研究汉语语法的学术之路。据吕叔湘回忆，最直接的连锁反应是1939年的暑假之后，系里排课，就给他安上了一门"中国文法"课。一星期两小时，一个学期共讲三十几个小时，倒也容易交卷，所以他也就教开了。一边讲一边准备，写了一个讲稿，这就是后来《中国文法要略》的初稿之初稿。

　　还有间接的连锁反应是，时任云大教授的顾颉刚、文史系主任闻宥（语言学家）不免高看吕叔湘一眼，为后来闻宥力邀吕叔湘加盟华西协合大学中国文化研究所，顾颉刚向挚友叶圣陶推荐吕叔湘埋下了伏笔。

　　《中国话里的主词及其他》一文，不仅是吕叔湘汉语语法学研究的肇始之作，而且是他参与汉语语法学史上第一次大规模的公开性的学术讨论（1938 年 10 月，由陈望道在《语文周刊》上发表《谈动词和形容词的区别》一文引发的、历时四年半、讨论涉及面很广的、关于中国文法革新问题的大讨论）的第一次"亮相"。

吕叔湘的语法处女作，以及随后的《中国文法要略》（1940），与当时"文法革新讨论"的其他诸多著述一起推波助澜，开创了语法学研究新的学风：20 世纪 30 年代中后期，我国语法学研究者越来越不满足以前那种削足适履的模仿的研究方法，开始以西方普通语言学理论来重新审视汉语语法，开始有意识地挖掘汉语语法的特点，更多的不再是着力于对体系的引进和建构，而是着力于用新的方法和理论，用归纳法和比较法来描写汉语事实，以比较、归纳、总结出汉语语法的规律。

三、扬子江畔，《要略》初露峥嵘于汉语言学界

1939 年以来，昆明物价飞涨。当年西南联大的教授太太们被迫放下身段卖点心贴补家用，西南联大中文系闻一多教授屈尊挂出帮人刻印的广告，在云南大学任教的吴晗当物换钱度日。1940 年 5 月，日本压迫英国封锁了滇越路和滇缅路，切断了中国从海外输入战时物资的唯一通道。昆明物价如乘了火箭一样暴涨。教授们的薪金仅有相当于战前一个普通校役的收入，生活水平急速下降。如此低的收入，按一个家庭最低生活标准，也只能维持半个月。教授普遍吃不饱饭，有的每天只能一干二稀。有六七口人的吕叔湘一家更是雪上加霜。

担任华西协合大学中国文化研究所所长、1939 年离昆赴蓉的闻宥，邀请吕叔湘加盟。四川毕竟是天府之国，情况可能稍好一些。于是 1940 年暑假后，吕叔湘迁居成都，加盟华西大学。

在华西的第一篇研究论文是《释您、俺、咱、喒，附论们字》，这是针对胡适和王静如的文章写的。此后接着发表《说汉语第三身代词》（英文）、《论"毋"与"勿"》等论文，其中有好几篇是研究近代汉语（即早期白话）的，开辟了汉语语法研究的一块处女地，代表作有《释〈景德灯录〉中"在、著"二助词》等。

1941 年 3 月 26 日，叶圣陶来向吕叔湘约稿。叶圣陶此时担任四川省教育厅教育科学馆专员，对全省的中学教育负有督察指导的责任。教育科学馆计划出一套供中学语文教师用的参考书。其中有一本讲文法的书，叶圣陶从挚友顾颉刚处获悉吕叔湘曾教过国语文法，就来约稿。

叶圣陶说明来意，吕叔湘答应试试看。过了几天，叶圣陶让人送来一套正中书

局的国文课本，供吕叔湘写书取用例句。大约半年之后，吕叔湘写完了《中国文法要略》的上卷，送给叶圣陶审阅。

《中国文法要略》上卷由商务印书馆于 1942 年出版（中、下卷出版于 1944 年）。作者用比较的方法研究语法，建立了一个新的语法体系，对后来的语言研究产生了一定的影响，因而成为我国语法学史上的开创性著作之一。《中国文法要略》被称为"是继承与借鉴、务实与创新的典范，获得了学术界的高度评价，'是迄今为止对汉语句法全面进行语义分析的唯一著作'，是'研究汉语句法结构变换关系的先驱'，它'提出了一个内部蕴涵有机联系的表达论体系，这也是迄今为止汉语研究中的最为完整的表达论体系'"。（江蓝生、方梅《吕叔湘学术思想研究》）

1942 年，吕叔湘离开华西协合大学，改任同在华西坝上的金陵大学中国文化研究所研究员，同时在金陵大学外文系兼课。吕叔湘孜孜不倦地从事研究工作，他于 1942 年至 1948 年在《中国文化研究汇刊》上发表了《"相"字偏指释例》《"见"字之指代作用》《论"底""地"之辩及"底"字的由来》《与动词后"得""与"不"有关之词序问题》《"个"字的应用范围，附论单位词前"一"字的脱落》《"把"字用法的研究》等一系列语法论文。又在《开明书店 20 周年纪念文集》上发表了《从主语宾语的分别谈国语句子的分析》一篇长文，影响及于新中国成立后的主宾语讨论。

其间，吕叔湘又应约向叶圣陶主持的《中学生》《国文杂志》投稿。吕叔湘先后写出大量的深入浅出、取材精当的文章。在《国文杂志》（桂林）上发表过《文言与白话》、《汉语和拼音字的比较》、《笔记文选读》（连载），在《中学生》上发表过《中国人学英文》（连载）。1944 年由开明书店出版的《文言虚字》（新中国成立后，由中国青年出版社印了 13 次，新知识出版社印了 4 次，上海教育出版社印了 13 次）。从此，吕叔湘成为开明书店的特约作者之一，也成为既有高深专门的学问又相当注重语文普及工作的专家之一。

1946 年，吕叔湘随金陵大学返回南京，仍旧任该校中国文化研究员，同时兼任中央大学中文系教授。又和朱自清、叶圣陶合作编写《开明文言读本》（出了 3 册，计划编 6 册）。1948 年，应友人约，曾担任一段时间《和平日报》副刊主编。1948 年底，加盟上海开明书店，参加《中学生》《国文月刊》等刊物的编辑工作。一直到 1950 年 2 月迁往北京，任职清华大学。

吕叔湘还陆续在开明书店出版了《中国人学英文》《中级英文法》《英译唐诗百

首》等书，在正中书局出版了《英华集》（1980 年上海外语教育出版社《中诗英译比录》）。尤其是《中国人学英文》一书中关于"英语不是汉语""习惯成自然"两点基本认识，很好地回答了"什么是英语""如何学好英语"这两个语言教育的最基本问题，标志着吕叔湘语言教育核心思想的形成和确立。我们能从 1963 年《关于语文教学的两点基本认识》中清晰地看到其中的机理。

从 1939 年第一篇汉语语法文章《中国话里的主词及其它》开始，到《中国文法要略》，以及几十篇汉语研究论文陆续发表，20 世纪 40 年代的前后十多年，是吕叔湘汉语语法研究成果最为丰硕的时期之一。这一时期，是吕叔湘汉语语法研究成果崭露头角、趋向成熟的重要阶段。除了奠定了其在汉语语法研究平台上的地位外，还总结了英语教学和研究的诸多心得，完成了《中国人学英文》著作，并初步将之融入语文教学的平台之中，显示了宽阔的研究视野和扎实的语言学研究的理论功底。

第四节　构建语文生态：营造社会语文环境与融通语文教研

1950 年 2 月，吕叔湘应清华大学中文系聘，举家从上海迁往北京。1951 年初，受命与朱德熙合撰《语法修辞讲话》，并通过《人民日报》连载，在全国范围内掀起了学习语法、修辞、逻辑的热潮。凡学的，无不用《讲话》为教材，中学也不例外。同年与周振甫合写指导中学作文教学的《写作评改》出版。1952 年高校院系调整，吕叔湘开始在中国科学院语言研究所和人民教育出版社任职。在语言研究所，长期担任《中国语文》编委、主编，从专任研究员到副所长、代理所长、所长、名誉所长。在人民教育出版社，兼职副总编辑，审定中小学语文教材，并担纲主编分科教材《汉语》。

与此同时，1954 年 11 月起，吕叔湘还兼任中国文字改革委员会委员，参与汉字简化、汉语拼音方案研制等工作。1956 年开始主持《现代汉语词典》编纂，担任第一任主编，直至 1960 年底出版试印本，在汉语规范化方面做了大量开创性工作。其间，吕叔湘仍然致力于汉语语法方面的研究，此不赘言。

吕叔湘兼任人教社副总编辑，一项重要的工作是指导"汉语编辑室"的业务工作，对形成《暂拟汉语教学语法系统》、编就《汉语》分科教材功不可没。吕叔湘自 20 世纪 40 年代起，坚持不辍地著文与编写多套中学国文教材，以及总结其英语教学和研究所得的著作《中国人学英文》，不仅对中学英语教学起了很大作用，而且给语文教育方面有诸多镜鉴。1963 年，吕叔湘发表《关于语文教学的两点基本认识》等相关论述，接续了其自 20 世纪 40 年代以来对语文教学方面的研究和编述成果，并且跃上了"融通"语文教学和研究的新高度。

一、《语法修辞讲话》：良好语文学习环境营造

1949 年，吕叔湘在上海接到清华大学聘书，因开明书店同事挽留，继续在开明工作半年。1950 年 2 月，吕叔湘全家迁往北京，任清华大学中文系教授，兼东欧交换生语文专修班主任，还兼开明书店编辑部（部分迁京）部分工作。同时，应中央人民政府出版总署约，审读初级中学语文课本。

1951 年初，中央关注语言规范化问题，为此提出应编撰语法书，在中学增加语法课等。拟议由吕叔湘主持该项工作（时吕叔湘奔丧上海）。3 月 4 日，胡乔木会见吕叔湘，请他写文章谈语法问题，在《人民日报》发表，以供干部学习。于是，吕叔湘暂停在清华的教学工作，集中精力与朱德熙合作撰写《语法修辞讲话》（以下简称《讲话》）。6 月 6 日，开始在《人民日报》连载，每三四天一篇，直到 12 月 15 日连载结束。连载首日，《人民日报》发表重要社论《正确地使用祖国的语言，为语言的纯洁和健康而斗争》，昭示《讲话》的意义。

《讲话》共分六讲：第一讲语法基本知识，第二讲词汇，第三讲虚字，第四讲结构，第五讲表达，第六讲标点。《讲话》着重实际用例的分析，强调语言知识对语言实践的指导作用。不是只说明一些术语、格式，就术语和格式举一些例子，而是更重视分析语言实践中出现的一些问题，以达到"匡谬正俗"的目的。《讲话》以语法为中心，以语法的基本知识为基础，提出分别主干和枝叶的分析方法，用这个方法去辨识句子的脉络，并从这个脉络来观察结构上、表达上的正误，也联系词汇、修辞和逻辑的分析。这是使语言分析和语言实践紧密联系起来的一个新的尝试。

《讲话》的发表，契合了新中国建立初期强调发展教育应以普及为主，着重为工农兵服务，使普及与提高正确结合的大气候，在共同营造语文学习良好社会环境的过程中彰显出巨大的社会效益。

早在 1950 年 5 月 21 日，《人民日报》发表题为《请大家注意文法》的短评，号召："把文法上的一切错误，从我们所有发表的文字中逐步地最后地彻底消灭掉。"6 月 25 日，根据国务院的指示，中国科学院在北京成立了语言研究所。其主要任

务是，对汉语及其有关的语言问题进行基础研究和理论研究，为加强现代汉语规范化服务。5 月到 7 月，苏联《真理报》发动和组织了关于语言学问题的大辩论。期间，斯大林发表了多篇论文抨击马尔的"新语言学说"。从 7 月起，斯大林的这些论文的译文先后在《人民日报》发表，并以《马克思主义与语言学问题》为名，于 10 月结集出版。斯大林的语言学说，推动了中国的语言文字理论和实践研究的全面而迅速展开。随后开展的影响全国的"语言共同化""文体口语化""汉字简便化""注音字母化"等为主要内容的语言文字的现代化研究，使语言规范化充溢于神州大地的每一个角落。1951 年《人民日报》的"社论"和"连载"，加速了语文学习良好社会环境营造的步伐。全国各级各类学校，也都以社论的精神作为语文教学实践的重要指导思想。

与此同时，《标点符号用法》从 1951 年开始在全社会广泛使用。同年 9 月 26 日，《人民日报》刊登中央人民政府出版总署发布的《标点符号用法》，包括 14 种标点符号。10 月 5 日，中央人民政府政务院发出《关于学习〈标点符号用法〉的指示》。"指示"说：务望全国各级人民政府机关处理文件人员、各报刊出版机关编辑人员、各学校语文教员和学生，一律加以学习，务使今后一切文件和出版物，均按该件规定，统一标点符号的使用。

还有肇始于 1949 年 10 月的"注音字母化"运动（其成果普通话从 1956 年开始在全国推广，特别是在全国小学和中等学校的语文课内一律开始教学普通话），以及正在酝酿的左起横排版式（从 1950 年开始酝酿，到 1955 年 1 月份起全国 70%的刊物开始实施）。

二、《现代汉语词典》：汉语规范化的持续深入

语言规范化，是一项长期的、复杂的、艰巨的系统工程。除了政府层面的大力倡导和推动外，还要有常态化、便利化的学术支持成果加以保障。其中，编纂字典和词典就属于这方面的基础工作。吕叔湘对《新华字典》编纂的关心，对《现代汉语词典》的编纂倾注了大量的心血，就是其中的重要组成部分。

1956 年 1 月 31 日，《人民日报》发表国务院《关于公布〈汉字简化方案〉的决定》和《汉字简化方案》，进一步促进了汉字改革和实现汉语规范化。

1953 年新华辞书社编的《新华字典》（魏建功主编）由人民教育出版社出版第一版。这是我国第一部按汉语拼音音序排列的小型字典。开始按注音符号顺序排

列，后改用汉语拼音字母顺序，转由商务印书馆重排出版。后来，《新华字典》成为中国发行量最大的语文工具书。吕叔湘与该字典的关联，可以追溯到 1950 年 7 月，吕叔湘在出版总署与叶圣陶、魏建功等讨论编纂小词典（即后来出版的《新华字典》）事。此后，曾多次参与商讨，并提出修改意见。

吕叔湘主编《现代汉语词典》（1956 年 3 月—1961 年 1 月），为推广普通话、促进汉语规范化服务，所收条目，包括字、词、词组、熟语、成语等，共 5.6 万余条，在字形、词形、注音以及释义各方面都具有革新精神。该书收词方面较广，选择较细，解释时特别注意科学性、知识性和准确性。1978 年底由商务印书馆正式出版后，迄今为止发行 2000 多万册。这一数字可以从一个侧面说明，《现代汉语词典》对推广普通话、促进汉语规范化所产生的巨大影响和作用。

吕叔湘投入了几乎全部的精力在汉语的规范、普及和推广事业之中。除了上述《讲话》等语法学习系列著述如《怎样学习语法修辞讲话》（1951）、《语法修辞讲话习题解答》（1951，均与朱德熙合作）、《习作评改》（1951，与周振甫合作）、《语法学习》（1951）等的问世外，吕叔湘主编《现代汉语词典》，参与文改会讨论文字改革工作（1954.11），参与通过《汉字简化方案修正草案》和《第一批异体字整理表草案》，以及为 1957 年国家颁布实施《汉语拼音方案草案》等工作。吕叔湘在扎扎实实地将汉语规范化引向纵深，为中小学语文教育改革准备了充分的外部条件做出了重要贡献。

此外，吕叔湘还参与词类问题的大讨论、构思和写作《现代汉语语法》和《汉语语法分析问题》等语法著作，以及其他学术论文的撰著等，对汉语全民普及、规范和推广产生了间接的作用和影响。

《讲话》的发表，以及后来的《现代汉语词典》编纂，对社会所产生的巨大影响，除了当时的社会条件和环境因素外，还与吕叔湘个人的学术思想和一贯的研究理念密切相关。与当时一些主张学术研究要远离实际的"学院派"学者不同，吕叔湘始终关注着语言教学乃至语言文化与社会前途问题。他在 20 世纪 40 年代的《汉字和拼音字的比较》，显示了其对语言文字问题社会定位的成熟思考。吕叔湘对语言规范化问题有自己的理解，他认为：不能把研究语言的规律和进行规范化工作这两种工作割裂开，研究语言不可能避开语言规范的问题。仅仅把不同的事例罗列在一起。不能算是正确的描写。必须说明哪是一般的，哪是特殊的，哪是符合语言发展规律的，哪是违背这些规律的。这样就是指出规范所在了。要做勤恳的调查，耐心的研究，要能从语言实际中找出信而有征的规律，人们才会乐于接受。

吕叔湘围绕着简化汉字、推广普通话和推行《汉语拼音方案》三大任务为主参与和投入的语文建设，除了反映吕叔湘作为一名语言学家对语文教育的长期关注和投入程度外，还体现了作为一名语言学家的吕叔湘从语言学的理论高度来认识语言普及与提高的辩证关系，以及语言学研究与汉语文教育和学习的一般规律，保证了吕叔湘指导汉语文教育的层面：既有理论语言学的高度，又有历史语言学、比较语言学的深度和宽度。吕叔湘在语文建设方面的大量工作，不仅营造了全民学好规范汉语、说普通话、注意语言美的积极氛围，有力地促进了中小学语文教育，也使吕叔湘对于中小学语文教学的思考和指导高屋建瓴，比起身在语文教学一线的语文教育工作者更有理论优势和广阔的视野。

至于吕叔湘在后来的"五讲四美"文明礼貌活动中，将其中之一的"语言美"逐渐深入人心方面发挥独特作用，可以视为吕叔湘积极投入面向大众的语言应用研究，积极营造语文学习良好的外部环境的又一例证。随后，全国总工会、中国语言学会（吕叔湘从1980年10月开始担任该会会长）等九个团体，经过酝酿，于1981年2月正式联合发出《关于开展文明礼貌活动的倡议》。指出：我们向全国人民特别是青少年倡议，开展以讲文明、讲礼貌、讲卫生、讲秩序、讲道德和心灵美、语言美、行为美、环境美为内容的"五讲四美"文明礼貌活动，使我国城乡的社会风气和道德面貌有一个根本改观，让伟大的祖国以社会主义高度精神文明的新面貌出现在世界的前列。"五讲四美"中的"语言美"逐渐深入人心。倡议书对语言文明"语言美"的解释是："要使用和推广礼貌语言，做到'和气、文雅、谦逊'，不讲粗话、脏话，不强词夺理，不恶语伤人。"此后，陕西、浙江、湖北、上海、山西等地的语言学会或高校，都召开了有关语言文明语言美的座谈会，《中国语文通讯》《语文研究》等刊物也刊载了有关语言文明语言美的文章，云南省语言学会于1981年1月创办的《语言美》报也刊登了大量的有关文章。关于语言文明语言美的六七部著作也从1982年起陆续出版。

吕叔湘参与和领导了上述一系列卓有成效的汉语规范化工作，营造了良好的语文学习社会环境，有效地促进了中小学语文教学质量的提高。

三、"两点基本认识"：英汉双语教学规律融通

吕叔湘20世纪50年代起不遗余力地关注汉语规范化问题，营造了良好的社会

语言环境；同时，对于中小学语言教育也有卓越贡献。正如张志公先生所言，吕叔湘先生对基础教育（本来还应当加上社会教育和成人教育）中的语文教育和外语教育的贡献，几乎不小于他对语言科学，尤其是语法科学的贡献。这里侧重谈谈吕叔湘在语文教育方面的贡献。

吕叔湘虽非语文教师出身，但是他的外语教学和研究经历，及其对语言教学规律的深入把握，帮助他更客观、准确地看待语文教学中的若干问题，尤其是"具体问题"和"根本问题"的关系。

（一）"学会一种语文的过程"："程序性学习"之教学定位

20世纪30年代，吕叔湘在苏州中学任教英语，自编中学英语教材。这也许是以一个学校、个别教师为单位自行编写的最富特色的教科书之一。这部教材，选文精，程度适当，符合我国学生学习外语的实际，在当时所起的作用是远远超过课本本身的价值的。20世纪40年代，吕叔湘用英文写了中学英语语法课本《开明英语语法》。在《纳氏文法》及其各种变体（如《英文典大全》等）尚风行之时，吕叔湘这本英语语法书给英语教学界吹进了一股新鲜空气，书中参考了一些在当时属于比较新的、先进的、权威性的语言学派（如 Otto 和 Jesperson 等）的观点。同时用中文、采用对话体撰写了一本通俗易解、易学而富于实用意义的《中国人学英语》。这本书不仅对中学英语教学实践起了很大的作用，而且吕叔湘就此梳理和总结了语言及其教学的一般规律，并且在之后有效地迁移到了语文教学的观察和研究之中。

同在20世纪40年代，吕叔湘和叶圣陶、朱自清等先生在开明书店编辑出版了多套中学国文教材，有白话的、有文言的、有混合的。吕叔湘在中学语文教材问题上，有几个知名的观点。第一，他不同意将白话文和文言文混合编排，主张分开，白话归白话，文言归文言，以免学生分不清哪是白话，哪是文言，学的结果，文白不分，写起文章来，非文非白，文白夹杂。第二，他认为文言文不应当只念那些"脍炙人口"的"美文"，还要读一些实际有用之文，有的像笔记小说，有的像科普文章，等等，总之，要把选材范围放宽。第三，他认为，学文言，词汇很重要，认得的词不够，不会用，那是念不成文言文的。实词太多，只能结合读物学，借助词典学，但虚词为数不多，而且在文章中作用很大，应当好好讲讲。于是，他执笔写了《开明文言读本导言》和那本中学教师人手一册的《文言虚字》。他的这些观点，对中学语文教材的编写工作很有影响。

此外，吕叔湘还撰写了一组语文教学相关的文章，文章深入浅出、取材精当，向叶圣陶主持的《中学生》《国文杂志》投稿，先后发表过《文言与白话》《汉语和拼音字的比较》、《笔记文选读》（连载）、《中国人学英文》（连载），等等。

与此同时，受叶圣陶、朱自清等的积极影响，吕叔湘逐步成长为既有高深专门学问的语言学家（"近雅"），又十分注重语文普及工作的教育专家（"近俗"）。

自 1952 年至 1965 年，吕叔湘有机会直接介入中小学语文课程、教材建设，将汉语研究成果直接应用到中小学语文课程和教材建设之中。尤其是参与了 20 世纪 50 年代末 60 年代初影响全国的几次中小学语文教学大讨论，并从语言学家的视角对汉语文教育发表了一系列精彩论述，对推进中小学汉语文教学产生了重要的、直接的作用。

20 世纪五六十年代，吕叔湘直接参与了中小学语文教学的诸多活动，其中主要的、影响比较大的有指导《暂拟汉语教学语法系统》的拟订（1952—1956.8），成为编写《汉语》课本语法部分的依据。参与了 50 年代末 60 年代初的语文教学大讨论，并发表《关于语文教学的两点基本认识》，回答了"语文是什么""如何教学语文"的问题。

首先，吕叔湘指导《暂拟汉语教学语法系统》的拟订和编写《汉语》课本。从 1950 年开始的苏联语文教学理论的译介，为中学语文课分为"文学"和"汉语"两部分埋下了伏笔。1952 年开始，教育部拟将中学语文课分为"文学"和"汉语"两部分。1954 年 2 月，中央政治局扩大会议批准、决定中小学语文"汉语""文学"分科教学。教育部责成人民教育出版社拟订教材编辑计划，编订"文学"和"汉语"的教学大纲、课本及教学参考书。吕叔湘受命担负"汉语"课本编写工作。人民教育出版社成立"汉语编辑室"，由张志公担任室主任；同时借调吕叔湘担任人教社副总编辑，专门指导"汉语编辑室"的业务工作。为了便于进行汉语教学，从 1952 年底到 1956 年 8 月，经过 4 年的努力才制定出大家基本认可的《暂拟汉语教学语法系统》，保证了编写一本好教、好学的《汉语》课本的需要。同时，吕叔湘还直接参与编写审定中学《汉语》课本。为了保证质量，吕叔湘对《汉语》课本的每一页初稿都仔细审阅。大到涉及体系的问题，小到例句、标点，凡属不妥的，他都一一改过或提出具体意见。

其次，吕叔湘主张，学校语文课程必须围绕"口语"和"书面语"来均衡开设，共同提高，不可偏废。（《语言和语言学》，1958）这是因为，一方面，普通语言学的一般规律告诉我们："书面语的学习必须以口语的学习为基础"；另一方面，语言学习过程的事实也反复证实。

同时，在参与全民汉语拼音方案的审定和推广过程中，吕叔湘进一步强调"口语"和"书面语"在语文教学的地位，以及两者之间的相互关系。这在《发挥汉语拼音方案的巨大力量，在语文教学中实现多快好省》（1960）、《从汉语拼音方案想到语言教学》（1962）、《再论拼音字母和语言教学》（1962）中有关"语言和文字两条腿走路"，避免"半身不遂"的论述清晰可鉴，这或可视为后来吕叔湘提出"吕叔湘之问"之肇始。

吕叔湘积极参与20世纪50年代末60年代初的文道之争、怎样教好语文课的全国语文教学大讨论，《关于语文教学的两点基本认识》即是本次大讨论的"代表作"。"两个'必须认清'"，除了"必须认清"汉语文的内容特点外，特别强调"必须认清""人们学会一种语文的过程"。

吕叔湘在谈到人们学会一种语文的过程时，先用了学习游泳、学习打乒乓球类似的技能学习的比方，归纳出任何技能都必须具备两个特点：一是正确，二是熟练。引申出从某种意义上说，语言以及一切技能都是一种习惯。凡是习惯都是通过多次反复实践养成的。而且明确指出，技能的学习必须达到习惯成自然的地步。因为，习惯的特点就是不自觉。最后概括和总结道：语文的使用是一种技能，一种习惯，只有通过正确的模仿和反复的实践才能养成。剥笋似的揭示出语文学习主要是"程序性学习"的过程，而非"陈述性学习"。因此，学习主体必须遵循"正确模仿，反复实践"，开展"科学训练"。

（二）"正确模仿，反复实践"：语文"科学训练"观确立

吕叔湘关于语文教学"正确模仿，反复实践""科学训练"教学观，可以追溯至其关于英语学习的相关认识。早在20世纪40年代后期他在《中国人学英语》中就对此有过系统论述。

吕叔湘在《中国人学英语》的"原理和方法"中指出：语文的使用是一种习惯。学英语就是养成使用英语的习惯。习惯是经过多次反复而后成功的，所以要多多练习。光是知道乒乓球该怎么打没有用，要天天拿起球拍来打才会打；光是知道游泳该怎么游没有用，要天天跳下水去游。

在回答"要怎么样练习才可以熟练呢？"时，吕叔湘说，前人有"读书三到"之说，咱们可以说学英语该有"四到"的功夫，就是耳到、眼到、口到、手到。并且还分别对"耳到""眼到""口到""手到"进行了阐解。如，在阐解"眼到"时，

吕叔湘详细阐述了不可"躐等"切忌"贪多","又切忌无恒。"

吕叔湘将上述"原理和方法"运用到研究和观察中小学语文教育中，始于1959—1961年的"文道之争"大讨论，以及1961年1月开始的"怎样教好语文课"的讨论。

从1961年到1963年，教育部按照党中央的八字方针，讨论、制定和下达了全国中小学工作条例，陆续颁发了各学科教学大纲，并一再修订和重新编写了各科教材，提出并强调了要加强各学科的基础知识教学和基本技能的训练，推动了各学科的教学改革，有效地提高了各学科的教学质量。

从1959年到1961年12月的"文道之争"大讨论，以及1961年1月开始的"怎样教好语文课"的讨论，有力地配合了当时自上而下的语文教学的拨乱反正，端正了思想，统一了认识。

吕叔湘就是在这样的背景下深入中小学语文教育具体问题研究的。1962年3月22日，吕叔湘在北京景山学校发表讲话，题为《谈语言的学习和教学》，文中论述到"模仿—变化—创造"的语言学习的一般过程。1963年4月发表《关于语文教学的两点基本认识》，以一位语言学家特有的敏锐眼光，审视了语文教育中的一些基本问题。

吕叔湘指出学习汉语文的一般过程是：正确模仿、反复实践养成使用语文的良好习惯。关于"科学训练"语文教学观的主要内容，吕叔湘简洁地表述为语文的使用是一种技能，一种习惯，只有通过正确的模仿和反复的实践才能养成。并把学习语言的一般过程简化为"模仿—变化—创造"的公式。这是语言习得规律在汉语文教学中的迁移与具体运用。

吕叔湘分析道：儿童学说话从模仿开始，先是模仿得不很好——语音不很准，用字眼、造句子，有时候对，有时候不对，然后经过多次实践语音越来越准，用字造句越来越有把握，最后达到"习惯成自然"的地步。……正因为语文的使用是一种习惯，所以一旦养成一种坏习惯，例如某一个字老是写错，改起来也不容易，注意的时候就对，一不注意就又错了。正因为语文学习有这样一个内在的规律，在课堂教学中，要很好地处理好"教"和"学"的关系，具体体现为必须正确处理教师"讲"与学生"练"的关系。吕叔湘指出："现在的问题，……不是讲得太少，而是讲得太多。……讲为练服务，不能说是练为讲服务。"现在语文课的练习有三个缺点：一是少，二是偏，三是死。少是练习少，偏是偏重作文，忽略用词、造句训练，忽略阅读的综合练习。死是说练习大都看重试验学生是否把念过讲过的东西记住了（练为讲服务），不太注意学生能否创造性地运用（讲为练服务）。比如，问学生一个词或成语怎么讲，就不如要求他在句子里用一下；要他分析一个已经讲过的句子，就不如要他改换句法，例如把话拆成二三句或者把二三句话合成一句。

为了保证让学生时刻都有"正确模仿、反复实践"的机会，吕叔湘大力呼吁学校和全社会都来为学生养成良好的语文习惯创设可供正确模仿的语文环境。他指出：一个人学习语文从模仿开始，而且一直在模仿，不仅模仿书上念的，也模仿四周一切说的和写的。教师是学生模仿的对象。如果教师说的话、写的文字跟他对学生讲的道理不尽相符，那么，学生会丢掉以前的道理而模仿当前的榜样，至少会感到无所适从。这就是古人说的言教不如身教，如果教师告诉学生应该说普通话，但是自己用方言讲课，学生就知道"普通话"云云只是说说罢了。推而至于写字，用字眼、造句无不如此。吕叔湘还呼吁各科教师都来关心语文，不但各科教师，学校行政也应该关心学生的语文，对学生的语文负责，每出一个布告，每发一个通知，每做一个报告，都应该检查一下语文质量，包括错别字在内。总之，要在学校里树立起正确使用祖国语文的风气，学生生活在这样的环境里正如"蓬生麻中，不扶自直"。学生不仅生活在学校里，也生活在社会里。整个社会对语文的使用是否严肃认真，对学生也有极大影响。

"正确模仿、反复实践"，通俗化了吕叔湘的语文教学"科学训练"观。吕叔湘提倡"科学训练"，反对的是当下的"机械训练"。当下语文训练，缺乏的恰恰是科学指导下的训练，教师借口让学生练习而只做"甩手掌柜"，在练习中本该强化的教师的正确指导乏力，练习过程教师监控不到位，学生练习处在"放羊"状态，学生陷入了无休止做题的"苦海"之中，体会不到语文学习的成功和愉快，久而久之，败坏了语文学习的胃口，语文能力提高的路越走越窄，以致走入了死胡同。一些人以此为口实，否认训练在语文能力形成中的重要地位和显著作用，进而迁怒并且否认语文学科的工具性质。2000年版初中语文教学大纲中更是矫枉过正——只字未提"训练"，问及缘由，乃言若提"训练"可能会推波助澜当前的"题海战术"和"以练代学"。

吕叔湘"科学训练"的语文教学观，立足从语言习得规律出发认识汉语文教学的规律，与叶圣陶、张志公两先生从不同视角、多元维度考察而得出的语文教学观的认识基本一致，只不过叶圣陶是以古今学者从事语文教育和运用语文工具进行各种创造性活动的无数成功经验为基础来窥探语文实践的奥秘，张志公则是从对传统语文教育的经验和教训的科学总结出发，来认识语文能力获得与科学训练的关系。三者从不同视角考察语文教学得出的语文能力形成和习惯养成必须通过"科学训练"获得这一基本结论的一致性，多元维度得出的结论的相似性更能互为印证，也更凸显出吕叔湘"科学训练"语文教学观的理论深度和实践价值。

"正确模仿，反复实践"，同时揭示了教师"教"与学生"学"这对矛盾在语文能力形成过程中的地位和作用。吕叔湘将自己英语学习和翻译的丰富实践，与语言习得理论有机结合，并且融会听、说、读、写语文能力形成和习惯养成之中，还融会了吕叔湘一直以来的古代汉语、近代汉语和现代汉语研究成果的规律性认识。

"教学教学，教学生学"，阐述了师与生这一对教学的基本矛盾在语文教学过程中的正确地位和作用，对20世纪以来语文教学历史上"教"与"学"不应有的对立和分离的再认识，努力使"学"和"教"二者在教学过程中更好地统一起来，避免陷入"教师中心主义"或"儿童中心主义"的极端。它的丰富内涵至少在以下方面有所体现：一是对《学记》以来我国古代"自得"学习理论精髓的继承；二是对西方"自动"学习观内核的吸取；三是对叶圣陶"教是为了达到不需要教"论断的完善。

"教学教学，教学生学"的方法论阐解，标志着吕叔湘"科学训练"语文教学观的进一步成熟。基于"正确模仿，反复实践"的认识，开始形成掣动整个语文教育的"科学训练"观，与其在20世纪80年代初提出的"教学教学，教学生学"一起，构成吕叔湘"科学训练"语文教学观的完整体系。

第五节　引领语文科学化：开创新时期语文教改崭新局面

1971年吕叔湘回北京家里，一度从事丹阳方言的研究，也阅读了好些英国文学作品。"文革"后期，他和几位同志代中华书局校勘标点本《资治通鉴》的标点，后来把其中有代表性的130多条分30类，写成《资治通鉴标点琐议》，许多标点古书的人为之震动。同时，他又反复考虑现代汉语语法体系的问题，这是他从20世纪60年代初就一直放在心上的。后来他把自己的种种想法写成《汉语语法分析问题》，于1979年出版。

经过几近沉默的10年之后，语言学界逐渐活跃起来。1978年以后，有些省市组织了语言学会，1980 年在武汉开会成立了全国性的中国语言学会，吕叔湘被推举为会长。在成立大会上，吕叔湘发表了题为《把我国的语言科学推向前进》的长篇讲话，提出要处理好中和外、虚和实、动和静、通和专四个关系，这既包括治学态度、又包括研究方向、方法和人才培养，可以说是他数十年来从事语文工作的经验总结。

1978 年 3 月 16 日，吕叔湘在《人民日报》上发表了《语文教学中两个迫切问题》，引起极大震动。1979 年 12 月教育学会邀请各省市代表到上海开会讨论成立中学语文教学研究会，吕叔湘被推举为理事长，并在会上发表了长篇讲话。

一、"吕叔湘之问"：呼唤语文教研科学化的"一声惊雷"

吕叔湘目睹中小学语文教育受到的破坏是如此之严重，——中小学语文教学在文与道、教和学等关系上造成了极大的混乱，因而导致教学质量的严重下降。一个语言学家和语文教育家的强烈社会责任感郁结于心。

1978 年 2 月 21—23 日，吕叔湘参加社会科学院院部召开的各学科知名人士批判"四人帮""两个估计"座谈会。吕叔湘就语言所遭受"四人帮"破坏，以及中小学语文教学，大学公共外语、图书馆等问题发了言。吕叔湘发言中有关中小学语文教学与大学公共外语的部分抄送给了邓小平副主席。吕叔湘发言的主要内容后来在 3 月 16 日由《人民日报》发表，题目是《当前语文教学中两个迫切问题》。这篇文章后来被语文教育界誉之为"一声惊雷"，也就是现在所说的"吕叔湘之问"的肇始。文章就本国语文和外国语文的教学问题提出呼吁，其中阐述了中小学语文课所用教学时间在各门课程中历来居首位。当时刚公布的《全日制十年制中小学教学计划试行草案》规定，10 年上课总时数是 9160 课时，语文是 2749 课时，恰好是 30%。10 年的时间，2700 多课时，用来学本国语文，却是大多数不过关，岂非咄咄怪事！为此，吕叔湘在文中还提出了是不是应该研究研究如何提高语文教学的效率，用较少的时间取得较好的成绩这个论点。

吕叔湘和叶圣陶的文章、讲话引起了国内语言学界和语文教育界的强烈震动，问题的严重性迫使人们要对中小学语文教育的现状做进一步的调查研究，以便找出问题的症结所在，从而采取相应的对策。1979 年冬，人民教育出版社中学语文编辑室，根据吕叔湘的倡议，派出两个调查组，分别到福建、四川两省进行实地调查。调查结果表明，粉碎"四人帮"以后，中学语文教学已有明显改进，但存在的问题仍然很严重，一个突出问题是学生的语文基本功太差。

国内中小学语文教学的现状，引起了社会各界广泛关注。特别是吕叔湘1980年在《中学语文教学》第4期上发表的《一封令人忧虑的来信》之后，人们对语文教学存在的问题以及这些问题产生的原因、必然造成的后果等，有了更为深切的感受。这封信反映出来的问题比较多：一是高中学生语文水平的低下令人吃惊；二是中学教师对学生语文成绩的评定，标准太低，要求过宽；三是"重理轻文"已成为社会和家庭的普遍心理；四是普通教育阶段的办学指导思想不端正，等等。围绕这封"来信"，人们纷纷议论。北京《中学语文教学》编辑部为此于同年5月28日专门召开了一个座谈会。吕叔湘在会上选读了他收到的许多读者来信中的三封，集中反映了当时语文教学中存在的主要问题。

国家在新的历史时期规划了现代化建设的宏伟蓝图，而中小学语文教学的现状又如此令人忧虑，二者之间的强烈反差使广大语文教育工作者深感自身责任的重大，一种必须尽快"走出误区，探求革新之路"的意识由此萌发。这里的关键是对语文教育"自身规律"的再认识，并将之科学化，实现语文教学的历史经验和智力成果的全社会共享。其实，早在20世纪60年代，吕叔湘题为《关于语文教学的两点认识》的文章就明确指出：每一个从事语文教育工作的人都必须"认清"两点：一是必须认清他教的是什么，即认清语言和文字的性质，认清普通话和方言、现代汉语和古代汉语的区别和联系；二是必须认清人们学会一种语文的过程。这两个"必须认清"，实际上就是对语文教育"自身规律"应有的认识。叶圣陶、张志公等其他语文教育家从不同的维度对语文教育"自身规律"也做了精辟的阐述，殊途同归。20世纪60年代诸多语文教育工作者对语文教育"自身规律"的认识，为当时的语文教学的效率的提高贡献了智慧，形成了一些关于语文教育基本问题的规律性认识。可是长期以来，由于种种社会的、历史的原因，人们对此的认识总是时而清楚、时而模糊，一度语文教学几乎完全丧失了"自身"。因此，语文教学领域的拨乱反正，语文教学要进一步提高效率，关键的问题之一就必须对语文教育"自身"进行再认识。

所谓对语文教育"自身规律"的再认识，一方面就在于重新确认语文学科的性质和任务，就在于呼唤语文教学的"本体"回归。另一方面，就在于确立语文学科的科学体系。在20世纪70年代末80年代初，倡导"如何提高语文教学的效率"的思考，在当时的特殊情况下能够很好地团结和吸引语文教育工作者积极投身到语文教育的拨乱反正之中来；同时，"如何提高语文教学的效率"这一话题，体现了吕叔湘深入浅出的语言风格，将语文教育现代化的核心内容阐释得明明白白，既有理论的生动性，又蕴涵理论的深刻性。只有像吕叔湘这样兼具语言学家和语文教育家双重身份的大家，站在时代和历史的交汇点和制高点上，才能高屋建瓴地用如此浅近的语言概括出如此深刻的道理。

关于对语文教育"自身"的再认识，吕叔湘在20世纪60年代已经从语言学基本原理的层面做过深刻的阐解，而对语文学科的科学体系的研究，突出地体现在他对语文教学内容的序列化研究之中。

二、出任全国中语会会长：促进学术组织和阵地建设发展

（一）语文教学研究会：首倡并支持学术组织建立

吕叔湘在1978年3月的《当前语文教学中两个迫切问题》一文中还提出："要解决这些问题，我以为要成立一个研究机构进行研究，最好建立一个教育科学院，至少建立一个教育研究所。"同年7月14日，经中央领导批示，国务院批准恢复重建中央教育科学研究所，这就是现在的中央教育科学研究院。中央教育科学研究所的重建，极大地推动了全国自上而下的教育研究机构的设立和建设。同时，各级各类语文教育机构和协会也迅速地发展起来。

《中国语文》1978年第2期又全文发表了叶圣陶在北京地区语言学科研究规划会议上的讲话。叶圣陶也主张语文教师要积极开展横向联系，交流研究和实践成果。他还恳切地呼吁："愿语文教师和语言学科的工作者通力协作研究语文教学，做到尽快地改进语文教学！"

在吕叔湘、叶圣陶等老一辈语文教育家的倡议和支持下，1978年12月20日，北京市首先成立了语文教学研究会，出席会议的有近700人。在经过了充分的酝酿和积极的筹备之后，第一个全国性的语文教学研究组织即中学语文教学研究会终于在1979年12月25日至30日于上海正式成立，并召开了成立大会和第一次年会。参加会议的有来自全国28个省、直辖市、自治区的正式代表118人，列席代表205人。会议讨论并通过了《中学语文教学研究会章程》。选举吕叔湘为会长。中国教育学会中学语文教学研究会，由于成立较早，有吕叔湘等学术声望较高的语文教育家担任领导，团体会员遍及全国28个省、直辖市、自治区，所以在语文教学研究的组织、推动方面产生的影响较大。它自成立以来，已召开过5次年会，每次年会

都有明确的中心议题。年会提交的论文，除了在《中学语文教学》和《中学语文教学研究会通讯》（后另出会刊《语文教学论坛》）上选登以外，还结集出版过《语文教学研究》《语文教学在前进》《语文教学与智力发展》等专题论文集。研究会还先后设立了若干下属研究机构，如阅读教学研究中心、作文教学研究中心、叶圣陶语文教育思想研究中心等，开展专题性研究。

随后，1980年7月，全国教育学会小学语文教学研究会成立。同年10月，以高等师范院校语文教学法教学和科研人员为主体的学术团体中国教育学会语文教学法研究会成立。

在上述这三个有关语文教育的全国性学术研究团体成立以后，各省、市、自治区，以及许多市、县也都纷纷成立了相应的地区性或跨地区的研究组织，形成了一个极其广泛的中小学语文教学和语文教学法的研究网络，使中国的语文教育研究出现了空前活跃的局面。这一时期的语文教育研究阵地建设凝聚了吕叔湘等老一辈语文教育家的积极倡导和直接参与，他们的声望对于团结、影响、带领和支持语文教育工作者进行全面的语文教学研究和实践起了直接的推动作用。

（二）《中学语文教学》：推动语文教育报刊出版发行

在吕叔湘的关心下，1979年，由人民教育出版社和北京师范学院（首都师范大学前身）联合主办的语文教学专业刊物《中学语文教学》创刊。吕叔湘在为这本刊物创刊致贺时，回顾了自20世纪30年代以来中国语文教育类期刊出版发行的历史概况，指出：语文教学受到应有的重视，讨论语文教学问题以及提供语文教学资料的文章大量涌现，这是1949年以后语文学界的一大特色。确实如此，《中学语文教学》的创刊成了日后语文教育类报刊百花盛开的第一声春雷，20世纪80年代以后的10余年间，语文教育类报刊的出版数量竟超过"文革"前17年的几倍甚至十几倍。

1977年《人民教育》复刊，1979年《教育研究》创刊，以及各省、直辖市、自治区出版的地方性教育刊物，为研究语文教学问题和语文教育的理论探讨提供了阵地。《中学语文教学》就是在这样的背景下应运而生的。此后，吕叔湘经常在该刊发表文章，比如《语文刊物漫忆》（1979）、《一封令人忧虑的来信》（1980）、《关于中学语文教材的几个问题》（1981）、《中学教师的语法修养》（1984）、《关于语法图解的用途及其局限性》（1984）、《谈〈语言的演变〉》（1986）、《作文难，改文也不易》（1990）、《少死讲，多引发议论——在"中学语法教学研讨会"上的书面发言》（1991）。1980 年初，吕叔湘担任会长的中学语文教学研究会将《中学语文教学》确定为会刊，突出了其权威性。

除《中学语文教学》之外，语文教育本专业的不同层次、不同性质的报刊也相继问世，使语文教育研究阵地成为一个五光十色的"缤纷世界"。吕叔湘也为其他语文教育专业刊物写稿，除了经常在《中国语文》（担任主编）、《文字改革》等刊物发表文章外，还经常在上海的《语文学习》、人教社的《课程·教材·教法》、山西师大的《语文教学通讯》、辽宁锦州师院的《语文学习与研究》、吉林延边的《汉语学习》等发表有关语文教育的论述。

吕叔湘等老一辈语文教育家在组织、阵地建设的直接推动下，语文教学观念的更新得到持续推进，在提高语文教学效率的探索试验中，在建立具有中国特色的语文教育理论体系的探索中，都取得了明显的成效。主要表现为四个方面：一是用马克思主义的观点和方法对中国几千年来的传统语文教育进行历史的、科学的研究，从中剔选出具有中国民族特色而又对当今新体系建立有重要价值的东西；二是放开视野，广泛引进和吸收国际上有影响的新的教育理论，特别是世界上一些不同语种的国家进行母语教育的成功经验，作为建设具有中国特色的语文教育理论体系的"他山之石"；三是进行多种方案的语文教学改革实验，并对国内具有较大影响的一些语文特级教师、优秀教师的教学艺术、教学风格作全面的研究；四是利用多学科的研究成果对语文教育的性质、功能、任务、内容、过程、结构、方式方法等做全方位的研究。以上这些方面的探索，都是在吕叔湘等老一辈语文教育家的积极倡导和推动下进行的，这些开拓为以后更坚实的理论体系建设工作奠定了良好的基础。

三、"选择"和"列序"：语文教学内容科学化的不辍思索

语文教学内容的科学化，包括语文教学内容的"选择"和"列序"两方面。

对学生进行语文知识的教学和语文能力的训练，这是语文学科的基本任务。要实现这样的任务，就必须使教学和训练的内容有一个合理的、科学的序列。从根本上改变以往的那种无序状态。这既涉及提高语文教学效率的问题，也是语文学科的科学体系的重要内容。语文教学的序列化，涉及两个问题：一是语文教学内容的选择，一个是语文教学内容的列序。选择应在前，只有选择得恰当、精要，列序才有意义。可以说，自 20 世纪 70 年代末 80 年代初开始的中国语文教学的整体改革，首先是围绕着教学内容如何优化选择、如何合理列序展开的。对"选择"和"列

序"问题的研究，吕叔湘一刻也没有停止过思考。

（一）"选择"：服务学生语文能力培育

内容选择要解决的三个问题，也可以说是三个关系：（一）阅读、写作、语文知识三者之间的关系；（二）现代文与古代文的关系；（三）普及与提高的关系。

阅读、写作、语文知识三者之间的关系问题，实际上就是在语文学科内，知识和能力的关系问题。吕叔湘认为语文课的主要目的是培养学生的语文能力，而不是传授语文知识，这个认识是一致的，至少多数同志是这样认识的。但是怎样达到这个目的，意见就很不一致。这是因为过去我们讲语文知识的时候，照顾系统性多，照顾实用性不够，决不能说明语文知识对培养学生的读写能力无用。吕叔湘认为，语文知识至少有三个方面的用处：一是帮助阅读扫清文字障碍；二是提供写作所需要的有关用词、造句以及疏通思路等方面的必要知识；三是引导学生去理解祖国语言，去欣赏祖国语言，去热爱祖国语言。

现代文与古代文的关系，也就是文言文在中学语文教学里边占有什么地位的问题。都主张读文言文，不但必须读，还要多读。吕叔湘认为：文言文可以念点儿，可是念多少、念什么，至少就初中阶段说，还值得研究。吕叔湘认为问题的症结在于"目的不明确"。"如果只是为了了解现代文中的文言成份，没有必要读许多文章，只要调查统计一番，出些成语词典一类的书就可以。如果要培养阅读文言的能力，那就不是轻而易举的事情。人民教育出版社的课本的例言里说是'阅读浅近文言'，'浅近'二字很难说，古典作品除了书经、诗经、楚辞等特别难懂的而外，可以说都是一般文言，要在这里面分别浅近与高深是很困难的。在充分掌握了现代汉语的基础上，学习文言，达到阅读一般文言的程度，我估计至少得学习五六百课时，差不多要占去高中阶段的全部语文课的教学时间，课外作业时间还不算。还要有较好的文言修养的教师和合适的教学方法。"①

针对"只有学好文言文才能学好现代文"的意见，吕叔湘认为，两者之间一定存在必要条件关系值得商榷，两者之间存在充分条件关系比较客观。当然，我们不否认学习文言在一定程度上对白话文的写作有帮助。帮助是有的，表现在两个方面：篇章和语言。但是语言学习不是只有文言文学习一条路。毛主席对于语言学习，曾经提出：第一，要向人民群众学习语言……第二，要从外国语言中吸取我们所需要

---

① 《谈语言的学习和教学》，《吕叔湘全集》第十一卷，辽宁教育出版社 2002 年，第 11 页。

的成分……第三，我们还要学习古人语言中有生命的东西……这第一、第二、第三的排列，是经过考虑的。

如果任只有学好文言文才能学好现代文这种观点泛滥，极容易滋生语文教学中的"重文轻语"倾向。曾记否，新文化运动之初，白话文和文言文的论争，对于语文教育来说，是一场根本性的论争，是教学要不要切近生活、要不要为实用服务的论争。它涉及教育思想、教育目的、教学内容、教学方法等各个方面。正如叶至善所指出的，以"语文"取代先前的"国语"和"国文"，应该说是一次划时代的实质性的改革，决不能看作仅仅是名称的变动或统一。"语文"名称的确立，旗帜鲜明而正确地突出了语文学科进行语言全面训练的特征。它不仅吸收了五四以来国语和国语教育运动的成果，而且体现了老解放区国语、国文课充分重视口语教学的经验，更重要的是这一名称明确规定了从小学到中学都必须充分重视口头语言和书面语言全面训练的重要任务，并以此来确定学科的主要教学目标。叶圣陶、吕叔湘等老一辈语文教育家为什么要不厌其烦而坚持反复论述"语文"名称的实质含义？其实，是老一辈学者型语文教育家对语文教学中"重文轻语"现象没有得到根本改善的担忧和警醒。

就白话文借用文言文的词汇而言，要在白话文里边使用文言词语（当然是指那些还没有归化的），能够做到"化"在里边而不是"镶"在上面，并不是一件很简单的事情，非常容易弄巧成拙，文白夹杂，引起读者的反感。吕叔湘在同文中倡导："'做人要做现代人，作文要作现代文'。其实白话的潜力是很大的，咱们应当努力耕种白话的田地，不要图省事老向文言伸手。"①

普及与提高的问题，就是教改试验和大面积推广的问题。吕叔湘认为，教改试验是为了提高教学效率，非常必要。而且已经取得了一些成绩。但是要向广大农村地区学校推广，必须面对三个现实：一是教师的现实；二是学生的现实；三是学校环境、家庭环境的现实。

（二）"列序"：符合"螺旋式上升"规律

1980 年 11 月 10—14 日，吕叔湘应邀参加教育部在北京召开的中学语文教材改革座谈会，并做专题报告。这就是后来刊载在《中学语文教学》1981 年第 1 期上的

---

① 《汉语文的特点和当前的语文问题》，《吕叔湘全集》第十一卷，辽宁教育出版社 2002 年，第 207 页。

《关于中学语文教材的几个问题》。针对有很多同志片面理解语文教学"科学化"的问题，吕叔湘指出：语文课的教材应该有一种合理的序列，但是很难做到一环套一环，扣得那么紧。语文教材的序列是"螺旋式上升"。

1980年11月24日，吕叔湘进一步阐述了语文教学"科学化"的本质——教学内容的序列化问题。吕叔湘认为：语文不像其他学科那样具有线性的逻辑顺序，而是非线性的、螺旋上升的序列。形象地说，就是一直在那里循环着，起初讲得浅一点，也是怎么读怎么写呀，字词句有哪些必要的知识呀，然后提高一步，讲得深一点，还得循环一次，再循环一次，就是这样螺旋式地上升的。我们每个人学习语文都是逐步加深、逐步提高，而绝不是分别从几个方面那么"科学"地走一趟就走完了。总之，语文的学习就是不可能直线式地进行，而是要像绕线圈似的绕上去。（《关于中学语文教学问题》）他还举自己在常州五中学习四年英语的体会，当时的英语课本就是由浅入深，每年一个循环，四年四个循环。当时的英语课本就是按照螺旋式上升的体例来编写。任何语言学习都有可资遵循的普遍规律。英语文教学的科学化涉及"选择"和"列序"问题，汉语文教学的科学化同样面临"选择"和"列序"问题。这是语言教学必须遵循的共同原则和规律，我们不能借口汉语文的独特性，而否认英语文学习过程中被证明是行之有效的通用原则的迁移。

吕叔湘对语文教学内容的现代化思考，对于进一步引导人们思考和实践在语文能力培养中讲究训练的科学有序，从而提高语文的教学效率，走出"少慢差费"，实现"多快好省"具有重要的引领价值。自20世纪70年代末80年代初开始的中国语文教学的整体改革，首先是围绕着教材改革开始的，其研究的重点就在教学内容如何优化选择、如何合理列序。上海华东师范大学一附中语文教师陆继椿进行了"分类集中分阶段进行语言训练"的实验研究（酝酿于70年代末、形成于80年代初）、1980年辽宁鞍山十五中语文教师欧阳黛娜进行了语文教学内容序列化的研究，80年代中期，对于作文教学内容的序列化研究曾经形成一股热潮。如1981年中央教科所开始着手设计的初中作文的训练程序、方案；1982年人民教育出版社组织编写了六年制重点中学《写作》教材时，也设计了类似的方案；1986年江苏扬州师范学院中文系也曾编辑过一套类似的《初中作文教学设计》。还有牡丹江农垦师范学校中文科教师常青创立的"写作基本训练分格教学法"，北京月坛中学语文教师刘朏朏和北京师院分院中文系高原合作创立的"作文三级训练体系"，等等。

语文能力的训练要求讲究训练的合理程序，才可能指望取得更好的效果。这是自 20 世纪 80 年代以来，语文教育观念更新的重要体现之一，也是语文教学整体改革的一种有益的尝试。

四、创建语文出版社：鞠躬尽瘁于语文教研成果传播阵地经营

创办一家专业的语文出版机构，更好地服务于语文（教育）的传播、语文素质的提高，是吕叔湘的夙愿。

早在 1951 年，吕叔湘即萌生了创办一家语文出版机构的想法。他认为，当时各类的读物都有一些出版社专管，有一定的分工，例如有科学出版社、文学出版社、戏剧出版社、音乐出版社等，还有其他自然科学方面的专门出版社，而唯独没有语文方面的专门出版社。他十分焦虑，这种非专业的状况长期下去，对语文的出版事业不利，对培养下一代的语文能力也非常不利。

语文出版社终于 1980 年成立，高龄的吕叔湘兼任语文出版社社长，他克服重重困难，始终坚定不渝地致力语文出版社的各项工作。为此，吕叔湘几乎辞去了包括全国人大常委在内的所有其他工作，全身心地投入语文出版社的创建、发展之中。

（一）老骥伏枥：服务于语文教育的传播、普及与提高

我国本来有一个文字改革出版社，成立于 1956 年。1980 年，决定继续保留，同时再成立一个语文出版社，出版一般的语文书刊。实际上是两块牌子、一套班子的运行模式。计划报到中国社会科学院（原文字改革委员会和语言文字工作委员会都是国务院直属单位，归中国社会科学院代管，时任中国社会科学院的院长是胡乔木），立刻被批准了。

经过讨论，决定由吕叔湘兼任社长，调张志公担任总编辑。因为教育部对张志公另有任用（后任人民教育出版社副总编辑），商调未成。一时，社长吕叔湘成了一个名副其实的"光杆司令"。

语文出版社成立伊始，虽然改革开放的宏观形势十分有利，但是由于百废待兴，尤其是干部和出版专业人才奇缺，因此，一直未能正常开展相应的出版工作，这种状况一直持续到 1984 年。

吕叔湘向国家语委党组提出调李行健同志到语文出版社工作。李行健回忆，党组领导同他谈去语文出版社工作时，他一点思想准备也没有，他也不愿去出版社工作。这就有了吕叔湘与李行健的长谈。

　　吕叔湘先给李行健讲了成立语文出版社的初衷，那就是，要发展语言学，搞好语言文字工作，要鼓励出版语文图书和学术研究，把成果出版出来进行交流，把语文知识广泛传播、普及，这样才能发展语言学，提高全民的语文素质。

　　吕叔湘还特别回顾了创建语文出版社的"缘起"与"波折"。《人民日报》1951年发表了署名的"六六"社论，号召全国人民正确地使用祖国语言，为语言纯洁和健康而斗争。同日，开始连载吕叔湘和朱德熙合著的《语法修辞讲话》。这样一来，在全国范围内掀起了一个学习语法、修辞的前所未有的高潮。既然掀起了学习高潮，自然就要用书，于是连带出现了出版语法、修辞书的高潮。除了原来就出过这类书的知名出版社如商务印书馆、中华书局、开明书店等之外，几乎所有的出版社都纷纷出版这类书籍。一阵风一来，家家都做，质量必然会良莠不齐，有的很不错，有的可以说得过去，但也确实有一部分是东抄西摘、粗制滥造、错误百出的。这后一类，对于学习的人，尤其是初学者，危害是很大的。

　　吕叔湘十分敏锐地预感到这种"状况"对语文教育传播、普及与提高的负面影响，并且提出了筹建语文方面的出版社的动议。

　　其时，吕叔湘就约自己的"老学生"张志公（时任开明书店《语文学习》编辑）联名写信，向当时的出版总署署长胡愈之先生说明了当时语文书出版的混乱状况，建议在出版总署领导下成立一个出版语文书籍的专业出版社。胡愈之先生很同意这个意见，回了一封短信表示支持。不过事关机构的建立，需要与有关方面、有关人士商量、研究一下。

　　这就是关于筹建语文出版社的"清谈雅议"的缘起。后来由叶圣陶发起、张志公组织操办，自嘲为"贤于博弈"的北京中山公园雅集。参加的有叶圣陶、吕叔湘、周振甫、蒋仲仁、王泗原、叶至善、张志公等。大家谈得很自然、很开心，也谈出一些问题，甚至解决了一些问题。

　　据张志公回忆：有一次聚会，出版总署署长胡愈之、办公厅主任金灿然也来了。他们二位一到，少不了谈到成立语文出版社的问题。当时虽是一种个人聚会，可是一说到这个问题，胡愈之马上以出版总署署长口气拍了板，并请金灿然回去立刻筹备组织工作。因此可以说，成立语文出版社的"创意"可以追溯到1952年秋。

　　遗憾的是，随后开展了一个接一个的运动，成立语文出版社这件事情就搁下来了，一搁就是20多年。

　　吕叔湘亲历了语文出版社"降生"的百转千回，将自己的高龄置之度外，十分珍惜语文出版社成立的难得机遇，不遗余力地为此奔走呼号，乃至鞠躬尽瘁。

吕叔湘希望李行健尽快到语文出版社来协助他工作，帮他摘掉"光杆司令"的帽子。吕叔湘动情地说，他已经 80 多岁了，包括人大常委在内的一切职务都辞了，只保留了语文出版社社长这个职务，就是希望晚年能为发展语言学、搞好语文事业做点切切实实的工作。

吕叔湘还告诉李行健，要把他从天津师范学院调来语言文字研究所作研究工作，相信他能搞出成绩来。但是他个人的成绩比起搞好出版社的作用来，那就大不一样了。

吕叔湘是李行健在北大上学时的老师，毕业后也不时有联系，得到吕叔湘先生不少教导。因为这些方面的原因，李行健不愿让吕叔湘先生太失望，于是勉强同意了，并说只到语文出版社跟他干三年。

吕叔湘马上说，先不要说干几年，来了就全心全意把出版社干好，不要留"自留地"，意思是不要惦记自己的研究工作。

1984 年下半年，李行健调语文出版社任副社长、副总编辑，协助吕叔湘社长工作。李行健刚到语文出版社时，还兼着中国社会科学院语言文字应用所应用语言研究室的主任，同时他还需要一段时间熟悉出版行业的一些情况，所以先担任副总编辑、副社长，总编辑由吕叔湘兼任。这样，语文出版社的工作就正式开展起来了。出版社逐渐走上正轨后，吕叔湘就想辞去他为了语文出版事业而以 80 多岁高龄担任的最后一个实质性职务，放手让中年同志去干。

1991 年初，李行健从日本讲学归来，吕叔湘就请李行健担任社长兼总编辑，国家语委的领导同志也同意了这个安排，但仍坚请吕叔湘担任名誉社长。后来吕叔湘即使已过 90 高龄，不大出门，但出版社遇有重要的事情，社里仍旧随时去向他汇报、请示，他也仍旧给予指导，有时还参加出版社的会议。

事实胜于雄辩，吕叔湘与语文出版社的继任者们开了一个好局。截至 1995 年，语文出版社从籍籍无名到初具影响，而且又增添了新成员"语文音像出版社"，固定资产已有 3000 多万，流动资金也有 3000 多万，共计 7200 多万，规模接近日出一书的能力，品种有学术著作、语文知识普及等读物，特别是出了许多语文工具书。

（二）扶上马送一程：牢牢把握语文出版事业的大方向

20 世纪 80 年代中后期，语文出版社在一些必需的出版条件解决后，出好书、多出书的任务就摆在大家面前。

　　出版社要出书，最先遇到的困难就是没有懂出版的人。语文出版社创办之前，文字改革出版社的不少出版业务也都是请别的出版社捎着办，因为"文革"中文字改革出版社的有关人员也都或下放、或解散、或调到别处。语文出版社创办后，起先是把文字改革出版社原副社长倪康华请来当顾问。倪康华热情相助，不要报酬，不要办公室，很快组织起一个出版科，找来他的老部下精通出版业务的田庆机当科长，很快就与几家纸厂和印刷厂建立起业务关系，弥补了当时的短板。

　　对于编辑和稿源的问题，吕叔湘就安排外出组稿。他对这项工作极为重视，因为没有高质量的书稿作者，自然出不了好书，他一再告诫大家，作者是出版社的衣食父母，一定要尊重作者，善待作者。为了打开局面，吕叔湘让李行健亲自到人才荟萃、稿源丰富的上海去组稿。吕叔湘给上海语言学界的领军人物胡裕树写信，让李行健带着信到复旦大学见胡裕树。

　　李行健记得很清楚，在当时的留学生餐厅，胡裕树把系里30多位主要老师请来聚会，胡裕树向与会同人介绍说，行健同志是吕叔湘先生从北京派来专程到复旦组稿的。感谢吕先生的厚爱，今后中文系同志的书稿先给语文社，语文社不用的再给别的出版社。胡裕树的言行让李行健十分感动，也增加了组稿、特别是组到高质量书稿的信心。

　　语文出版社一时不可能调来熟悉业务的编辑，吕叔湘想出了到社会上聘请一些兼职的编辑帮助审稿的办法。这个办法十分灵验，比较顺利地请来一些有经验的专家学者帮助审稿以解燃眉之急，如天津的曹聪孙、河北的夏传才和北京的几位同志，其中资深编辑李鸿简就是吕叔湘先生找来的。

　　吕叔湘还提醒大家，语文出版社出的书，在政治上必须是健康的，要符合国家出版的大方向；在书的内容上应该是质量上乘的，更不能出现学术和知识性的错误。

　　吕叔湘对把好出书政治方向和质量关十分重视，主要表现在每次确定选题时严格审查上。据李行健回忆，每次带着总编室同志和责编去吕叔湘家汇报选题，吕叔湘认真严格的程度真如同一次大的考试，而且工作一般大约连续几天时间。吕叔湘主要了解该选题的价值和意义，有什么新的内容和创造性，作者水平能否完成选题既定的任务。对一些不熟悉的作者，往往还要问问他的为人和思想品质如何，如果汇报时回答不上来或回答得不满意，就要求继续了解。吕叔湘的意思很明确，作者如果人品有问题，书就不能出。

　　李行健对吕叔湘先生处理的几次"退稿"记忆犹新。当年李行健向厦门大学黄典诚老师组稿，黄老师把一本过去上课的讲稿稍加整理送来，信中也说明了这层意思，并表示不好出版退给他即可，不用为难。编辑们读后觉得缺少新的东西，不大好用，但又碍于黄是著名学者，不敢草率从事，于是报到吕叔湘先生那里。一周后，吕叔湘看过书稿，同意做退稿处理的意见。见李行健犯难，他就主动说由他来给黄先生写信说明。吕叔湘说，学者是爱惜羽毛的，你只要实事求是说明不出版的原因，他会理解的。果然黄典诚收到退稿后并未不高兴，还说他今后会照样支持出版社。还有一位地位很高的领导，也是吕叔湘的老朋友。他推荐来一部稿子，吕叔湘说不符合语文社出版范围，把稿子退了回去。吕叔湘怕别人为难，说这事由他来处理。出书范围当年国家有明确规定，超范围出书就是违规行为。

　　当年苏州有一家很有特色的餐馆，是有名的老字号，他们想弘扬老字号饮食文化以利传承，出一本书来介绍。当时的经理是吕叔湘的晚辈，带着资助出版的经费先找到李行健说明来意。李行健问他为什么不直接见吕叔湘，他说不敢去。可见吕叔湘的大公无私和坚守出版原则的鲜明立场。李行健私下去问吕叔湘先生，想打一个擦边球，从传统文化角度接受那个选题。吕叔湘回答说："你认为能出吗？"吕叔湘把门封死了，用坚决的口吻说："同语文社出版方向无关的书一概不能出，大家要记住！"

　　还有一位著名大学的中年学者，编了一本文集。编辑们看内容还不错，于是列入选题，报吕叔湘审查。吕叔湘问编辑是否了解作者。编辑只能说个大概。吕叔湘说，你们并不了解作者。有人反映，这个人人品有问题，这样作者的书不能在语文出版社出。了解作者要深入一点，不仅是学术水平，还要看这个人的人品。这正是编辑们审读选题时注意不够的地方。

　　正因为紧紧把住了选题关，所以在吕叔湘主持下的语文出版社没有出版过一本有政治倾向错误的书，没有卖一个书号，连新闻出版署的领导对此都大加赞扬。

　　（三）呕心沥血：精选语文方面图书出版的重大选题

　　吕叔湘学术眼光很尖锐，他一生经历十分丰富，学贯中西。在相当程度上决定了吕叔湘决定的重大选题，都很有学术价值和社会效益。语文社在吕叔湘主管工作期间，有五六种书荣获国家图书奖或提名奖，决不是偶然的。

　　陈章太教授和李行健共同主编的《普通话基础方言基本词汇集》，被中国教育出版集团选作庆祝中华人民共和国成立 70 周年图书展的入展书目，这个意料之外的殊荣，选题就是吕叔湘多年号召调查研究的课题。

吕叔湘曾说，要推广普通话，要对现代汉语进行规范，而汉语普通话的基础方言是北方话，可我们对北方话的语音、语法和词汇却缺乏系统的了解，早就应该组织力量对北方话进行全面的调查研究，由于任务大，需要组织强有力的专业团队才能进行。在吕叔湘的倡导下经过充分准备，终于启动了这个项目，经数年共同努力，终于把北方话 106 个代表性的方言点情况摸清楚，经数十位专家学者，历时 6 年多，整理成五卷本 1000 多万字的大书，于 1997 年出版后，获得国家图书奖。吕叔湘还为该书写了序言，充分阐明了这件工作的意义。

另一本颇有影响的书就是《现代汉语规范词典》（与外语教学与研究出版社联合出版）。大家都知道吕叔湘是《现代汉语词典》的第一任主编，不少人却不知道《现代汉语规范词典》吕叔湘花去大量的心血。1992 年中央发文要加强语文规范工作，吕叔湘时任语委顾问，他极力主张要编一本与时俱进的规范词典，将国家所有的语文规范标准严格、认真、全面贯彻到词典中去，以促进语言文字规范和推广普通话。吕叔湘积极建议国家语委成立"现代汉语规范词典编委会"，他当时已年近九十，仍为语文事业操心，主动出任顾问，并说其他会他一概不参加了，但"规范词典"编写会议他要参加。事实也是如此，吕叔湘不仅多次参加会议，还在会上讲话或在会下座谈。他甚至想到词典出版时他可能离世见不到了，于是他为词典写好序言，题写好书名，真正体现了他为这本词典"呕心沥血"的心情。这本词典每年发行量相当可观，版权已经输出到海外，影响很大。

20 世纪 70 年代，黑龙江省在推广汉语拼音中，开始试验一种"注音识字，提前读写"的教学改革。这个改革一开始就受到吕叔湘和王力先生等语言学家的重视和欢迎，后得到教育部和国家语委的支持并布置推广。教育部曾正式发了两次文件要求把这项教改工作通过试验加以推广。柳斌、何东昌等领导亲自指导推广，在全国形成了热潮，有 26 个省市几十万学生参加。

这项改革的主要内容，就是先用拼音帮助识字，在未大量识字前，可以用阅读拼音读物，用拼音作文，拼写自己的思想和要说的话，所以定名为"注音识字，提前读写"。它的最大好处是可以提前开发儿童的智力（读、写），逐步甩掉注音，掌握汉字。这样可以较快地提高语文水平，为学习其他学科打下了良好的基础。经过多方测试，学生 5 年足可达到一般要 6 年才能达到的水平。因此，试验班报名被挤爆，仍不能满足需要。培养师资统编教材，成了当务之急，在全国第一次语文工作会议中，十个省的同志向吕叔湘要求，希望由他领导的语文出版社来组织教材的编写和出版。吕叔湘征求李行健的意见，李行健表示困难不少，但这是新生事物应该支持，如先生接下这个任务，我们会努力去克服困难完成。当时约定会后各省立即派人来参加教材编写工作，语文出版社专门成立一个"注·提"教材编辑室。当时借用语委后院闲着的几间平房，开始了编写工作。语文出版社抽出凌远征、卜兆凤等同志参加。

　　教材即将编成，却没有印刷厂能承印，过去谁也没有印制过全拼音的图书。没办法，只好自力更生，由国家语委原来印文件的一个小厂改建的印刷厂承印，培养工人认字母、学拼音，刻制钢模，开始试验性地印刷。真是有志者事竟成，终于编出了全套教材和练习册，由语文出版社出版的这套书发行量日益扩大，成了语文出版社的一根支柱，每年有可观的社会和经济效益。但短短几年后，随着专家们老去，主管领导部门班子调整，不少地方放弃了这项发展我国教育事业有不可估量作用的试验工作。但仍有不少地方坚持了下来，后来语文社把"注·提"教材改为义务教育课程标准试验教教材，试验才逐步停止下来。

　　吕叔湘生前曾感叹说，如果早有"注音识字，提前读写"这套办法，中国的高玉宝，很可能就成了苏联的高尔基了。因为这个办法打破了繁难汉字束缚高玉宝写作中的限制。支持"注·提"试验充分体现了吕叔湘在出版工作方面特别注重社会效益的坚守。

后　　记

　　笔者系统和全面研读吕叔湘先生关于语文教学方面的论著，肇始于十多年前的2003年。

　　是年，笔者考取陶本一、范开泰两位先生的博士研究生，导师们建议我做"吕叔湘语文教育思想研究"的选题。当时，研究语文教育"三老"中叶圣陶、张志公的语文教育思想的专著已经出版；而吕叔湘语文教育思想研究这个选题，只有零星的短论，未见硕士论文涉及，更遑论博士论文或专著了。我想，是否意味着两种可能性：一是选题缺乏开掘和研究价值；另一是选题研究的难度极大。显然是后者。

　　参考研究成果的匮乏，是我碰到的第一个难题。有关吕叔湘语文教学的研究成果寥寥，且多属体会式、漫谈式，这是意料之中的事。其实，更大的难题还在后头。我读完两遍吕叔湘论语文教学相关文章后，不仅没有找到做论文的感觉，反而压力一阵紧似一阵地袭来。我冷静思考，研究语文教育家的教育思想，不仅涉及课程定位、课程目标与任务、课程内容、教学方法、教学过程、师生关系、听说读写等方方面面，而且都要求开掘比较深透，对研究者的学养要求很高。这个选题，于我是一次难度极高的挑战。毕竟攻读硕士学位得到的训练，还是比较有限的；之前主题阅读的要求较低、历练不多；自己的学养缺口大，课程与教学的内涵开掘能力不足。

　　我采用"迂回"战术，先翻阅了《吕叔湘全集》（共19卷）；继而研读叶圣陶、朱自清、夏丏尊等老一辈语文教育家的相关著述、传记；还原吕氏创作语文教学各文的时代背景；梳理各文涉及问题的纵向史实；定位各文的"坐标"；开掘重点篇目的当代价值，等等。围绕"吕叔湘语文教育思想"这个主题，开展了较长时间、扎扎实实的深度研读，思路逐步清晰，材料渐次丰富，焦虑得到缓解。同时，我得到中国现代语文教育史研究的主要开创者之一的李杏保教授的提点，使我对语文教学的整体认识和把握，逐步摆脱盲人摸象，稳步向成竹在胸之境进发。

　　研究语文教育家的教育思想，阐述其思想内涵构成的表述，可以是"共性表达"式，也可以是"特色表达"式。前者比较常见，分板块归纳和概括，也比较省劲；

而后者，要求遴选出被研究者的"个性语录"，鲜明地涵盖板块要旨，自然比较吃力。显然，后者要求更具研究深度和广度。两位先生鼓励我选择后者，并且指导我攻坚克难，反复比较其他语文教育家对具体问题的经典表述，甄选出吕叔湘若干个性语录，不断打磨。这样夜以继日地研读写作，再研读，再修改，终于用三年时间完成了博士学位论文初稿。又用一年时间不断完善和补充，在导师的指导下，常与同门学友朱晓民、叶黎明、曹建召、胡根林、于龙、陈元辉、陈隆升、乐中保等讨论，重点围绕吕氏语文教育思想的当代价值进行深度开掘。

苦心人，天不负。我 2007 年所提交的博士论文送外审专家评阅，不仅得到田慧生、李行健、周庆元等知名专家的充分肯定，而且在论文答辩时得到现场专家顾明远、于漪、倪文锦、王荣生、谢利民等先生的肯定和指导。2009 年又得到上海市学术著作出版基金资助，于 2011 年正式出版。

上面叙述，旨在回顾自己深度研读吕叔湘等语文教育家经典论述的心路历程，帮助读者了解笔者第一阶段研究的学术思路。因为这些经历，无不与笔者编著的"中国现代著名语文教育人物"丛书中《吕叔湘》的内容和风格紧密关联。

2017 年 8 月 9 日，唐飞先生来电邀我参与"中国现代著名语文教育人物"丛书编撰。因为之前《国文国语教育论典》（语文出版社 2014 年版，李杏保、方有林、徐林祥主编）一书的出版，我与该书责编、语文出版社唐飞编辑有过较多的交往、彼此熟识。我应允负责《吕叔湘》卷，立足教学一线语文教师的视角，再一次研读语文教育家吕叔湘及其经典论述，并将对"吕叔湘语文教育思想研究"的后续深入思考融入其中，结合近年对中国现代语文教育史的相关研究，特别是在编纂《国文国语教育论典》时，不断深化地对吕叔湘语文教育思想的认识。这些认识可以集中归纳为，吕叔湘站位高、视野宽，善于将语文教育问题加以科学区分：一类是"根本问题"；一类是"具体问题"。而且这一把握切中肯綮，十分有助一线语文教师驭繁于简。这一认识在《吕叔湘》中体现充分。

2017 年 8 月 14 日，我受邀与"正道语文"永康区 QQ 群（2000 人注册）内的语文教师在线交流，视频介绍"一周一书"校园阅读实践与研究（与吕叔湘关于"阅读本事"的观点直接相关），同时回答教师们的提问，不少问题涉及我研读"吕叔湘论语文教学"的内容，以及在编纂《国文国语教育论典》中研读过有关阅读的经典论述。大部分一线语文教师承担着繁重的教学任务，难以有整块时间来深度研读语文教育的经典论著。而这又对一线语文教师教学素养和水平的提升至关重要。

我有义务有责任积极回应语文教师的所呼，将理论研究成果（"偏雅"）作一次教学实践（"近俗"）的转换，为他们切实提高语文教学素养和水平略尽绵薄之力。

于是，我在《吕叔湘》卷中，内容上尽量贴近一线语文教师的实际需要，语言风格上尽量少用专业术语，用通俗的话语来解读，将吕叔湘语文教育思想的丰赡内涵，尽量用接地气的方式加以表述，追求要言不烦，针对性强。是否真能如愿，只能是读者诸君说了算。

期待语文教师和语文教育专家批评指正。

方有林

2020 年 6 月 18 日于上海